AF329614

Un Précieux de Province au XVIIe siècle

René LE PAYS

(Sa vie, ses œuvres et son milieu)

« Le Pays, sans mentir, est un bouffon plaisant »
(BOILEAU, sat. III.)

THÈSE PRINCIPALE POUR LE DOCTORAT ÈS LETTRES

Présentée à la Faculté des Lettres de l'Université de Lille

PAR

✝ Gabriel REMY

ASSOCIATION DES ÉTUDIANTS DE DOCTORAT
18, rue Darcet, PARIS

1925

UN PRÉCIEUX DE PROVINCE

AU XVIIᵉ SIÈCLE

René LE PAYS

SA VIE, SES ŒUVRES ET SON MILIEU

Un Précieux de Province au XVIIe siècle

René LE PAYS

(Sa vie, ses œuvres et son milieu)

« Le Pays, sans mentir, est un bouffon plaisant »
(BOILEAU, sat. III.)

THÈSE PRINCIPALE POUR LE DOCTORAT ÈS LETTRES

Présentée à la Faculté des Lettres de l'Université de Lille

PAR

Gabriel REMY

ASSOCIATION DES ÉTUDIANTS DE DOCTORAT
18, rue Darcet, PARIS

1925

A TOUS MES ANCIENS MAITRES

sans en oublier aucun, parce qu'il n'en est aucun qui n'ait, à son heure, fait beaucoup pour moi, et particulièrement

A MONSIEUR HENRI POTEZ

Professeur a la Faculté des Lettres de Lille

ET A TOUS LES MIENS

parce que chacun d'eux fut, suivant sa place, un exemple, une aide ou un encouragement.

J'offre ce modeste essai
En témoignage de ma profonde reconnaissance.

G. R.

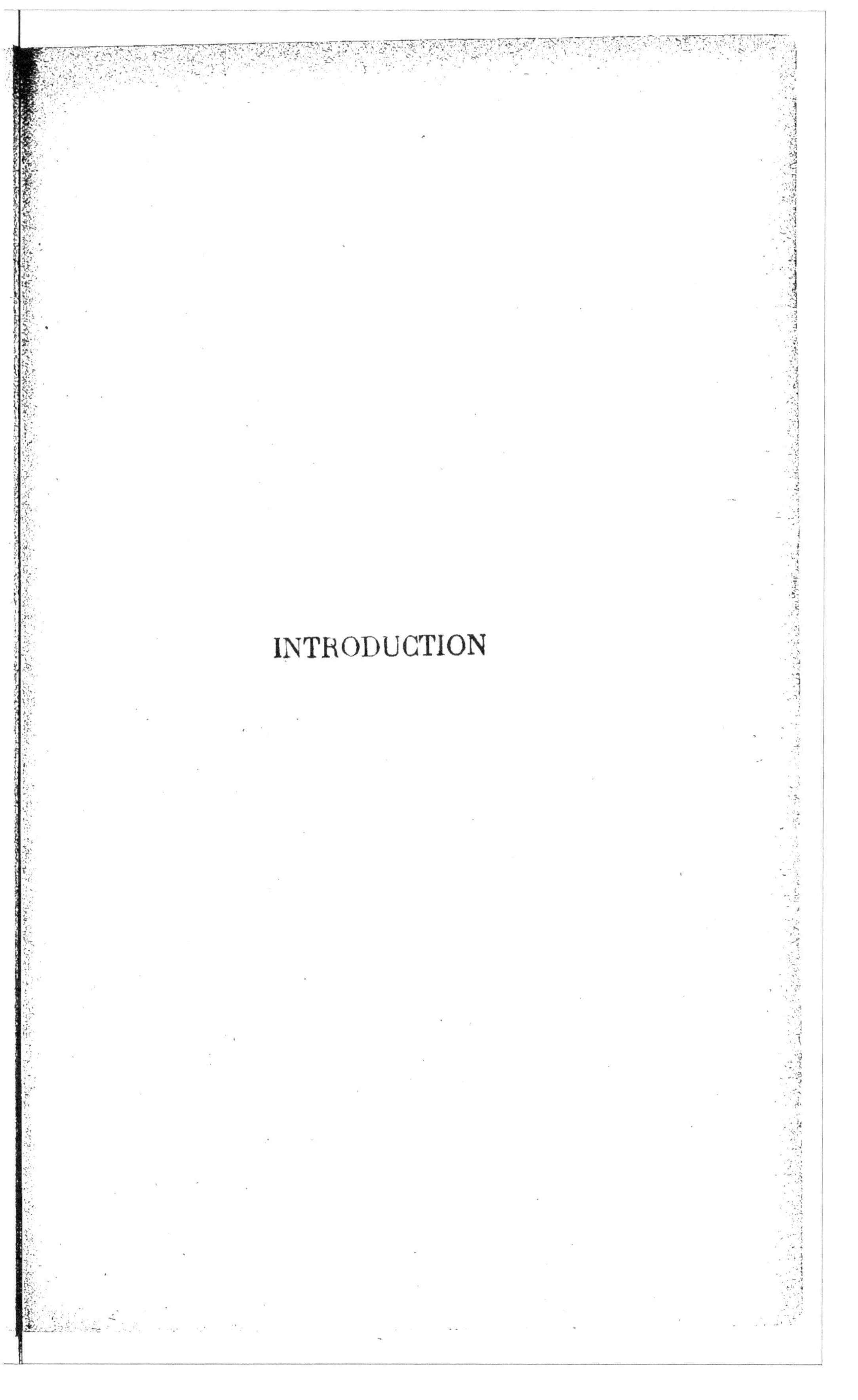

INTRODUCTION

INTRODUCTION

Les Ecoles littéraires ont d'indécises limites. Il est assez difficile de fixer par une date leur début, il l'est encore plus de marquer avec précision leur achèvement.

La Préciosité, sans doute, n'est que partiellement justiciable de la critique littéraire, car elle appartient autant à l'histoire du goût, à l'histoire de l'esprit, à l'histoire des mœurs. En tout cas, dans la mesure où elle relève de la littérature, elle n'échappe pas à la loi générale. Commence-t-elle avec Voiture, avec Heroët (1) avec Charles d'Orléans (2), avec Thibaut de Champagne (3), avec Guillaume de Lorris (4), avec Chrétien de Troyes (5) ? Finit-elle avec Voiture, avec Fontenelle (6), avec

---

(1) La Parfaite Amye (1542) est d'une subtilité qui frise parfois l'obscurité, en même temps qu'une théorie de l'amour idéal. Elle marque « le commencement d'une mode qui se continuera à travers toute la Pléiade et aboutira aux Précieuses, aux fausses précieuses, aux Précieuses ridicules. » (Faguet. Histoire de la littérature française. Plon, 1900. 1. p. 377).

(2) Voir, par exemple, la Ballade qui a pour refrain : « J'aimasse mieux de bouche vous le dire... »

(3) Il y a chez lui tel poème (né de son amour pour Blanche de Castille) dont la chute aurait ravi les familiers de l'Hôtel de Rambouillet :

> Dame, quand devant vous je fus
> Et vous vis pour la première fois
> Mon cœur si fort a tressailli
> Qu'il resta là quand je partis...

(4) Par l'analyse raffinée des sentiments — la virtuosité dans l'allégorie — le respect de la femme.

(5) Comparer, par exemple, les épreuves acceptées par ses héros pour l'amour de leur dame à la conduite de M. de Montausier à l'égard de Julie d'Angennes.

(6) Voir, en particulier, ses poésies galantes (comme : le Ruisseau amant à la Prairie) et surtout les Lettres du Chevalier d'Her**.

Marivaux (1), avec Musset (2), avec Edmond Rostand (3) ? Elle est en somme de tous les temps, et fait partie, au même titre que le Panache du fonds permanent de notre caractère national (4).

Néanmoins il est d'usage de réserver ce terme de Préciosité à la période pendant laquelle l'esprit précieux a jeté son plus vif éclat : de 1618, date de l'ouverture du salon de Madame de Rambouillet à 1648, date de la mort de Voiture.

René Le Pays, sieur du Plessis-Villeneuve, de qui la vie et l'œuvre sont l'objet de cette étude, est un précieux : mais il n'appartient pas à cet âge d'or de la Préciosité, puisque son premier ouvrage est de 1658 (5).

Son nom s'est perpétué surtout grâce à Boileau qui, dans la troisième satire (Le Repas ridicule) met sur les lèvres d'un campagnard sot et balourd ces deux vers :

> Le Pays sans mentir est un bouffon plaisant,
> Mais je ne trouve rien de beau dans ce Voiture (6)

---

(1) Ceci ne s'applique pas, bien entendu, à l'œuvre entière de Marivaux, mais à certains traits de son théâtre : goût de l'analyse psychologique, place accordée aux questions sentimentales, goût des « surprises »

(2) Voir, par exemple : Sur trois marches de marbre rose.

> Quand sur toi leur scie a grincé
> Les tailleurs de pierre ont blessé
> Quelque Vénus dormant encore
> Et la pourpre qui te colore
> Te vient du sang qu'elle a versé...

(3) Et pas seulement dans les cas précis (comme Cyrano de Bergerac ou La Journée d'une Précieuse) dans lesquels la couleur locale exigeait une affectation de préciosité.

(4) Certains étrangers s'en rendent bien compte. Edgard Poë, par exemple, discutant une phrase de Marmontel sur le plaisir de la musique, termine par ces mots : « L'idée que le conteur n'a pas pu concevoir clairement, *ou qu'il a sacrifiée dans son expression à l'amour national du trait*, est sans doute que, etc... »

> L'Ile de la Fée. Nouvelles histoires extraordinaires.
> (Traduction de Charles Baudelaire).

(5) Voir Appendice I. Table des principales éditions.

(6) Est-il besoin de faire remarquer la singulière estime que Boileau professe pour Voiture? Il ira jusqu'à le mettre au même rang qu'Horace :

> Et qu'à moins d'être au rang d'Horace ou de Voiture...

(On notera que La Fontaine, qui aima aussi Voiture, reconnut que son admiration était mal fondée : « il pensa me gâter » et déclara s'être sauvé ; ar le culte d'Horace précisément : « Horace par bonheur me désilla les yeux »). Nous verrons par la suite que le penchant de Boileau pour Voiture est devenu un peu la cause de la critique adressée à Le Pays.

La critique n'est pas directe; elle n'en est peut-être que plus cinglante.

Depuis lors, les historiens de la littérature ont plutôt dédaigné ce « bouffon plaisant, » celui qu'on a nommé souvent aussi « le singe de Voiture. »

Cependant — et c'est l'excuse de cette étude — l'œuvre de Le Pays, si périmée soit-elle, et à défaut de cet intérêt largement humain qui fait la valeur et l'éternelle jeunesse des grandes œuvres, présente un certain intérêt : intérêt de curiosité, intérêt documentaire même.

La Préciosité, en effet, n'est pas « une ». Si elle a un visage dont les traits essentiels restent les mêmes, du moins ce visage a-t-il modifié son sourire suivant les lieux et les époques. Le Pays peut justement nous aider à saisir un de ces aspects divers de la Préciosité.

Né en Bretagne, transplanté en Dauphiné, Le Pays, gros fonctionnaire de l'administration des finances, est un esprit distingué, un honnête homme dans tous les sens du mot. Il a de la lecture et du bon sens, apprécie ordinairement les grands auteurs, ses contemporains, à leur juste valeur et formule à l'occasion des préceptes qu'il n'observera peut-être pas, mais qui sont très justes : considéré de ce point de vue, Le Pays ferait presque figure de classique. Mais il est aussi homme de salon et animé du désir de plaire; la fumée de l'encens lui semble douce à respirer; or, là-bas, dans son milieu provincial, on aime les exagérations ridicules qui ont marqué la préciosité d'arrière-saison, car la Province est toujours accueillante aux modes de la veille et les pousse volontiers à l'extrême; il donne donc à cette société provinciale les lettres précieuses, les poésies de circonstance, les histoires galantes par lesquelles il sait que son succès sera assuré. Ainsi son œuvre devient-elle un témoignage ; elle est le reflet d'une mode, elle incarne les goûts d'une société qui négligeait les leçons de Molière et de Boileau et restait précieuse avec une telle outrance que son sourire maniéré devient parfois la grimace burlesque : Le Pays est à mi-chemin entre Voiture et Scarron.

C'est donc comme type du précieux de province et du précieux attardé que j'ai cru pouvoir essayer de faire un peu revivre un auteur à demi-oublié. C'est pourquoi aussi j'ai cru devoir adopter la méthode que j'ai suivie : ne pas séparer arbitrairement l'homme, l'œuvre et le milieu, les montrer au contraire comme faisant un tout, comme s'expliquant ou se reflétant réciproquement.

Rien de très étendu n'a encore été publié sur Le Pays(1). Jusqu'à la fin de la première moitié du XIXᵉ siècle, certains critiques et divers auteurs de Nobiliaires ou de Dictionnaires lui consacrent quelques lignes : si restreintes que soient ces indications je ne les ai pas négligées surtout quand elles viennent d'un contemporain de Le Pays et constituent ainsi un témoignage direct. En 1859, Charles Livet, en 1872 J. de la Pilorgerie, en 1889 M. P. Morillot et le Comte d'Avenel donnent sur Le Pays des études qui sont loin d'être sans mérite mais restent encore assez courtes et d'une documentation un peu rapide. Plus documentée et généralement plus exacte m'a paru l'étude assez récente d'un universitaire allemand : Johann Igel ; mais encore l'auteur a-t-il trop laissé dans l'ombre, à mon sens, les influences et le milieu qu'il est nécessaire de connaître pour bien

---

(1) Voir Appendice II. Ouvrages à consulter.

comprendre Le Pays. Aucun de ces travaux ne m'interdisait donc l'espoir de reprendre utilement le sujet...

Je ne puis nommer ici tous ceux dont les sympathies, les conseils ou les indications m'ont aidé au cours de mes recherches personnelles dans les Bibliothèques et les Dépôts d'Archives communales ou paroissiales, tant à Paris qu'en Province (1). Je leur dois beaucoup et les prie tous de trouver l'expression de ma reconnaissance au seuil de cet ouvrage.

(1) Je tiens cependant à nommer M. Le Pays du Teilleul, de Romagné (I et V) arrière-neveu de René Le Pays, et M. Etienne Aubrée, de Fougères, qui ont montré à mon égard une complaisance particulièrement agissante.

CHAPITRE PREMIER

Le Berceau de René Le Pays
Famille, Naissance et Enfance de l'Ecrivain
Le Collège de La Flèche. -- Le Pays à Paris

A cinquante kilomètres de Rennes, environ, à mi-chemin
entre les deux plus saisissantes visions du Moyen-âge que je
connaisse en France : le Mont St-Michel et Vitré, une vieille petite ville s'accroche à une colline dominant la vallée du Nançon.
Elle a encore ses antiques remparts, son château féodal, son
beffroi ; elle s'enorgueillit de deux curieuses églises : St-Sulpice
avec sa flèche penchée, St Léonard qui, de son rocher, regarde
un vaste et harmonieux paysage, une campagne fertile et variée,
coupée de haies vives, tachée de bois de chênes. Cette ville, Hugo
l'a chantée, Balzac l'habita quand il se mit à écrire *Les
Chouans*, Chateaubriand la fit sienne quelquefois, quand il venait chez sa sœur, Mme de Marigny.

C'est Fougères, le berceau de René Le Pays....

Je l'ai parcourue, dans l'émerveillement d'une matinée d'été,
pour y chercher quelque trace de son spirituel enfant... A vrai
dire, rien ne révèle d'abord qu'elle en ait gardé un vivant souvenir. On rencontre bien une Rue Pommereul, une Place Lari-
boisière, hommage rendu à deux Fougerais illustres — tous
deux célèbres par leur vaillance militaire, et le second, en outre,

par l'acte de charité bien connu de sa belle-fille. Mais je n'ai pas trouvé de « Rue René Le Pays.... »

Peu à peu cependant les choses se précisent. Non, René **Le Pays** n'est pas tout à fait méconnu ici. Il se trouve, dans cette pittoresque cité, de délicats amateurs, des folkloristes avertis, jaloux de leurs illustrations locales et qui conservent avec soin le culte de l'écrivain :

« René Le Pays ?... L'auteur des *Amitiez, Amours et Amourettes* ?... Mais oui... En effet... »

En effet : René Le Pays est bien né à Fougères, en 1634, et c'est à tort que la plupart de ses biographes le font naître en 1636.

Quant au lieu de cette naissance, il a provoqué quelques contradictions que J. de La Pilorgerie a jadis relevées :

« M. Le Boyer, dans ses notices sur les villes de la Loire Inférieure, imprimées chez Forest en 1825, affirme que Le Pays est né à Nantes en 1636. M. de Kerdanet, dans son livre sur les écrivains de la Bretagne, le fait également naître à Nantes, à la même date. Dans l'*Armorique littéraire*, de Mareschal, médecin, imprimée à Lamballe en 1795, René Le Pays, sieur du Plessis-Villeneuve, est cité comme né à Nantes en 1636. La *Biographie Universelle*, dans un article court, mais bien fait (signé A. T. Audiffret) ne se prononce pas sur ce point, tout en admettant que les probabilités sont en faveur de Fougères. Enfin, M. Le Cadre a, nous ne savons trop pourquoi, transporté le berceau de notre auteur jusqu'au Croisic (1)... »

M. Lachèvre (2), pourtant remarquablement informé sur les

---

(1) René Le Pays. (Nantes, in-8o). Extrait de la Revue de Bretagne et de Vendée.

(2) Bibliographie des recueils collectifs de poésies publiés de 1597 à 1700. Tome III.

« secondaires » du XVIIᵉ siècle, accepte aussi 1636 et Nantes comme date et lieu de la naissance de Le Pays. Il est probable, selon la remarque de J. de la Pilorgerie, que la cause de l'erreur suivant laquelle Le Pays serait né à Nantes « provient de ce fait qu'une famille Pays-Mellier y existait dans le XVIIIᵉ siècle. » Mais cette famille qui avait ses racines en Anjou et a donné un certain nombre de magistrats à la Chambre des Comptes de Bretagne, n'avait aucun lien de parenté avec la famille de René Le Pays.

Seul, Livet (1) est d'accord avec J. de la Pilorgerie pour faire naître, et avec raison, René Le Pays à Fougères et en 1634. C'est en effet le 28 décembre de cette année qu'il fut baptisé à l'Eglise St-Léonard (2).

Le père de René, Denys Le Pays, seigneur de la Brimanière, était né à la Mancellière, paroisse de Buez (3), diocèse d'Avranches (4), et y avait été baptisé le 17 Novembre 1604. La famille était plutôt pauvre, mais honorable : un des oncles de René fut lieutenant général du bailliage d'Ernée. Le poète qui, plus tard, sera réclamé par les historiographes du Dauphiné comme l'une de leurs gloires régionales, et qui, par sa naissance était breton, aurait donc pu revendiquer l'honneur d'une origine normande. D'autres n'y auraient pas manqué. On sait en effet que maint homme de lettres du XVIIᵉ siècle crut avoir un rayon de plus à son auréole parce qu'il était né dans la même province

---

(1) Charles Livet. Précieux et Précieuses (1859).

(2) Voir : Appendice III (A). Documents relatifs à la Biographie de René Le Pays.

(3) (Plus tard : Buays, et maintenant Buais.

(4) L'évêché d'Avranches, illustré par le savant prélat Pierre Daniel Huet qui fut un des familiers de l'Hôtel de Rambouillet, l'auteur des éditions classiques *ad usum Delphini*, et membre de l'Académie Française, a été réuni en 1791 à l'évêché de Coutances.

que Malherbe et Corneille (1). Pour en citer deux qui soient un peu de la famille spirituelle de Le Pays, c'est Georges de Scudéry et c'est Boisrobert, si fiers d'être nés l'un au Hâvre et l'autre à Caen ! Mais René Le Pays ne fera pas état de cette origine. Il se contentera d'être avec une certaine coquetterie, mais sans préciser... de la Province (2)...

La noblesse de la famille Le Pays était authentique. Lors de la réformation de 1669, les intéressés purent en effet fournir des titres que Livet affirme avoir vus· entre les mains de leur descendant : M. Le Pays du Teilleul, de Fougères, et je retrouve, en outre, dans le Nobiliaire de Dauphiné de Guy Allard (1671) l'affirmation que voici : « ...Cette famille est originaire de Bretagne. René Le Pays me donne un raisonnable sujet d'en parler parmy celles de Dauphiné, parce qu'il s'est heureusement estably dans cette province et qu'il a produit ses titres avec les autres noblès de Dauphiné, par devant M. du Gué. Sur ces mesmes titres il a été fait Chevalier des Ordres de St-Maurice et St-Lazare par le duc de Savoye, Charles Emmanuel (3)... »

Denys Le Pays, à l'âge de vingt-six ans, épousa, le 3 Mai 1630, Marguerite Le Feubvre (4), de six ans plus jeune que lui.

---

(1) Voir à ce sujet : Histoire de la Vie et des ouvrages de·P. Corneille, par J. Taschereau. Bibliothèque Elzévirienne. Paris 1855.

(2) Cf. La Lettre sur Boileau, à M. du Tiger. Nouvelles Œuvres. II.

(3) Blason des Le Pays : D'argent au chevron de sable, accompagné de deux hures de sanglier de même, en chef, et d'une rose de gueules boutonnée d'or, en pointe.

(4) Le nom de famille de la mère de René ne peut être donné qu'avec une certaine réserve. Le Feubvre est le nom que j'ai trouvé sur les registres de la paroisse Saint-Léonard. Mais Chorier, dans son Nobiliaire de Dauphiné, orthographie le nom : Le Fèvre. Livet et J. de La Pilorgerie donnent : Le Fébure ; je suppose qu'ils ont connu un document où le nom avait été écrit Le Febvre et qu'une confusion s'est produite en v et u ; mais la forme Le Fébure est inconnue en Bretagne, d'après des témoignages autorisés. Quant au Le Porc que donnent le Comte d'Avenel et J. Igel, je n'en vois aucune justification.

Six enfants devaient naître de cette union : trois filles et trois garçons (1) dont le plus illustre fut René (2).

Les premières années de l'enfant se passèrent à Fougères. Apprécia-t-il le charme de la petite ville bretonne où il était né ? Y laissa-t-il des amis qu'il désirait revoir ? Au cours de ses voyages à l'étranger ou de son séjour en Dauphiné, sa pensée se reportait-elle avec émotion vers les paysages familiers à sa première jeunesse ? Il semble d'abord que non et qu'il n'ait pas gardé un profond souvenir de sa ville natale. J'avoue que je me suis laissé prendre assez longtemps à cette apparente insensibilité au point de me demander si à cet homme qui avait beaucoup d'esprit, il ne manquait pas un peu l'esprit du cœur. Eh bien, non ; car il est une lettre (3), une lettre exquise, que Le Pays, dans son âge mûr, écrivit à l'un de ses amis de Bretagne et qui révèle un dessein secret, celui de revenir, à la fin de ses jours, près de Fougères. Cette fois là au moins, son cœur a battu un peu plus fort à l'évocation du pays natal ; il s'est apparenté à Du Bellay, qui se détournait de la Rome imposante qu'il avait devant les yeux pour soupirer vers son « petit Lyré » et chanter « la douceur angevine ». Ce n'est sans doute qu'un éclair, mais qui mérite de retenir notre attention si l'on n'oublie pas l'époque où Le Pays écrivait, le public auquel il s'adressait, le genre littéraire qu'il cultivait... Et il faut lui savoir gré de nous avoir offert en passant, parmi tant de fleurs artificielles, cette fleurette vivante, née de son émotion et de sa nostalgie.

---

(1) Voir Appendice IV. Documents relatifs à la famille de René Le Lays.

(2) Tous les biographes de Le Pays disent, à tort, que René était l'aîné : car je trouve dans les registres de Saint-Léonard l'acte de baptême de sa sœur Marie, à la date du 15 mars 1631. Cette pièce détruit, en outre, l'affirmation de J. de La Pilorgerie que Denys Le Pays s'était établi à Fougères peu de temps avant la naissance de René ; les jeunes époux durent s'y établir dès leur mariage.

(3) Au marquis du Bois-Février : on la trouvera au chapitre XIV.

Son instruction fut d'abord confiée aux soins d'un précepteur très dur qui mena l'enfant littéralement à la baguette. C'est le seul souvenir de jeunesse dont Le Pays fera mention. Il racontera (1) comment le maître, après avoir battu son élève, obligeait ce dernier non pas seulement à retenir ses larmes, ce qui eût été déjà du courage, mais encore à chanter... ce qui était presque de l'héroïsme.

Le Pays ne nous livre pas le nom de ce précepteur qui appliquait ainsi à son disciple une méthode pédagogique imitée de l'antique Lacédémone. Cette omission est sans doute un simple hasard — à moins que Le Pays, se rappelant comment Orbilius avait été immortalisé par Horace (2) n'ait pas voulu risquer de procurer une semblable fortune à son maître : c'était une vengeance comme une autre, après tout... Nous ne savons pas si cette discipline (3) a eu, en tout cas, une influence réelle sur le caractère de Le Pays et lui a donné une certaine force de résistance dans l'adversité. On verra cependant, qu'à la fin de sa vie, exposé aux ennuis et aux menaces d'un lourd procès, il restera docile aux conseils de sa Muse (4) et chantera encore, malgré les coups qui l'accableront, adressant poèmes sur

---

(1) Cf. Pièces choisies. Tome I, 2e partie. Livre II, lettre 11.

(2) Epîtres. II, 1 (70-71) :

> Memini quæ plagosum mihi parvo
> Orbilium dictare...

(3) Il faut, bien entendu, dans les questions ayant trait à l'éducation, tenir compte des mœurs du temps et ne pas oublier que ces châtiments corporels furent longtemps admis par l'usage. Garçons ou filles des plus grandes maisons, et même dauphins, personne n'y échappait. (Voir, par exemple, les billets d'Henri IV à la gouvernante de son fils.) Néanmoins, le cas de ce précepteur obligeant l'enfant à chanter dans cette circonstance est assez inattendu et assez peu banal pour mériter d'être particulièrement signalé.

(4)
> ... Quelquefois, au fort de mes peines,
> Me croyant déjà prisonnier,
> Avec de l'encre et du papier
> J'espérois adoucir mes chaînes...
>
> (A Monseigneur le Controlleur général sur l'arrest du 1er Mars 1689.)

poèmes au roi, à Madame, au contrôleur général, à son avocat
— et jusqu'à la femme de son juge !

*
* *

Les études de René se continuèrent au célèbre collège des
Jésuites de La Flèche. Nous voudrions savoir quelle y fut exactement sa conduite et quelle impression il produisit sur ses
maîtres. Il est malheureusement impossible de trouver trace de
son passage dans des documents officiels (1). Nous sommes forcés
de nous en rapporter sur ce point au témoignage de l'intéressé
lui-même. Du reste nous n'avons pas de raison de nous défier
de lui quand il affirme avoir été un élève studieux. En effet, il
fait souvent preuve d'une solide érudition (2), et, d'autre part,
il semble avoir entretenu avec ses vieux maîtres d'excellentes
relations.

Bien entendu, si bon élève qu'il fût, Le Pays ne négligea pas
les occasions de divertissements. On a de lui une lettre écrite de
Grenoble à l'un de ses anciens condisciples (3) et dans laquelle
il se plait à faire revivre leur commun passé d'étudiants ; le ton
de cette lettre est d'une justesse qui n'a pas vieilli parce que les
sentiments et les souvenirs y sont exprimés sans aucun fard.
C'est l'éternel « Te souviens-tu ? » que les hommes graves aiment
à échanger quand ils se rappellent qu'ils ont été un peu fous et

(1) Livet avait déjà demandé inutilement à un professeur du Prytanée militaire de faire des recherches à ce sujet. Mais tous les registres de l'ancien
collège ont été détruits pendant la Révolution.

(2) Voir J. Igel (René Le Pays. Sein leben und seine Werke) qui a relevé,
avec une patience minutieuse les passages de Le Pays dans lesquels on peut trouver un souvenir de Virgile, Horace, Ovide, Lucrèce, Sénèque, Pline, Cicéron,
Suétone, etc...

(3) Amitiez, Amours, et Amourettes. Livre I. Lettre 51. A Monsieur de R.
(sans date, 1663 approximativement).

sourient de leurs juvéniles erreurs... La Tiennette de Le Pays
deviendra Mimi-Pinson... l'hôtelier bénévole et confiant, Paton,
revivra plus tard sous le nom d'une mère Cadet (1) : et moyen-
nant cette simple substitution de noms, la même lettre pourrait
être signée par tel ou tel personnage du XIX° siècle :

« ...Quoy que nous soyons jeunes, nostre amitié est du vieux
temps. Elle garde le silence et demeure en repos quand elle ne
peut ny parler, ny agir avec utilité. Il y a plus d'un an que
je n'ay eu l'honneur de vous voir ny celuy de vous écrire, et
depuis ce temps là je n'ay point receu aussi de lettre de vous.
Cependant je suis assuré que nostre amitié subsiste... Je vous
jure que je maudis tous les jours la fortune qui me fait vivre
éloigné d'un païs où je pourrois goûter les douceurs d'une si
précieuse amitié. Quoy que vous soyez dans une belle charge qui
vous élève bien au-dessus des gens faits comme moy, je me pro-
mets que vous ne garderiez pas toujours vostre gravité et que
vous vous souviendriez avec plaisir du temps que l'Amour
m'avait fait si grand seigneur que vous vous mettiez à genoux
pour me demander les bonnes grâces d'une certaine Tiennette
dont j'estois le maistre. Vous vous souviendriez que nous estions
fort égaux dans l'esprit de Madame Urbane, et que si je n'eusse
eu chez Paton plus de crédit que vous, nous aurions fait souvent
fort maigre chère : car, sans vous déplaire, vous estiez aussi
mauvais ménager que moy, et dans trois semaines vous aviez le
malheureux talent de manger l'argent de trois mois. Que Madame
vostre mère die tant qu'il luy plaira que je vous ay débauché.

---

(1) La mère Cadet, une cabaretière du Boulevard Montparnasse, « était dans
son genre une héroïne ». Elle nourrissait acteurs, artistes et poètes à crédit.
On sait que l'alliance des deux mots : mère et Cadet frappa Balzac et lui plut
tellement qu'elle lui suggéra de donner à l'un de ses plus célèbres personnages le
nom de Mercadet. (Voir sur ce point : Théodore de Banville. Petites Etudes,
Mes Souvenirs. Paris, 1882).

dans l'âme vous sçavez la vérité, et si je n'estois pas le meilleur écolier de La Flèche avant que vous y fussiez venu me corrompre. Quoy qu'il en soit, je sçay bon gré à des débauches qui donnèrent naissance à nôtre amitié ; et je serois bien marry d'avoir esté sage... etc... »

Il est au moins une lettre, sinon deux, pour prouver les bonnes relations qu'il conserva également avec ses anciens professeurs.

Le Pays avait été invité à prendre la parole « à l'ouverture de deux actions publiques de Philosophie ». Il rédigea ses deux compliments en français ; puis, se sentant un peu embarrassé pour les traduire en latin, il ne craignit pas d'avoir recours au Père I qui s'exécuta de très bonne grâce. Nous n'avons pas la lettre dans laquelle l'écrivain demanda qu'on lui rendît ce service, mais nous possédons celle qu'il envoya comme remerciement. Mais ce Père I avait-il été réellement le maître de Le Pays ? J. de La Pilorgerie, qui l'assure, a-t-il pris garde que le billet est adressé au R. P. I., *Prestre de l'Oratoire* et ne contient pas un mot qui puisse établir que le signataire avait été l'élève du destinataire ? Au reste, le ton en est assez enjoué pour mériter qu'on en cite quelques lignes :

« Je receus hier de vostre part les deux petits discours que vous avez habillez à la Romaine. Sans mentir vous estes un admirable tailleur ; vous leur avez fait des robes si riches et si magnifiques que l'éclat m'en a surpris et m'a presque empesché de les reconnoistre. Je n'eusse jamais crû qu'un ouvrage qui sortoit de mes mains si grossier et si mal limé, pût devenir si beau et si poli entre les vostres. Mais ma foy, je suis bien détrompé, je commence à croire que la Rhétorique est une grande coquette... Mais l'éloquence de vostre Latin ne me fait

pas oublier celle de vostre François. Celuy de vostre lettre ne
cède point à celuy de Balzac, comme vostre Latin ne cède point
à celuy de Cicéron. *Latine ita scribis ut vix melius Cicero; Gal-
lice tam feliciter ut multo minus Balzacius.* Pardonnez moy ces
trois mots de latin, ils m'ont échappé sans y penser. Il faut sans
doute que je les aye leus en quelque part; car sérieusement je
ne parle latin qu'en disant mes Heures; et comme je ne suis
guères dévot, il s'ensuit que je ne parle latin que fort rarement... » (1).

Mais nous avons une autre lettre (2) tout à fait probante,
elle, de la reconnaissance que Le Pays avait vouée à ses anciens maîtres. D'autre part l'objet en est assez curieux et mérite de retenir un peu notre attention.

Le Pays était alors atteint de la fièvre quarte et l'on parlait
fort, à l'époque, d'un nouveau remède : le quinquina. La décou-
verte en était assez récente, car la lettre de Le Pays, non datée,
ne peut être postérieure à 1664, et l'on sait que les propriétés
fébrifuges du quinquina, importé en Europe par les Jésuites en
1649, ne furent signalées par le gênois Sébastien Bados qu'en
1663. Le nom même du médicament n'était pas fixé et ne devait
pas l'être de sitôt. Le Pays l'appelle le quina-quina, mais on
le nomme aussi, plus brièvement, Kina, ou Quina (voir le Poème
de la Fontaine à la duchesse de Bouillon, sur le quinquina,
1682) et quand Louis XIV en aura acheté le secret à l'anglais
Talbot, il héritera encore d'un nouveau nom : le Remède anglois.

Si Le Pays s'adresse à un Jésuite pour obtenir son quina-
quina, c'est que nous sommes à cette époque où la compagnie
de Jésus possède toujours une sorte de monopole du nouveau

---

(1) Amitiez, Amours et Amourettes. Livre III. Lettre 21 (non datée) au Père I.
(2) Amitiez, Amours et Amourettes. Livre I. Lettre 34. Au Père C.

remède, qui, pendant quelque temps fut également vendu sous le nom de Poudre des Jésuites. Et voici en quels termes il présente sa requête :

« Ce n'est pas assez d'avoir esté mon maistre, il faut présentement estre mon médecin. Il ne vous suffit pas d'avoir fait vos efforts pour guérir mon esprit de ses abus et de ses erreurs ; il vous faut encore guérir mon corps d'un cruel mal qui l'accable. C'est à vous que j'ai recours pour recouvrer un certain bois qu'on appelle si je ne me trompe du quina-quina. Il s'en trouve en plusieurs lieux de falsifié ; mais on m'a dit que le véritable n'estoit que chez vous et que vos Pères en estoient les seuls dépositaires. Il n'est pas nécessaire de vous dire que c'est pour me guérir de la fièvre quarte... »

Cette phrase est un témoignage de l'usage limité que l'opinion, guidée par la Faculté, attribua longtemps au quinquina. Il fut entendu qu'on ne pouvait prendre le quinquina que pour soigner la fièvre — et encore fallait-il l'accompagner de certaines pratiques plus traditionnelles :

« ...J'ay esté fort frappé, écrit ironiquement Boileau à Racine, de Bourbon, le 28 Août 1687, de l'agréable débauche de Monseigneur chez Madame la Princesse de Conti ; mais ne songe-t-il point à l'insulte qu'il a fait par là à tous ces Messieurs de la Faculté ? Passe pour avaler le quinquina sans avoir la fièvre, mais de le prendre sans s'estre préalablement fait saigner et purger, c'est une chose qui crie vengeance... »

Mais il fut bien entendu aussi, la mode s'en mêlant, que le quinquina ne pouvait pas ne pas guérir la fièvre. C'est ainsi que Fontenelle fera dire plaisamment au chevalier d'Her..., celui-ci s'adressant à un ami qui avait pris la fièvre pour avoir été trahi par une femme :

« Je vous envoie le Remède anglois, il n'y a point de fièvre
à présent qui ose tenir contre lui et s'il ne vous guérit pas...
apprenez que vous ne serez guère à la mode. Je ne sçache point
d'honnête homme qui, s'il avoit pris du quinquina sans effet
eût la hardiesse de le dire... »

Sa requête exposée, Le Pays fait l'éloge de l'enseignement
qu'il a reçu à La Flèche :

« ...Vous obligerez un homme qui, comme vous sçavez n'est
pas obligé d'aujourd'huy ny à vous, ny à vostre compagnie,
qui luy a obligation de toutes les connaissances qu'il possède,
soit des mystères de christianisme, de ceux de la grammaire, ou
de ceux de la philosophie... »

Et voici que le solliciteur, en affirmant sa reconnaissance à
l'égard des Pères, tire parti, non sans habileté, du bien qui lui
a été déjà fait pour réclamer l'octroi de la faveur désirée :

« ...C'est chez vous que j'ay pris toutes les impressions du
peu de bien qui est en moy et mon esprit n'est éclairé que des
lumières que j'ay tirées de vos collèges. Ainsi vous estes en
quelque façon obligé de m'obliger encore. Vous m'avez appris
en m'apprenant la Morale, que de peur de perdre ses premières faveurs, il faut quelquefois en faire de secondes. Vous
les ferez M. R. P. à l'homme du monde le moins ingrat, à un
homme qui presche en tous lieux le mérite de vostre compagnie,
qui luy donne par tout des louanges, mais des louanges qui
viennent du cœur, pleines de chaleur et d'amitié. Au reste, si
vostre remède me guérit, comme j'espère, je prétends vous en
remercier en quelle langue il vous plaira, en celle qu'on appelle
le langage des Dieux ou en celle des hommes, en la langue de
Balzac ou bien de Cicéron... Mais enfin que je guérisse ou que
je ne guérisse pas, que vous m'accordiez la grâce que je vous de-

mande ou que vous me la refusiez, j'ay trop reçeu d'autres faveurs de vous pour n'estre pas toute ma vie, vostre très humble... etc. »

Il apparaît donc que Le Pays avait gardé de La Flèche un souvenir reconnaissant et qu'il entretenait avec ses anciens maîtres des relations dont la cordialité ne s'expliquerait guère s'il n'avait pas été un excellent élève.

Peut-être convient-il, par ailleurs, de noter que l'éducation reçue par lui dans ce collège était des plus propres à féconder les dispositions naturelles de René Le Pays, à mettre en lui le goût des analyses psychologiques et morales, à faire de lui un homme du monde agréable et disert. Il ne saurait être question de donner ici une étude complète de la pédagogie des Jésuites, mais on peut du moins rappeler que leur méthode était particulièrement apte à éveiller des qualités de finesse, de pénétration, de souplesse intellectuelle. Dans son ouvrage *Du Collège de Clermont au Lycée Louis-le-Grand*, M. Dupont-Ferrier a évoqué, il y a quelques années, la vie matérielle et intellectuelle du plus illustre de ces collèges de la Compagnie de Jésus. Qu'y voyons-nous ? Les maîtres, comparables à « ces admirables esprits de la Renaissance italienne, avides de tout explorer et de tout connaître » sont aussi les plus avisés des psychologues. Les devoirs qu'ils donnent, nous dit M. André Bellessort (*Nouvelles Etudes et autres Figures*. Paris, 1923) « étaient choisis presque toujours de nature à piquer la curiosité. On mettait, par exemple, sous les yeux de l'élève un dessin, une estampe, dont il devait interpréter le sens moral. On lui donnait à composer une épigramme ou une inscription pour un arc de triomphe, un tombeau, une statue... » De tels exercices devaient favoriser « un certain tour d'esprit superficiel et brillant ». En outre, « tout ce travail était coupé d'intermèdes plus stimulants encore : joutes oratoires, plaidoyers publics, représentations théâtrales... On jouait des tragédies et des comédies... on dansait même des ballets... » Or, « le théâtre peut être pour la jeunesse un excellent divertissement et pour les maîtres un moyen d'éducation mondaine où ils enseignent l'art de discipliner sa voix, ses gestes, son maintien... » A une telle école, les tendances de l'adolescent ne pouvaient qu'être encouragées. Nous remarquerons plus tard en lui une soif de succès, un désir de briller, une recherche des applaudissements que pourrait peut-être expliquer, en partie tout au moins, une méthode d'éducation où l'on faisait un si grand usage de l'émulation. Sa facilité à improviser un quatrain, un madrigal ou une chanson ne serait-elle pas aussi un peu le résultat de ces exercices scolaires, bien faits pour habituer l'esprit à forger rapidement la formule heureuse que réclame telle ou telle circonstance ? On trouvera souvent dans ses lettres une subtilité de pensée et d'expression, une finesse de sentiment, une habileté à nuancer les choses, à œuvrer de curieuses distinctions, à plaider sa cause qui révèlent une intelligence rompue de bonne heure à la plus savante des dialectiques. Et il est, dans son œuvre, de ces dialogues, entre l'Amour et la Raison, entre l'Esprit et le Jugement, dans lesquels la discussion est conduite avec une étonnante virtuosité ; les personnages reçoivent de Le Pays des arguments choisis et une tactique qui font d'eux les plus émérites des manœuvriers : mais n'oublions pas que, d'après Alfred Franclin (*La vie privée d'autrefois, Ecoles et Collèges*. Paris, 1892) tel élève du Collège de Bourgogne se montrait capable, après à peine une année d'études, de « disputer en public suivant toutes les règles... » Dans la lettre que nous citions tout à l'heure on a sans doute remarqué la phrase dont Le Pays se sert pour obtenir ce qu'il demande : « Vous m'avez appris en m'apprenant la morale, que de peur de perdre ses premières faveurs, il faut quelquefois en faire de secondes. Vous les ferez, Mon Révérend Père... » Le Révérend Père a dû sourire de cet usage d'une arme que lui-même avait fournie à son ancien élève... Mais qu'a-t-il pensé de telle lettre dans laquelle Le Pays rappelle à Margoton les faveurs qu'elle lui accorda jadis et la somme, au nom de ces faveurs passées, de lui en accorder de nouvelles ? N'a-t-il pas trouvé, cette fois, que la casuistique devenait une arme dangereuse aux mains d'un trop habile escrimeur ?...

Quand Le Pays, auteur des *Amitiez*, s'affirme le fidèle et respectueux ami de ses anciens maîtres et leur sait gré de ce qu'ils ont fait pour lui, sa reconnaissance, dit-il, leur est due, parce qu'ils lui ont donné une bonne culture générale et parce qu'il est devenu, grâce à eux, un homme de bien. Soit. Mais, auteur des *Amours*, il devrait peut-être ajouter qu'il leur doit encore autre chose : sa distinction mondaine, la sûreté de ses analyses psychologiques et l'adresse de sa dialectique.

*
* *

Au sortir du collège, Le Pays chercha un emploi et prit dans cette intention le chemin de la capitale.

Quelles furent les impressions du jeune provincial arrivant à Paris, en attendant que sa destinée le rejetât en Province ; surtout quels étaient ses rêves, ses espoirs, ses ambitions ? Questions auxquelles il serait difficile de répondre sans glisser vers le roman. Le Pays est assez avare, dans sa correspondance, d'allusions à cette période de sa jeunesse ; et s'il trouva rapidement une situation quelconque, cette situation fut naturellement trop modeste pour avoir laissé ailleurs quelque trace.

Mais il est permis de croire qu'il sut se faire des protecteurs influents, principalement les Conseillers du Roi : Le Blanc, Caset et des Alluz, auxquels il témoigne sa reconnaissance dans les Préfaces de ses premiers ouvrages. Et sans doute est-ce à eux qu'il devra bientôt d'obtenir un poste dans l'administration des Finances et de bénéficier, dans cette administration, d'un avancement assez rapide.

CHAPITRE II

**Essai d'une mise au point de la biographie
de René Le Pays pour les années 1657 à 1663
Le séjour en Saintonge
La première œuvre : Le Violon Marquis
Le Pays plaisant témoin d'un grand fait historique :
Le Traité des Pyrénées**

Les biographes de Le Pays s'accordent généralement pour noter que les principaux faits de la période qui précède l'installation de l'écrivain à Grenoble sont un voyage en Angleterre et dans les Pays-Bas, un voyage en Guyenne, en Gascogne et aux Pyrénées, une assez longue maladie, la rupture d'un projet de mariage — et qu'il s'installa évidemment à Grenoble en 1664 au plus tard, puisque, à cette date, il y publia ses *Amitiez, Amours et Amourettes*.

Sans doute tous ces faits sont authentiques et nous avons, pour nous en persuader, les nombreux témoignages que l'intéressé lui-même nous offre dans sa correspondance. Mais l'ordre dans lequel ils se sont produits ne parait pas avoir jamais été recherché très minutieusement. Le Pays ne datait guère ses lettres et, d'autre part, quand il les fit imprimer, il prit le soin d'en bouleverser l'ordre afin qu'on ne pût « asseoir aucun jugement assuré ni faire aucune application juste » concernant ses aventures galantes (1). Cette absence de dates et ce mélange des lettres expliquent dans une certaine mesure l'imprécision signalée plus haut. Cependant il n'est pas impossible, ce me semble, d'arriver, par une série de déductions, à rétablir un peu plus strictement la succession de ces événements et à en dater quelques-uns.

Je n'ai jamais vu qu'on ait fait état de deux lettres adressées à M. D. F. et à M. de M et insérées dans les *Amitiez, Amours et Amourettes* (2). Or ces deux lettres sont d'un grand intérêt. Elles portent la mention « De Grenoble » et ont rapport à l'incident diplomatique connu sous le nom d'Affaire Créqui. Le Pays en parle comme d'un fait récent, pas encore réglé, et même, dans la première lettre, signale l'entrevue de Créqui et de Rasponi au pont de Beauvoisin comme un événement contemporain. Or l'affaire Créqui est du 20 août 1662 et l'entrevue du pont de Beauvoisin eut lieu en juillet 1663. En outre, certains détails montrent que Le Pays, quand il écrit ces lettres, est installé à Grenoble depuis quelque temps déjà. Il faut donc placer l'arrivée de notre auteur dans le Dauphiné à la fin de 1662 ou au début de 1663.

D'autre part, dans une des lettres adressées de Londres (3) à Monsieur des A. Le Pays dit quelques mots de la reine d'Angleterre; il ne la nomme pas, mais les traits du portrait, certaines allusions aux dames d'honneur et aux goûts musicaux de la reine font reconnaître Catherine de Portugal. Or, celle-ci

---

(1) Cf. Amitiez, Amours et Amourettes : Au lecteur.
(2) Livre II, Lettres 44 et 45.
(3) Amitiez, Amours et Amourettes. Livre II, lettre 36.

fut épousée par Charles II en mai 1662. Le voyage en Angleterre ne peut donc être antérieur à cette date. En outre, d'Angleterre, le voyageur passa en Hollande avant de revenir à
Paris. Dans ces conditions, il est difficile de croire qu'aucun
des autres événements dont nous nous occupons ait pu se placer
entre ce voyage et le départ pour Grenoble, d'autant plus
que dans une lettre (1) envoyée à M. de La V. S. D. F. lors de
son arrivée dans le Dauphiné, Le Pays dit lui-même : « Depuis
mon retour du Pays-Bas...la fortune m'a conduit en ce lieu... »

Le voyage dans le midi de la France, la maladie, le projet de
mariage de René, doivent donc être placés logiquement avant
mai 1662. Je voudrais essayer maintenant de déterminer l'ordre
de ces événements.

De sa maladie, Le Pays nous apprend quelque part qu'elle
dura neuf mois (2). En outre il précise que son mariage fut
rompu peu après sa guérison. D'autre part, à la fin d'une lettre
dans laquelle il annonce à une amie sa guérison et son mariage
manqué, le convalescent déclare que pour échapper aux instances de sa famille, il vient de s'enfuir *à Paris* et *ne sait
pas encore ce qu'il va faire.* Or, une des lettres d'Angleterre,
destinée à la même correspondante (3), révèle que ce voyage a
été entrepris avec tant de *précipitation* que Le Pays n'a pu
en avertir ses amis — et il accuse en outre réception de lettres
qu'on a continué à lui adresser *à Paris* mais qui l'ont rejoint
à Londres. En rapprochant ces détails on arrive à cette conclusion que la maladie, la rupture du mariage projeté, le départ

---

(1) Amitiez, Amours et Amourettes. Livre II, lettre 40.
(2) Amitiez, Amours et Amourettes. Livre I, lettre 36. A M. de S...
(3) Amitiez, Amours et Amourettes. Livre III, lettres 31 et 32 à Mme L.P.D.V.D.C.

pour l'Angleterre sont des événements successifs et, (en tenant compte de l'indication que Le Pays donne sur la longueur de sa maladie) que l'origine de cette maladie remonte à la fin de l'année 1661.

Il s'ensuit que le séjour en Guyenne et Gascogne est antérieur à 1661, et d'après tout ce que Le Pays dit avoir vu et fait dans ces provinces, on peut lui attribuer une durée assez longue pour occuper l'intervalle de 1659, date à laquelle Le Pays se trouve à la frontière d'Espagne, à 1661, date du début de sa maladie.

Cette date de 1659, à cause de la présence de Le Pays à Saint-Jean de Luz et à Fontarabie au moment où se négociait le traité des Pyrénées, est considérée ordinairement comme le premier jalon dont on puisse se servir avec certitude pour rétablir la biographie de Le Pays. Or, il est une œuvre de jeunesse qui semble être restée totalement inconnue de tous ses biographes (1) et qui offre un autre point de repère très utile : c'est le *Violon marquis*, imprimé à Saint-Jean d'Angély en 1658 et dont la préface est datée de Tonnay-Charente, le 26 décembre 1657. Le Pays se trouvait donc à cette date en Saintonge et je croirais volontiers que ce fut son premier poste dans l'administration des finances : en effet, dans un placet à Mme de Maintenon, daté de 1688, il dira qu'il est financier « depuis *trente* ans. »

En résumé, le *curriculum vitæ* de Le Pays, depuis la fin de son séjour à Paris jusqu'à son arrivée à Grenoble, me parait pouvoir être logiquement rétabli de la manière suivante :

Il obtient en 1657 un poste dans la Charente. Au moment du

-----

(1) Tout au moins de tous ses biographes français sans exception ; mais elle est signalée dans l'étude de Johann Igel.

Traité des Pyrénées, en 1659, il se trouve attaché à **Mazarin,**
toujours comme financier (1), revient pour peu de temps à
Paris (2) et reçoit un emploi dans le Midi. La maladie le ramène
auprès des siens (1661). Au moment de sa convalescence, sa
famille essaye de donner suite à certain projet de mariage que
René n'avait pas rejeté autrefois, mais qui lui répugne maintenant. Il résiste donc et finalement s'enfuit à Paris (1662).
L'occasion s'offre d'accompagner un ami en Angleterre et dans
les Pays-Bas : il accepte, d'autant plus qu'après son premier
coup de tête, ce voyage pouvait être un moyen d'échapper encore plus surement aux instances et aux reproches de ses parents. Ce voyage se place dans le deuxième semestre de 1662.
Revenu à Paris, Le Pays est nommé aux Gabelles de Provence
et Dauphiné et rejoint immédiatement son poste de Grenoble
(fin 1662).

Il convient d'essayer maintenant de revivre ces divers épisodes et d'en dégager quelques premières indications sur le caractère et le talent de Le Pays.

Le Pays en Saintonge, faisant son entrée dans les finances
et les lettres à la fois, et Le Pays témoin plaisant des négociations de la paix des Pyrénées, seront l'objet de ce chapitre. — La tournée dans le Midi, le malade joyeux et le fiancé
récalcitrant; puis le voyage en Angleterre et en Hollande four-
niront la matière des deux chapitres suivants.

---

(1)   « Il vaut mieux vous mander des nouvelles
      Mais non pas de la Conférence
      Car, Madame, Son Eminence
      N'en donne aucune connaissance
      Aux chétives *gens de Finances*... »
          (Amitiez, Amours et Amourettes. L. I, lettre 2).

(2) Dans une de ses premières lettres écrites de la Guyenne, il déclare que
ses impressions de Paris sont « récentes » ce qui ne se justifierait point s'il
n'était pas revenu dans la capitale depuis 1657.

*
* *

En 1657, Le Pays entre donc dans l'administration et vient résider à Tonnay-Charente. Rien n'est resté des lettres qu'il put écrire à cette époque : c'est par le *Violon Marquis* seulement qu'on est informé de cet épisode de sa jeunesse et c'est ce qui explique que le fait soit resté ignoré de ses biographes (à l'exception de J. Igel) puisqu'ils ont ignoré ce premier essai et ont toujours considéré les *Amitiez, Amours et Amourettes* qui sont publiées en 1664 à Grenoble comme la première œuvre de Le Pays. Les deux lacunes, l'une bibliographique, l'autre biographique, ont une relation de cause à effet : mais cette lacune bibliographique est assez étonnante, en ce sens que l'attention des curieux aurait dû être mise au moins en éveil par une petite phrase d'une lettre qui est insérée dans les *Amitiez* «...De ma vie je n'ay fait qu'un grand ouvrage ou mesmes à vostre jugement j'eus l'honneur de ne pas réussir (1)...»

C'est à la protection du conseiller du roi, Caset, que Le Pays dut sans doute cette première situation, car il lui dédie le *Violon Marquis* en témoignage de reconnaissance. Quand il donnera ses *Amitiez* il dira encore sa gratitude au même Caset, en joignant à son nom ceux des deux autres conseillers Le Blanc et des Alluz qui furent aussi ses protecteurs et influèrent vraisemblablement sur sa nomination à Grenoble.

De son séjour en Saintonge, Le Pays semble avoir gardé un très bon souvenir. A un ami qu'il y a laissé, il écrira en effet, plus tard, de Grenoble (2) :

«..J'aurois bien de la joie d'en (de vous) estre proche, à pré-

---

(1) Livre II. Lettre 26.
(2) Amitiez, Amours et Amourettes. Livre I, lettre 52.

sent que je me croy plus honneste homme que je n'estois il y
a cinq ans, alors que j'avois l'honneur d'estre vôtre camarade.
Je me persuade que vous verriez bien du changement dans mon
esprit et dans mon humeur et que vous y trouveriez quelque
chose qui ne vous déplairoit pas...Vous verriez que j'ay appris
à examiner les ouvrages d'esprit aussi exactement que les es-
tats de recepte et de dépense et que je sçai faire autre chose
que tenir un registre...Nous passerions de douces heures et
goûterions des plaisirs assez spirituels : et si les plaisirs spirituels nous lassoient comme le reste, une demie-heure de conversation... avec trois ou quatre bouteilles de vostre excellent vin
nous délasseroit agréablement... Mais c'est bâtir des chasteaux
en Espagne. Je suis icy à deux cent lieux de vous. Vous vous
promenez dans les prairies de Xaintonge et sur les bords de la
Charante et moy je me promène au pied des Alpes et sur le bord
de l'Isère. J'ay peur que mes souhaits ne joindront jamais nos
promenades...»

C'est dans cette résidence de Tonnay que le jeune homme
compose le *Violon Marquis* dont le titre complet est celui-ci :
« Le Violon Marquis ou le marquis violon, comme il vous plaira,
histoire comique ou romanesque si vous voulez », et qui parait
au début de 1658 à Saint-Jean d'Angély chez l'éditeur Paul
d'Angycourt.

Le Pays explique dans sa préface la raison du titre bizarre
qu'il a donné à ce « premier essay » de sa plume, offert « avec
appréhension » au public et à son protecteur Caset : «..Je l'ay
fait pour contenter tout le monde... j'ay mis le Violon Marquis
comme la raison le veut et parce que Philidor dans mon histoire
n'est marquis qu'après avoir esté violon... ou le marquis violon

afin que la qualité la plus noble soit la première si quelque délicat le souhaite ainsi...»

Le récit met en scène trois cousins, les Marquis Ménandre,
Cléon et Tyrcis, amoureux de trois cousines, Clarinde, Caliste
et Climène. Ils s'adjoignent, un soir de carnaval, le violon Philidor et s'en vont, déguisés, donner une sérénade à leurs belles.
Pris pour des voleurs, ils sont emprisonnés, mais parviennent à
s'échapper et à s'enfuir vers les Flandres. Un messager annonce
cet événement aux jeunes filles qui, pour combattre leur ennui,
décident que chacune d'elles va raconter son histoire.

Premier récit : La suivante de Clarinde, Bérénice, parle
pour sa maîtresse et révèle que le cœur de celle-ci appartient
non pas au Marquis Ménandre, mais au violon Philidor.
Deuxième récit : Caliste raconte l'histoire de ses propres
amours avec Cléon. Troisième récit : Climène raconte ses
amours avec Tyrcis.

Quand elles ont terminé, arrive un messager, Lycaste, venu
tout droit des Flandres. Nouveaux récits des aventures des trois
marquis et du violon et, révélation sensationnelle qui comble
de joie Clarinde : le violon Philidor est en réalité un marquis lui
aussi, et a montré, dans tous ces incidents, un courage digne
d'éloges. Et tous de remercier le ciel « d'avoir fait découvrir la
naissance d'un homme qui avoit tant de belles qualitez...»

Le Pays, âgé de vingt-trois ans seulement quand il écrivit ce
petit roman, avoue qu'il l'a conçu rapidement et sans beaucoup
de jugement.

C'est une œuvre de jeunesse : il lui était difficile d'échapper
à certaines influences, de ne pas être un peu livresque. Le jeune
homme n'était pas sans connaître l'*Heptaméron* de Marguerite de Navarre; peut-être connaissait-il aussi le *Printemps*

d'Yver, avec ses « cinq histoires discourues par cinq journées en une noble compagnie...» Il a repris le procédé. En outre, dans ces méprises et ces surprises, dans ces déguisements et ces reconnaisances, comme aussi dans ces analyses de psychologie amoureuse, on sent l'influence de l'*Astrée*, bien que Le Pays, un peu comme Corneille dans ses premières comédies, se soit libéré du décor de pastorale pour placer son action dans un milieu mondain.

Cette première œuvre, vouée à un oubli complet, ne fut jamais rééditée, et Le Pays n'a rien fait pour ramener par la suite l'attention sur elle : on jette volontiers un voile sur ses péchés de jeunesse....

*
* *

En 1659, voici Le Pays dans les coulisses du théâtre où se jouait alors une des grandes scènes de notre histoire nationale : il s'agit des négociations d'où devait sortir la Paix des Pyrénées. La façon dont il parle de ces événements dans les trois lettres (1) écrites, une de Fontarabie, deux de Saint-Jean de Luz, a un certain agrément : le ton en est badin, spirituel, primesautier.

Mais tout ce badinage qui pourrait plaire en d'autres circonstances, finit ici par agacer quelque peu. On s'étonne qu'un jeune Français de ving-cinq ans, intelligent et cultivé, se soit si totalement désintéressé de la page d'histoire qui se composait pour ainsi dire devant ses yeux, au point que dans les quelques

---

(1) Amitez, Amours et Amourettes, livre I, lettres 1 et 2 à Mme de S. M. et lettre 3 à M. Le Chevalier de C..., capitaine au régiment de ... Sauf indication contraire, les citations et les détails qu'on trouvera dans ce chapitre sont tirés de ces lettres.

lettres écrites par lui à cette époque, on ne peut trouver une seule phrase d'un ton réellement sérieux.

Pourtant l'heure était grave. La France, après avoir triomphé de la Maison d'Autriche à la paix de Westphalie en 1648, allait-elle maintenant consacrer son triomphe sur la maison d'Espagne, celle qui avait résisté le plus longtemps et prolongé la lutte pendant onze années ? Sans doute la victoire semblait gagnée depuis la défaite de Condé et des Espagnols aux Dunes et la prise de Dunkerque ; mais encore fallait-il qu'elle fût confirmée, exploitée habilement. La longueur même des négociations montre qu'après Turenne il fallait Mazarin, qu'après les victoires de l'armée il fallait celles de la diplomatie.

Mazarin, souffrant de la goutte, arriva seulement le 28 juillet 1659 à Saint-Jean de Luz et la paix ne fut signée que le 7 novembre. Le ministre espagnol, Don Louis de Haro, s'était installé de son côté à Fontarabie. Le Pays put connaître la petite querelle d'amour-propre et de préséance qui se dénoua par le choix de l'Ile des Faisans comme lieu de la conférence. On décréta, pour ne froisser personne, que cette petite île de la Bidassoa (devenue par suite l'*Ile de la Conférence* précisément) serait considérée comme une terre neutre ou appartenant également aux deux royaumes. Et finalement le traité fut signé, tout à notre avantage. Mazarin qui pouvait justement écrire (Lettre à Servien) que si son langage n'était pas français, son cœur l'était, achevait l'œuvre poursuivie par les grands politiques depuis Henri IV, réalisait enfin le noble programme de Richelieu : mettre la France en tous lieux où fut l'ancienne Gaule.

Un autre que Le Pays aurait au moins signalé l'importance des négociations en cours ou salué l'heureuse conclusion de la paix par un cri de joie venant du cœur. Mais lui a bien autre chose en tête. Et la conférence a le don de ne l'intéresser que médiocrement. Il a même une façon assez narquoise de marquer son détachement.

« Monsieur le Cardinal et Dom Louïs d'Aro sont déjà venus plusieurs fois. Ils travaillent fortement à ce grand ouvrage de la paix : mais jamais elle ne sera générale que l'Amour et la Fortune ne se soient réconciliez avec moy. Cependant c'est un article où les deux ministres ne pensent guères. Pour leur rendre la pareille, je ne pense guères aussi à tout ce qu'ils font. Pendant leur conférence, je confère avec Monsieur des B... qui se souvient toujours de vostre vin et qui prétend malgré la paix aller chez vous ranger les bouteilles en bataille... etc... »

Il faut donc se résigner à ne pas rencontrer ici d'intéressantes allusions aux événements que Le Pays aurait pu cependant étudier quelque peu. Du moins y trouvons-nous des détails plaisants, l'esquisse de scènes pittoresques. Le jeune homme n'a pas voulu savoir ce qui se passait à la table devant laquelle s'asseyaient les diplomates ; mais il a promené un regard amusé sur les abords, il a regardé les costumes, les allées et venues, les danses des Espagnols, les tours de souplesse des Basques, il a vu les soldats désœuvrés, passant leur temps à jouer aux cartes ou à boire et il a trinqué avec eux. La joie populaire, la joie des foules grouillantes, faite de propos lestes, de vins généreux, de coups de poings abattus sur la table pour scander les péripéties du jeu, sans éclater dans ces pages comme elle éclatera dans une toile de Téniers, y fermente cependant quelque peu.

La paix n'est pas encore signée ; il n'importe pas : Le Pays a déjà signé son pacte d'amitié avec les Espagnols ;

«...Nous (lui et quatre de ses amis) voicy à Fontarabie, les plus grands amis du monde avec Messieurs les Espagnols, qui ne sont pas noirs comme les diables, ny faits comme on nous les avoit dépeints... Nous trinquons ensemble comme si nous nous estions connu toute nostre vie... Par ma foy ce sont de bonnes gens, je les aime...»

Et comment ne pas aimer ces Espagnols en effet ? Ils sont si gais ! Et Le Pays d'admirer en outre que pour un peu on les croirait de véritables Français : « Je vous jure qu'il y en a beaucoup qui passeroient pour François s'ils avoient des chausses à la Candale...» Note assez brève, sans doute, mais riche de sens si l'on y réfléchit, car elle résume en somme toute une page de l'histoire des costumes. On sait ce que sont les chausses à la Candale : Louis de la Valette et de Foix, duc de Candale, qui fut colonel général de l'Infanterie française et mourut en 1658 à l'âge de trente ans « avait imaginé une mode de s'habiller toute nouvelle, d'une manière de haut de chausses larges (1)...» Or, le duc de Candale était un des princes de la mode : « Il s'habillait galamment et les plus propres tâchaient de l'imiter (2). » L'usage s'était donc répandu des vastes culottes, bouffantes et enrubannées, surchargées de volants, et que Molière a raillées en parlant de *ces cotillons appelés hauts de chausses* (3).

Les costumes espagnols de l'époque étaient beaucoup plus sobres et sévères. Qu'on se reporte à cette tapisserie des Gobelins qui est au château de Versailles et représente les Fiançailles de Louis XIV et de Marie-Thérèse d'Espagne, d'après un carton de Le Brun : le contraste est frappant entre l'étroite et simple

---

(1) Richelet. *Les plus belles lettres françoises.* Tome I.
(2) Portrait du duc de Candale, par de Bussy.
(3) L'Ecole des Maris. Acte I, scène 1 vers 32.

culotte de Philippe IV et celle que porte Louis XIV. Cette différence de costumes, Le Pays l'a au moins remarquée.

Les Basques qu'il fréquente à Saint-Jean de Luz méritent
également sa sympathie, car la joie « paroist en toutes leurs
actions ». Cette joie qui « commence avec la vie et ne finit qu'a-
vec la mort » Le Pays la rencontre même là où il n'y comptait
pas : « J'ay remarqué qu'aux nopces c'est toujours le Curé qui
mène le branle... » Une telle gaieté ne manque pas d'être contagieuse : Le Pays s'en trouve atteint. On sent qu'il s'amuse de
tout et c'est ce qui met dans ses lettres cette verve et ce brin
de folie. Ce contact avec un peuple « où un enfant sçait danser
avant de sçavoir appeler son Papa et sa nourrice », l'émous-
tille et le rend encore plus guilleret qu'à l'ordinaire. Il boit
« Vin, Rossolis et chocolat », apprend quelques mots de Basque,
juge tout le monde charmant, joue au piquet, observe des cou-
tumes qu'il décrète « douces et plaisantes ».

Une de celles-ci le séduit surtout : c'est qu'il y a dans la contrée ce qu'il appelle un noviciat dans le mariage. Et il exulte à
cette idée. Il s'écrie : « O la louable coustume ! » Bien plus, il
insiste, il explique, il commente ce qui se passait facilement
d'explications et de commentaires, donne des exemples, dit son
espérance de voir cette habitude gagner du terrain et s'implan-
ter en France. Ce n'est certes point par excès de délicatesse que
pèche Le Pays, d'autant plus qu'en l'occasion c'est à une dame
qu'il écrit. Du reste dans une autre lettre adressée à la même,
on trouve un couplet qui ne le cède en rien au premier. L'auteur
prête à ses bons amis les Espagnols l'intention de demander que
dans le traité une clause soit introduite dont le but sera de ré
parer rapidement les pertes subies : cela se comprend des
pertes en hommes ; ce travail regardera les Fançais et les Espa-

gnoles, et, bien entendu, Le Pays qui n'a pas servi à la guerre est tout disposé à « servir en cette occasion...» Il y a là un manque de mesure dont on trouvera d'autres marques par la suite.

Veut-on encore un exemple des petits faits auxquels se complait Le Pays parce qu'ils lui permettent de broder un récit malicieux et ingénieux ? Voici l'anecdote qu'il intercale dans une de ses lettres :

«...Une pauvre balène sçachant qu'on faisoit la paix vers ces costes, avoit crû qu'elle y pouvoit venir en sureté et jouir comme les autres du privilège de la trêve. Une louable curiosité de voir unir deux nations qui s'estoient si furieusement déchirées, l'avoit apparemment fait venir de la Norvège, ou de plus loin, pour assister à une réconciliation si illustre et pour en porter la nouvelle par tout l'empire de Neptune. Mais Messieurs les Basques sans avoir égard à la trêve ni à la gloire qui deffend de combattre en nombre inégal ne l'eurent pas plûtost veuë paroistre qu'ils allèrent l'attaquer en si grand nombre et si cruellement, qu'enfin ils l'amenèrent icy le lendemain. Cemme le crime est assez souvent protégé, on la déclara prise de bonne guerre et les Basques en firent présent à Monsieur le Cardinal. Je ne sçay si ce fut son avarice, parce qu'il eust fallu trop de beure pour la frire, ou quelqu'autre raison qui l'empescha de la garder : mais il l'envoya à Doms Louïs d'Aro, qui en revanche luy envoye toutes les semaines deux mulets chargez de glace... »

Ce morceau appelle deux remarques. Il faut d'abord relever la petite phrase venimeuse qui y est glissée à l'adresse de Mazarin. Elle est l'écho d'une moquerie courante à l'époque et s'apparente assez aux couplets que fredonnaient quelques années plus tôt les Frondeurs. Un simple provincial ne l'aurait peut-être pas écrite, mais Le Pays vient de passer un certain temps à Paris et il a pu y entendre de semblables plaisanteries. Il faut ensuite noter combien il y a de « couleur locale » dans ces « mulets chargez de glace. » On ne peut certifier que Mazarin ait beaucoup apprécié le présent, mais soyez assurés que dans l'esprit du ministre espagnol, le cadeau était d'un grand prix. L'abbé de Montreuil — qui devait devenir l'ami de Le Pays par la suite — vint à la frontière espagnole en 1660 et nous a laissé une relation adressée à Mlle... de ce qui se passa au mariage de Louis XIV. Or il écrit ces quelques lignes qui sont le meilleur commentaire que l'on puisse faire du « chargez de glace ».

« La plupart des femmes ne sauroient vivre sans glace et sans amour. Les Espagnols craignent le manque de glace comme nous craignons celui de vin et la stérilité du bled. Tel moine qui résiste à l'austérité des jeunes ne sauroit supporter celle de boire chaud et l'on nous montra deux jeunes cavaliers qui avoient quitté les Récollets de Burgos, parce que dans l'année de leur noviciat, la glacière avoit manqué ! »

Suivant un procédé qui lui restera familier, Le Pays, dès ces premières lettres, intercale quelques vers dans sa prose. Ici c'est l'annonce du mariage de Louis XIV avec la fille de Philippe IV qui excite sa verve poétique :

> Déjà mesme l'Infante danse
> Dans cette agréable espérance.
> On dit par tout en son absence
> Qu'elle est belle par excellence
> ....
>
> Les Bayonnois en diligence
> Cherchent de toute leur puissance
> Des jambons non pas de Mayence,
> D'un lard qui ne sera pas rance

Pour présenter à son Infance :
Et c'est là, sur ma conscience,
Jusqu'où va toute ma science
Des secrets de la Conférence...

*
* *

L'attitude de Le Pays en une telle occurrence est déjà signi-
ficative de sa mentalité. Il y a en lui une inclination marquée
à ne voir que le côté plaisant des choses, à faire parade de
son esprit.

Mais tout abus est une erreur, et Le Pays tombait facilement
dans l'abus : c'est manquer de mesure de ne voir dans un traité
des Pyrénées que l'occasion d'écrire quelques nouvelles galantes, et oublier qu'un homme spirituel n'est plus spirituel
quand il veut l'être à contre-temps. Quelle différence avec un
Malherbe par exemple, mettant le meilleur de sa force poétique
au service du pays et du roi ! Pourquoi Le Pays qui se réclame
volontiers de Voiture a-t-il négligé un des exemples que ce dernier lui avait pourtant laissé ? Je songe à ces pages écrites
après la prise de Corbie et dans lesquelles leur auteur, prenant
un ton inattendu, juge si raisonnablement l'œuvre de Richelieu
et montre un sens politique très averti. Si Le Pays avait profité
de cette leçon, nous aurions peut-être des lettres moins plaisantes, moins pittoresques, mais d'une portée autrement considérable. Mais celui qui pouvait être un témoin intelligent a
mieux aimé n'être qu'un amuseur. Il a oublié le drame qui se
jouait près de lui et n'a vu que l'opérette.

Un autre trait du caractère de Le Pays est également révélé
dans la troisième lettre qu'il écrivit de la frontière espagnole.
A vrai dire, il n'y a pas de mérite à le découvrir entre les lignes
car l'auteur se confesse ingénument. De prime abord, on pour-

rait même se demander s'il est bien sincère et s'il ne cède pas un peu au secret plaisir de scandaliser son correspondant, un brave officier, ami de la gloire, et qui allait « le grand chemin au bâton de maréchal de France » en se donnant ainsi pour un incorrigible poltron.

Pourtant nous retrouverons maintes fois la même affirmation sous la plume de Le Pays, et, par la suite la confession ne s'adressera plus à un officier, mais à des dames (1). Or chacun sait qu'en un tel cas on peut voir des poltrons se parer d'un masque de bravoure, mais que la réciproque serait assez surprenante...

Vauvenargues (2) dira plus tard : « Le contemplateur, mollement couché dans une chambre tapissée, invective contre le soldat qui passe les nuits de l'hiver au bord d'un fleuve et veille en silence sous les armes pour la sûreté de sa patrie ! » Certes, Le Pays n'invective pas : car il n'apporte jamais une grande passion à tout ce qu'il fait ; mais il se félicite d'être personnellement à l'abri du danger et de n'avoir point participé à la guerre qui vient de se terminer.

« Je fais réflexion, écrit-il à son ami, que vostre vie ne sera plus en la garde de vostre courage. Peste que ce Garde ne fait guères d'estat de ce qu'on luy donne en garde ! O que je n'eusse pas voulu que ma vie eût logé avec la vostre pendant que nous avions la guerre...»

Et un peu plus loin il reprend :

« En regardant la gloire du but, il faut un peu envisager les périls de la carrière. Nous autres, poltrons, nous croyons qu'il n'est que de vivre, et vous autres, vaillants, vous croyez qu'il

---

(1) Voir en particulier : Portrait de M. Le Pays, dédié à la duchesse de Nemours (1664) .
(2) Réflexions et maximes (1746).

n'est que de mourir. ...Et je confesse que je ne fais pas grand
estat de la gloire ny d'Alexandre, ny de César... »

C'est un peu le ton du Moron de Molière :

> ...Oui j'aime mieux, n'en déplaise à la gloire,
> Vivre au monde deux jours que cent ans dans l'histoire... (1)

Au reste, l'ensemble de la lettre ne manque pas d'agréments.
Elle a du mouvement, le style en est aisé, les détails en sont
amusants et variés. L'auteur y montre qu'il sait taquiner les
gens, sans exagérer toutefois, sans oublier de se faire pardonner ses taquineries par quelques phrases aimables. Et pour
consoler son ami, Le Pays a soin de l'avertir que l'Amour l'attend à son retour :

« Enfin, Monsieur, vous vivrez en dépit de vous. Hier la
Paix fut concluë, et dans peu de jours elle sera publiée dans
tout le Royaume. J'ay bien du regret de vous donner une si
mauvaise nouvelle : mais deussiez-vous en enrager, vous et
vostre bravoure, nous allons joüir du calme et du repos, après
avoir esté si long-temps effrayez des tambours et des trompettes.
J'ay ma part dans la joye publique; mais j'en gouste une qui
m'est particulière, quand je fais réflexion que je ne craindray
plus rien de vostre valeur... A voir comme vous y alliez, on eust
dit que vous n'aviez rien cousté à Messieurs vos parents, et que
la vie vous estoit un fardeau... Toutes mes remontrances estoient
inutiles. Il vous estoit avis que j'étois ennemy de vôtre gloire...
Encore un coup, deussiez-vous en enrager, la Paix est concluë,
et je n'appréhende plus pour vous que la guerre que Belinde est
résoluë de vous faire à votre retour. Elle me dit il y a quelques
jours, qu'au siège de Mortare vous ne fûtes point tant en hazard

---

(1) La Princesse d'Elide. Acte I, scène 2, vers 229-230.

que vous le serez dans sa maison et que si vous estes échappé
au feu des Espagnols vous n'échapperez pas à celuy ide ses yeux.
Tout de bon, Monsieur, je n'ay jamais rien vû de si beau qu'est
à présent cette charmante personne : mais quelques menaces
qu'elle fasse, j'aymeray bien mieux que vous reveniez en Gascogne que si vous retourniez dans le Milanez... »

Notons, par ailleurs, que Le Pays a su tout de même faire
entrer dans une phrase de quelques mots un charmant hommage
à la chevaleresque insouciance de notre race. Ne pourrait-on pas
appliquer, en effet, à toutes les époques de notre épopée militaire — et jusqu'à la plus récente où l'on vit une promotion de
Saint-Cyriens ajouter un chapitre à l'histoire du Panache en se
gantant de blanc pour leur première charge — cette phrase de
Le Pays à son ami le bel officier, qui, avec la grâce un peu
maniérée d'un sourire coquettement étudié, dit l'élan désinvolte
de tous ceux qui gardent un air de fête aux heures tragiques :
« Quand les bales de mousquet eussent été des pastilles ou des
œufs parfumez vous ne fussiez pas allé à la tranchée avec plus
de plaisir ?...»

CHAPITRE III

Le Pays en Guyenne et en Gascogne
Sa maladie
Son mariage manqué

Le Pays revenu à Paris ne fit dans la capitale qu'un bref séjour. Bientôt il repart pour le Midi, mais par un itinéraire un peu allongé. Il passe d'abord par sa province natale, la Bretagne : du Midi il écrira en effet à Mme D. L. F. R. B. : « Depuis que je suis party de Bretagne où je receu vostre lettre avant mon départ, j'ay toujours couru... » (1). Il traverse le Poitou, la Saintonge et arrive à Bordeaux. Désormais il sillonnera en tous sens la Guyenne et la Gascogne.

Cette tournée de Le Pays n'était évidemment pas un voyage d'agrément; mais la mission dont il était chargé ne l'empêcha point de faire quelque peu l'école buissonnière... Et il faut se hâter d'ajouter que dans sa correspondance, celle-ci l'inspire bien plus que celle-là.

Deux ou trois fois seulement le voyageur fait allusion à son travail; il ne manque pas de le prétendre très absorbant. Il devait s'agir d'affaires à vérifier ou à mettre au point et de recouvre-

---

(1) Amitiez, Amours et Amourettes. Livre II. Lettre 14.

ments en retard à effectuer. Par là s'expliquent assez les continuels déplacements de Le Pays et la longueur de son séjour dans le Midi, d'où il s'éloigna du reste, quand il tomba malade, sans avoir absolument achevé sa mission : en effet, dans une lettre adressée plus tard de Grenoble à l'un de ses anciens amis de Guyenne, on trouvera cette phrase : « Faytes-moi la grâce de m'apprendre un peu les nouvelles de Guyenne et la manière dont on a terminé les affaires qui m'y avoient esté commises... » (1).

Le fait que dans quelques années on verra Le Pays à la tête du service important des gabelles de Provence et Dauphiné, nous force du reste à croire qu'il s'acquitta convenablement de sa tâche; mais il est certain que ses fonctions ne lui firent pas négliger des passe-temps moins austères. Il se crée de nouveaux amis et surtout de nouvelles amies, satisfait çà et là sa passion pour le jeu, déguste des vins fins et accepte les incidents du voyage avec une parfaite bonne humeur.

A Bordeaux, il descend dans une maison particulière pour laquelle une dame de Bretagne lui avait donné une recommandation. Incontinent, le plaisantin classe ses hôtes d'après... leur nez (2) :

« ...Son cher époux à le nez pasle, Monsieur l'Abbé l'a balafré, Candine l'a marqué de vérolle et la servante l'a puant et camard... ».

Près d'Agen il goûte l'eau d'une certaine fontaine miraculeuse, la trouve inférieure au vin que possède sa correspondante et l'avoue sans vergogne. A Nérac il est invité par un Monsieur Le V. D. à un festin « abondant et délicat, assaisonné de rail-

---

(1) Amitiez, Amours et Amourettes. Livre II, lettre 45 à M. de M.
(2) Amitiez, Amours et Amourettes. Livre II, lettre 23, à Mme de Saint-M...

lerie et de bons mots » (1). A Toulouse il va voir le Bazacle (2),
la Belle Paule (3) et s'illustre en outre par une invraisemblable
aventure : il s'imagine (4) qu'une personne de sa connaissance
est enfermée dans un couvent de religieuses de la ville, se précipite au parloir, réclame à grands cris la dame de ses rêves,
jette la perturbation dans toute la communauté, est en passe
d'être exorcisé, se met à sonner de la cloche avec tant de violence que la corde se rompt et qu'il tombe à terre. Evanoui, il
est transporté dans une hôtellerie et ne revient à lui que le
lendemain matin.

Il est une autre aventure de voyage que Le Pays ne raconte
pas, mais qu'une constante tradition lui attribue : il s'agit de
la façon singulière dont il fit connaissance du prince de Conti,
alors gouverneur de la Guyenne. Ce dernier arrive un soir dans
un hôtel : le garde-manger était vide, mais on lui signale qu'un
jeune homme (c'était Le Pays) avait apporté une poularde et la
faisait cuire dans sa chambre. Le prince monte, s'approche, et
la conversation s'engage : « Cette poularde est cuite — Cette
poularde n'est pas cuite — Cette poularde est bonne à manger
— Je vais la manger seul... ». Averti enfin qu'il se trouve en
présence du gouverneur de la province, Le Pays tombe à genoux : « Elle est cuite ! Elle est cuite ! Mangez-là ! » Le Prince
le relève avec bonté, partage le dîner et quitte notre héros après
l'avoir assuré de son amitié.

---

(1) Amitiez, Amours et Amourettes. Livre II, lettre 33.

(2) Le Bazacle est ce grand nombre de Moulins qui sont à Toulouse sur la
Garonne. (Note de Le Pays).

(3) La Belle Paule est le corps d'une belle femme morte depuis longtemps,
que l'on a conservé assez entier avec beaucoup d'autres dans le charnier des
Cordeliers de la mesme ville, qui a la vertu de préserver les corps de la pourri-
ture. (Note de Le Pays).

(4) Amitiez, Amours et Amourettes. Livre II, lettre 14, à Mme D.L.F.R.B.

Il est impossible de lire les lettres que Le Pays écrit au cours de ce voyage sans songer au fameux *Voyage de Chapelle et Bachaumont* antérieur de quelques années seulement (1656).

Sainte-Beuve ne reproche-t-il pas à ces deux auteurs de n'avoir rien vu de la nature qui s'offrait à eux et de s'être délibérément amusés de tout ? Un reproche analogue pourrait être fait à Le Pays. Le ton est identique, les défauts sont communs : ce sont des œuvres qui ont cependant un mérite, celui de nous révéler quelque chose des mœurs provinciales de l'époque. Une même image de la Province se dessine grâce à l'une et à l'autre. Chapelle et Bachaumont s'arrêtent aussi à Bordeaux, et ils notent : « Madame l'Intendante qui ne connaissait pas autrefois les cartes, passe maintenant les nuits au lansquenet. Toutes les femmes de la ville sont devenues joueuses... ». Les voici à Agen : « Ces dames ont tant d'esprit qu'elles nous gagnèrent dès la première conversation... ». A la gloire de Toulouse ils écrivent ceci : « ...un de ces repas qu'on ne peut faire qu'à Toulouse !... ». Que dit Le Pays ? A peu près rien de plus et à peu près rien de moins. Lui aussi s'est plu au milieu de ces provinciaux et a su apprécier leurs caves bien garnies, leurs tables confortables, leur science du jeu, leur amour pour des propos gais et pas nécessairement ridicules.

Et sur ce dernier point, deux lettres doivent particulièrement être signalées parce qu'elles montrent comment Le Pays sut rendre cette justice aux provinciaux. Il ne faut pas oublier que toute la vie de Le Pays se passera en province, que son éphémère succès ne s'affirmera guère que grâce à la province, et que, loin d'en rougir, il s'en félicitera. Pourtant il avait un peu vécu à Paris : on aurait pu s'attendre à ce qu'il tournât ses regards et ses pensées vers la capitale, à ce qu'il y recherchât des admirateurs plus distingués et capables de consacrer sa réputation. Il n'en fit rien, au contraire. Cette attitude implique une certaine philosophie, un certain bon sens. Elle suppose aussi que celui qui l'adopte n'a pas été sans juger au moins une fois le milieu dont il se fera le champion. Or ces deux lettres ont la valeur d'une confession : elles montrent le jeune homme sarcastique, de goûts difficiles et accablant d'abord de traits moqueurs les habitants de la petite ville où le hasard l'a conduit. Puis il s'aperçoit de son erreur et de son injustice : il l'avoue avec esprit, rétracte ses critiques de la veille, rend à la Province l'hommage qu'elle mérite. Il ne modifiera pas l'opinion qu'il se forge en cet instant décisif. On le verra en plusieurs circonstances, et particulièrement dans la lettre qu'il écrira pour répondre à l'attaque de Boileau, soutenir que le droit de travailler et de produire ne doit pas être réservé aux ouvriers d'élite, aux illustres auteurs de la capitale, que la province mérite bien d'avoir aussi ses poètes et ses artistes. Cette théorie de son âge mûr est en germe déjà dans les deux lettres de sa jeunesse, adressées coup sur coup à Monsieur de Ch. (1).

La première nous dit les impressions qu'il ressent lors de son arrivée, impressions peu favorables parce que Le Pays ne voit que les apparences. Après les embrassades de rigueur et les habituelles questions de politesse, on le fait mettre à table, et après le souper on le conduit à un bal qu'on lui avait annoncé « de conséquence ». Le voyageur est fort déçu : il constate que tout y est « plus que très provincial » et ne peut passer que pour « franc campagnard ». Et il accumule ironiquement ses observations désobligeantes. Les jeunes gens portent d'antiques

---

(1) Amitiez, Amours et Amourettes. Livre I. Lettres 37 et 38.

habits, sans rapport avec la mode, des chausses étroites **et** semées de rubans sans aucune proportion d'éloignement; les chapeaux sont de tous les modèles possibles et portés sans grâce. Quant à la salle elle est dépourvue de tapisserie, éclairée d'une douzaine de chandelles attachées au bout de bâtons croisés en guise de chandelier. La « misérable harmonie » des violons écorche les oreilles délicates et donne envie de fuir à cent lieues. La collation est absente, au grand scandale de Le Pays qui désirait « citrons doux et oranges de la Chine ! ». La beauté de ces dames déçoit également le voyageur; il se rabat sur les servantes, plus « jolies, propres, éveillées et souples ». Enfin les jeunes gens ne sont pas « bien faits » mais croient l'être, et à force d'affectation « font merveilleusement bien les ridicules ».

Tels sont les principaux traits du petit tableau que trace le jeune homme, d'une plume alerte et avec son esprit habituel. Mais cela n'est que l'expression d'un jugement hâtif, dû au premier mouvement, à la réaction que produit ordinairement un changement de milieu. Quelques jours se passent et voici que la censure fait place à l'éloge. La seconde lettre essaye d'effacer tout ce qui a été dit dans la première :

« *Oculi, vultus,* et moy j'ajoute : *et vestes persæpe mentiuntur.* Quand je devrais passer pour pédant, il faut que ces trois mots de Latin passent et qu'ils vous aillent dire de ma part que la mine et la robe ne font pas le moine. Les galands de cette ville ont des habits de Province, mais ils ont des esprits de cour... ».

Et Le Pays s'attache à le prouver. Il assure que la douceur et la civilité bannies des pays voisins ont trouvé un refuge en ce lieu; les esprits sont vifs, sociables, bien tournés; on croirait avoir affaire à « une colonie de Paris et du quartier du Louvre ».

Les gens sont plaisants et affables et « leur intérieur est beau quoy que leur extérieur n'ait rien de magnifique ». Sans doute leurs salles ne brillent point par les lambris et les lustres et l'on n'y rencontre ni « tapisseries de Flandre, ni tableaux d'Italie, ni cabinets de la Chine ». Mais en revanche les esprits sont brillants, les conversations aisées, alertes et sans ridicules. « Au premier bal que je vis, confesse Le Pays, mes yeux m'avoient trompé, mais dans tous les autres mes oreilles m'ont désabusé ». Avec une ardeur de converti, il accentue l'énergie de son *mea culpa* et paraphrase la formule de son aveu :

« Je me dédis de tout ce que je vous ay mandé par ma dernière lettre. Quand je vous l'écrivis, je n'avois encore consulté que mes yeux, où les impressions de la magnificence de Paris estoient trop récentes pour souffrir que je trouvasse rien de beau dans la Povince ; mais depuis que mes oreilles m'ont découvert l'abus de mes yeux, j'ay changé de sentiment et j'ay appris dans la conversation de ceux que je méprisois, l'injustice de mon mépris et l'obligation que j'avois de donner mon estime à des personnes qui, aux habits près, méritent celle de tous les honnestes gens... ».

Et, un peu plus bas, il s'écrie : « Il paroist dans leurs esprits une vivacité italienne, une prudence espagnole et une civilité françoise... ».

Cette fois l'éloge tourne au dithyrambe. Qu'importe ? Il n'en est que plus significatif du travail qui vient de se produire dans l'esprit de Le Pays. Il prouve que celui qui acceptera d'être le héraut de la province le sera avec sincérité, non par affectation ou par nécessité, mais par fidélité à un sentiment qui semble bien avoir poussé sa première racine au cours de ce petit voyage en Guyenne. Au premier abord, toutes ces déclarations répandues çà et là, dans ses œuvres, en faveur des provinciaux, peuvent paraître suspectes : on pourrait prétendre que sa destinée l'ayant fixé en province et lui ayant ménagé certains succès dans ce milieu, Le Pays aurait fait contre mauvaise fortune bon cœur et se serait simplement plié aux circonstances. Il n'est rien de moins sûr et il s'agit peut-être autant d'un choix que d'une acceptation. « Vivacité italienne, prudence espagnole, civilité françoise ! ». On peut sourire un moment d'un éloge si enflammé. Mais, à la réflexion, la chaleur de cette exagération devient moins étonnante. Les junéviles amoureux cultivent volontiers l'hyperbole ; ils trouvent toujours que leur vocabulaire est trop pauvre quand ils jettent, comme une jonchée de fleurs, leurs termes d'adoration aux pieds de l'aimée. Or, en ce moment, ce sont des fiançailles que célèbre Le Pays : ses fiançailles avec la Province. Et si, d'une part, il s'exprime actuellement avec une telle chaleur, et si, d'autre part, il s'affirme toute sa vie obstinément fidèle, c'est qu'il s'agit réellement d'un mariage d'inclination, et non de raison...

Tel est l'intérêt de ce voyage dans le Midi : il prépare le jeune homme à comprendre et à estimer le milieu qui sera bientôt et définitivement le sien.

*
* *

Pendant que René Le Pays promenait son insouciante gaieté à travers la France, des bords de la Loire aux bords de la Garonne, de Paris aux Pyrénées, et, découvant en quelque sorte la Province, signait avec elle comme un contrat de mariage, la famille et les amis du voyageur formaient pour lui des projets : il était encore question de mariage — et au vrai sens du mot cette fois.

Le jeune homme était au courant de ces négociations et ne les désavouait pas. Il est même curieux de constater le ton raisonnable qu'il emploie, quand, écrivant à l'un de ses amis (1), il témoigne sa reconnaissance envers ceux qui s'occupent ainsi de son établissement, et il est assez piquant de songer qu'après en avoir si délibérément accepté l'augure, il se servira, dans quelques mois des moyens les plus radicaux pour échapper à ce mariage.

Du fond de la Guyenne, il proclame donc son impatience de voir celle qu'on lui destine, et il ajoute :

« ...Le portrait que vous m'en avez envoyé m'a mis dans le cœur plus d'émotion que tous les originaux que j'ay jamais veus. Il n'est rien que je n'estime au-dessous de Mlle de... puisque c'est un choix de vostre main. Ne craignez pas que je vous désavoüe de la promesse que vous luy avez faite de mon cœur ; l'Amitié a pû disposer de l'Amour, et ce petit aveugle aura bien de la joye de marcher sous la conduite de cette clairvoyante. Dans les amours d'amourette, et pour les maîtresses de galanterie, je suis bien aise de ne point suivre d'autre avis que celuy de mon inclination. Mais quand il s'agit d'un amour véritable et d'une maîtresse à contract, je croy qu'on ne sçauroit mieux faire que de se laisser conduire par ses parents et amis. Ils regardent plus loin que nos plaisirs et ne sont pas si aveugles que nous dans nos propres interests. Comme ce sont là mes sentiments, je vous supplie de me continuer les bons offices que vous m'avez rendus auprès de cette Belle... ».

Ce projet de mariage, qui semblait donc en bonne voie d'exécution, ne devait cependant pas se réaliser. Tout d'abord Le

____

(1) Amitiez, Amours et Amourettes. Livre I, lettre 45.

Pays tomba malade et revint près des siens afin de se soigner. Du reste il semble bien que sa santé laissa généralement à désirer et il parlera souvent, dans sa correspondance, de ses accès de fièvre quarte. Sur son actuelle maladie, les détails qu'il nous offre sont plutôt sommaires, et ce qu'il en dit de plus précis, c'est qu'elle fut d'une longue durée et le tourmenta neuf mois environ. Si nous l'en croyons, il faillit même mourir. Mais on sait déjà que Le Pays n'est pas d'une humeur à prendre les choses au tragique. Il ne faut donc pas s'étonner, si, à peine guéri, le jeune homme se hâte de rire du danger qu'il a couru et même d'imaginer à ce sujet une fable assez cocasse :

« La fièvre, raconte-t-il, m'avoit mis fort bas et je pensois tout de bon à déloger : c'est pourquoi je voulus donner ordre à ma conscience... ».

Certes voilà un début bien sérieux. La suite l'est moins : le malade se rappelle avoir appris de quelque casuiste que jouir d'un bien sans le consentement du propriétaire est illicite. Dès lors le trouble s'empare de lui et le désir le prend de restituer ce qu'il a pu dérober. Il mande donc un Religieux et le supplie de bien vouloir se charger d'une commission. Le Recollet accepte, sans savoir exactement de quoi il s'agit. Aussitôt Le Pays s'élance au cou de son confesseur et lui donne une douzaine de baisers en le priant de les reporter à certaine voisine qui en était la légitime propriétaire ; car tel était le larcin dont le souvenir pesait si lourdement sur la conscience du singulier moribond : douze baisers, un portrait, trois rubans couleur de feu et une mèche de cheveux. Et Le Pays de clore son récit aussi gravement qu'il l'avait commencé :

« Vous voyez comment je pensois tout de bon à décharger ma conscience et à faire une belle mort. Mais toute cette préparation fut inutile. Le Ciel se contenta de me voir si bien disposé à ce triste passage. Enfin je ne mourus pas... ».

Non seulement il ne mourut pas : mais il se remit à profiter de la vie avec plus d'entrain que jamais. Il n'est rien de tel que d'avoir failli perdre un bien pour en apprécier davantage la valeur. Aussi Le Pays qui a été pendant neuf mois « vertueux par nécessité » sent de nouveau le sang « se dégeler » dans ses veines :

« Ma fièvre a cessé et ma galanterie recommence... Je commence à sentir de douces tentations qui m'obligent à tenter le moyen de les satisfaire... » (1).

Mais du coup l'idée du mariage effraye le jeune homme. Aux premiers jours de sa convalescence, ses parents lui avaient rappelé le projet ébauché; il avait consenti : consentement qu'il attribuera plus tard à l'état de faiblesse dont son esprit n'était pas encore bien revenu. Dès que sa santé fut tout à fait de retour il jugea bon de reprendre sa liberté. Ses proches insistaient, mais leur insistance se heurtait vainement à sa nouvelle résolution. Lui parler mariage en ce moment, n'était-ce pas un peu comme offrir un petit jardin bien tranquille à qui rêverait d'un immense parc aux profondeurs inexplorées ? Aussi René se buta-t-il dans son refus et quand il vit qu'on ne le laisserait plus en repos, il eut recours au moyen dont les faibles se servent volontiers : il s'enfuit.

Il est à remarquer que l'un de ceux qui — intellectuellement — étaient chers à Le Pays, avait professé un identique dédain du mariage. Balzac, en effet, nous a laissé une lettre célèbre qui est une véritable satire des femmes et du ma-

---

(1) Amitiez, Amours et Amourettes. Livre I, lettre 36, à M. de S...

riage (1). Le ton de Le Pays est plus mesuré cependant; **en** outre, et c'est la différence essentielle, il n'en veut qu'au mariage et pas du tout aux femmes, bien au contraire : mais **entre** le mariage et la mort il ne fait guère de différence. Avoir échappé à l'un et à l'autre comme il vient de le faire, c'est, d'après lui, un égal bonheur, et quand il parle des deux risques qu'il a courus il se sert d'une seule et même formule :

« Depuis que je n'ay eu le bonheur de vous voir, j'ay pensé me marier et mourir... Jugez si je pouvois faire deux **plus** grandes folies au monde... ».

Et un peu plus loin :

« Grâces au Ciel, je me suis défendu des deux... ».

Et encore :

« Vous aurez de la joie d'apprendre que j'ay évité deux périls considérables... ».

Il semble même honteux d'avoir momentanément accepté le parti qu'on lui proposait. Il s'en excuse du mieux possible : **un** convalescent n'a pas encore bien ses idées à lui; les parents sont gens habiles et les siens surent se servir des circonstances et arracher un consentement à sa volonté qui n'était plus maîtresse d'elle-même; il emploie, à dessein sans doute, le **mot** « piège » pour mieux marquer qu'il a failli être victime d'une savante tactique.

C'est à Paris que s'était enfui Le Pays pour échapper à cette offensive familiale et c'est de là qu'il faisait part à Madame L. P. D. V. D. C. de ses impressions sur toute cette affaire (2).

---

(1) Lettres de Balzac : Livre III, lettre 12.
(2) Amitiez, Amours et Amourettes. Livre III, lettre 31.

Le ton de sa lettre est celui d'un homme résolu et décidé : il restera libre à jamais, il ne se laissera plus prendre à l'appât du mariage. Son opinion sur ce point ne variera pas; il vivra et mourra célibataire, comme ses deux grands maîtres : Balzac et Voiture — et l'on peut ajouter comme le plus illustre de ses détracteurs : Boileau...

CHAPITRE IV

———

Le Pays en Angleterre et dans les Pays-Bas

———

Le Pays avoue qu'après s'être réfugié à Paris par peur du mariage, il se trouva quelque peu embarrassé : qu'allait-il devenir ? En quel lieu la Fortune le conduirait-elle ? Mais il n'était ni d'un âge, ni d'un tempérament à s'inquiéter bien longuement et il attendait en somme assez patiemment que le hasard lui offrit une occupation de son goût.

C'est alors que se présenta l'occasion d'un voyage en Angleterre et dans les Pays-Bas. Le jeune homme ne résista pas à cette tentation et se décida sans prendre le temps de réfléchir. Il s'agissait d'accompagner un ami dont on s'accorde généralement à penser qu'il avait été chargé de quelque mission : la chose n'est pas impossible, car l'envoi d'émissaires secrets, en Angleterre principalement, se trouve assez fréquemment signalé, sans que ceux-ci soient du reste nommément cités, dans les Mémoriaux des conseils tenus à cette époque. Le Pays désigne son compagnon par les initiales L. B. : il s'agit très vraisemblablement de son ami et protecteur, le conseiller Le Blanc, qui avait sans doute voulu occuper ainsi son protégé en attendant de pouvoir lui faire obtenir un nouveau poste dans l'administration.

Cette mission de M. Le Blanc expliquerait un peu la rapidité du voyage, rapidité dont Le Pays se plaint sans cesse ; car, ami de ses aises, toujours désireux de baguenauder, corpulent et essoufflé, il voudrait bien muser un peu plus et peste souvent, à la façon d'un Sancho-Pança, contre l'ardeur impérative de son guide. Mais celui-ci n'en a cure et l'entraîne sans pitié comme quelqu'un qui ne voyage pas absolument pour son plaisir.

La randonnée ne fut donc pas d'une très longue durée : Le Pays pourra dire, à son retour, qu'il n'a pas « blanchi par la longueur du voyage ». En effet les deux compagnons n'étaient pas avant Juin 1662 en Angleterre et il est certain que les autres étapes s'accomplirent avant la fin de cette même année : Bayle (1) date sans hésitation le passage en Hollande de 1662 également, et, du reste, dans quelques mois, Le Pays sera installé à Grenoble.

Les lettres dans lesquelles le voyageur a consigné ses impressions sont au nombre de six (2) : elles nous permettent de retracer l'itinéraire suivi et d'affirmer, contrairement à l'assertion de Livet (3) que les voyageurs se rendirent d'abord en Angleterre et non dans les Pays-Bas. Il suffirait de rappeler que Le Pays, écrivant d'Angleterre à une amie, dit son espoir de trouver à son arrivée en Hollande la correspondance qu'elle lui adressera à Paris et qu'on ne manquera pas de faire suivre.

Les voyageurs, partis de Dieppe, passent donc en Angleterre et se dirigent sur Londres. Ils reviennent s'embarquer à Douvres, arrivent à Calais, gagnent successivement Nieuport, Ostende, Anvers, Delft, Amsterdam. Ils redescendent à Liège, et de là, vers Sedan.

---

(1) Dictionnaire historique et critique.
(2) Amitiez, Amours et Amourettes. Livre II, lettres 35, 36, 37 et 38 à M. des A... (sans doute des Alluz). Livre III, lettres 32 à Mme L.P.D.V.D.C. et 36 à M. L.B. Sauf indication contraire, les citations et les détails qu'on trouvera dans ce chapitre sont tirés de ces lettres.
(3) Précieux et Précieuses.

On va les suivre dans leurs pérégrinations en tâchant de mettre en lumière les qualités et les défauts de la relation que nous a laissée Le Pays.

*
* *

La traversée de la Manche durait à l'époque vingt-trois heures, lesquelles semblèrent au voyageur aussi longues que vingt-trois années. Le mal de mer en fut la cause, et voici comment Le Pays en dépeint les effets :

« Comme il y avoit différentes personnes et d'âges différents, on entendoit des hoquets de toutes sortes de tons, de supérius, de taille et de basse ; et tout cela faisoit une musique que j'eusse trouvée fort plaisante si je n'y eusse point tenu ma partie... ».

Mais l'écrivain ne s'attarde pas à ces évocations réalistes, et, ses réflexions prenant un ton qui lui est plus familier, il s'empresse de chercher dans le spectacle de la mer des points de comparaison avec ses belles amies : l'Océan déchainé, c'est telle de ses voisines toujours agitée et courroucée ; l'Océan calme, vaste et profond, c'est telle autre de ses correspondantes, si froide et pleine de trésors à la fois. Et notons en passant que Le Pays ne manque pas d'appeler la mer : Madame Thétis ! Et, Madame Thétis, c'est « une maîtresse qu'on n'a garde de tromper... ». Pourquoi ? Voici l'explication, fondée sur un jeu de mots d'un goût douteux : « Quelque rusé que puisse estre un galant, elle le contraint bientost à faire voir tout ce qu'il a sur le cœur... ».

Débarqués en Angleterre, les voyageurs, sans se reposer, courent sur des chevaux de poste jusqu'à Londres, « chevaux sellez à l'angloise, sur lesquels l'on est à son aise à peu près comme sur le cheval de bois d'une garnison... ».

Arrivé à Londres, Le Pays commence par s'étonner assez ingénument de voir une ville qui ressemble fort à une ville française. Il entreprend la visite des principaux monuments, Whitehall, Sommerset, St-James, Westminster, St-Paul, tous noms dont il dénature du reste l'orthographe et qu'il écrit par exemple *Oüital*, *St-Yesme*, *Vuestminster*... Mais, après tout Madame de Sévigné ne se gênera pas non plus pour écrire *St-Jem* et *Vittal*, et ajoutera bravement : « Je ne sais point écrire ce mot... » (1).

Fatigué de cette visite, Le Pays ne tarde pas à se rendre au cabaret. Il en est un surtout qui lui laisse un agréable souvenir : le patron y entretient une troupe de baladins et de musiciens pour divertir les buveurs ; les blondins y mènent leurs blondines et le grand divertissement de ceux-là est moins de s'enivrer eux-mêmes que de faire enivrer celles-ci.

Le soir, le jeune homme quitte ce cabaret du quartier de Moorfild et vient au théâtre. Il note le caractère barbare des pièces représentées : « Vous sçavez que c'est une règle de nostre theatre de n'exposer point les choses tragiques aux yeux des spectateurs. Nos poètes qui connoissent nostre douceur, n'ensanglantent point nostre scène et jamais ils ne font paroistre les meurtres, ny les autres actions violentes. Tout au contraire, les poètes anglois, pour flater l'humeur et l'inclination de leurs spectateurs, font toujours couler du sang sur leur théâtre et ne manquent jamais d'orner leur scène des catastrophes du monde les plus cruelles. Il ne se joue pas une pièce qu'on n'y pende, qu'on n'y déchire, ou qu'on n'y assasine quelqu'un... ».

Réflexions très justes, mais que Le Pays n'illustre d'aucun exemple précis : quelles pièces furent représentées devant lui ?

---

(1) A Mme de Grignan, 3 Janvier 1689.

Antonio et Mellida de Marston, peut-être ? « tragédie sauvage...
accumulation d'horreurs... » selon le mot de A. Mézières (1).
Ou bien la *Duchesse d'Amalfi*, la *Vittoria Corombona* de ce
Webster qui allait « chercher ce qu'il y a eu de plus atroce dans
les mœurs italiennes de Dante à Machiavel ? » Ou encore *Le
Combat dénaturé* de Massinger, ou encore *Giovanni et Annabella*
de Ford, drame de sang et d'inceste ? En tout cas, Le Pays nous
précise le succès qui accueillait ces tragédies et nous renseigne
sur la psychologie des spectateurs ; c'est aux passages les plus
horribles « que les femmes battent des mains et éclattent de
rire... » (2).

Le voyageur se rendit aussi à Hampton-Court « qui est le
Fontainebleau de l'Angleterre ». Il y vit le roi et la reine. De
Charles II, il ne dit rien. De la reine, il trace ce portrait : « La
jeune reyne est petite et brune mais pourtant jolie et sa physionomie marque qu'elle a beaucoup de douceur et de bonté... »
Mais Le Pays lui en veut d'avoir amené avec elle « quatre ou
cinq Portugaises qui sont bien les plus laides guenons qui
jamais ayent porté le nom de femme... » et d'avoir de plus
« une musique portugaise, soutenüe d'un certain concert de
harpes qui est bien la plus pitoyable harmonie qu'on ait jamais
entendüe... ».

A dire vrai, la cocasse indignation du jeune homme mérite
tout au plus qu'on murmure : Tant pis pour ses yeux et ses
oreilles... On sait en effet combien fut triste la destinée de cette
Catherine de Bragance (3), venue de son Portugal dans l'éblouis-

---

(1) A. Mézières. Contemporains et successeurs de Shakespeare. (Hachette).
(2) Cf. Voltaire. Lettres philosophiques. XIX. « On reproche aux Anglais leur
scène souvent ensanglantée et ornée de corps morts, etc... »
(3) Née en 1638, morte en 1705. Fille de Jean IV et d'Eléonore de Guzman,
elle épousa Charles II en 1662 et reçut en dot Tanger et Bombay. Après la mort
de son mari elle demeura en Angleterre jusqu'en 1692, puis regagna le Portugal
dont elle fut régente, à partir de 1704, son frère Pedro étant incapable de gouverner par suite de sa folie.

sement de son beau rêve : être reine de la grande Angleterre, et qui dut si vite déchanter ; son royal fiancé ne vient même pas la chercher à son arrivée à Portsmouth, la délaisse systématiquement après leur mariage, lui donne pour rivale Mistress Palmers (1)... Ces suivantes portugaises, cette musique de son pays, ce furent sans doute les seules joies de la petite reine qui connut tant d'amertumes.

Mais il y a quelque chose qui intéresse Le Pays plus que les monuments, les cabarets, le théâtre et la cour : ce sont les Anglaises. Il les trouve fort belles et admire particulièrement l'opulence de leurs poitrines. Peu farouches, suivant lui, elles ont l'avantage d'avoir à leur disposition quelques accessoires de toilette dont Le Pays voudrait faire une provision pour en distribuer à ses compatriotes : des jarretières « très belles, » des bas si élégants que tout pied devient mignon quand il en est revêtu, un certain ruban couleur de feu qu'on trouve à Londres en très grande abondance. Le Pays s'attarde plus longuement que de raison sur ces détails et les livre avec un commentaire qui frise le libertinage — mais dont il semble aussi que toute vantardise ne soit pas absente.

*
* *

D'Angleterre, les deux amis passent à Calais, prennent le chemin de Nieuport et d'Ostende et viennent s'arrêter à Anvers. Ce voyage, suivant Le Pays, est « sans mentir tout à fait digne de la curiosité d'un honneste homme. » En tout cas, il lui inspira des réflexions d'une qualité supérieure à celles que lui avait suggérées son séjour en Angleterre.

---

(1) Cf. Diary of Samuel Pepys. Tome I.

Ce qui le frappe principalement, c'est le nombre et c'est la beauté des villes. Il remarque la hauteur des tours et des clochers avec leurs « cinq cent marches de pierre ou de bois et au haut de ces cinq cent marches, quatre ou cinq méchantes échelles de trente ou quarante eschelons chacune. » Guidé par son compagnon, il fait le tour des remparts quand ils passent par une ville fortifiée; sans être au fond très enthousiasmé, Le Pays se laisse conduire et examine « les fortifications, le plan, la situation » de ces villes dont la réputation de résistance était universelle et qui faisait dire à La Fontaine que dans les Flandres on trouvait « à chaque pas des barrières insurmontables (1) » et à Strada que Mars ayant voyagé partout avait fini par s'arrêter définitivement dans cette contrée (2). À la gloire d'Anvers, Le Pays écrit : « Anvers est la plus belle ville que l'on puisse voir. La magnificence des églises, la netteté des rues, la propreté des maisons particulières est toute autre qu'en nos villes... » Il note encore l'abondance des beaux tableaux et sa surprise d'entendre le carillon des horloges : « C'est une musique qui en vérité plaist les premières fois et qui surprend agréablement ceux qui ne sont pas accoutumez à entendre des cloches qui sonnent des courantes et des bourrées et qui marquent un air presque aussi distinctement qu'un clavessin ou une épinette. De sorte que le maistre horloger pourroit faire danser le bal dans toutes les maisons de la ville sans qu'on y eust besoin de violons... »

Quant à la population, Le Pays ne prend pas la peine d'en parler longuement; les Flamands « sont fort bonne gens » dit-il

---

(1) Epître à Monseigneur le Dauphin.
(2) Strada (1572-1648) De Bello Belgico. Décade I. Livre I : « In alias terras peregrinari Mars ac circumferre bellum, hic sedem fixisse videtur... »

en passant, et c'est tout; mais les Flamandes — il fallait bien
s'y attendre — obtiennent du voyageur un peu plus d'attention.
Cependant, ajoute-t-il « je ne les croy pas galantes, quelque
chose qu'on puisse dire de Bruxelles et des conquestes que les
François y firent parmy le beau sexe pendant que la Fronde y
estoit réfugiée. » Ce qui le prouve, à son sens, ce sont les Bé-
guinages où tant de femmes logent ensemble et vivent libre-
ment sans qu'il soit jamais arrivé « la moindre galanterie,
ny le moindre désordre scandaleux... » Et Le Pays d'insister
sur ce point et de se demander si une telle institution pourrait
subsister en France, en des termes tels qu'on le sent étonné de
cet exemple de sagesse féminine.

De son passage en Flandres le voyageur ne garde que deux
mauvais souvenirs : on y mange trop de beurre : « sauce de
beure, beure à l'entrée, beure au dessert ! » En outre on y comprend très peu le Fançais : « quand je demande de l'eau à une
servante, elle va me quérir du vinaigre. » Les voyagurs avaient
bien un interprète... mais — et ici Le Pays, fatigué d'avoir vu
et dit tant de choses sérieuses revient à un ton où il se sent plus
à l'aise — mais « pensez la honte qu'on a de demander certaines
nécessitez par interprète et le chagrin que souffre un homme de
mon humeur quand il ne peut dire à l'oreille d'une fille de
cabaret qu'il la trouve fort jolie. »

Poursuivant leur route, les deux amis gagnèrent la Hollande
et parvinrent à Amsterdam. Le Pays y trouve « cent choses re-
marquables, comme les richesses du magasin des Indes, la
magnificence de la maison de Ville, la propreté et l'embel-
lissement des maisons particulières, qui sont toutes basties
de mesme symétrie, la beauté et l'abondance des canaux qui
sont au milieu des rues, tous bordez de grands arbres plantez

régulièrement et qui sont en si grande quantité qu'on ne sçait si les villes sont en des forests ou s'il y a des forests dans les villes... » Ce petit tableau montre en somme l'essentiel des choses et fait le pendant de celui qu'a tracé vers la même époque la célèbre Mlle Desjardins : « Amsterdam est une grande ville bâtie sur pilotis à l'imitation de Venise... Les rues y sont larges, nettes et arrosées de canaux bordez de grands et beaux arbres... »

Mais ce qu'il faut surtout remarquer c'est le ton exceptionnellement sérieux de Le Pays en cette occasion. Il a tenu, intention très rare chez lui, à fixer en quelques formules assez nettes les observations faites par lui sur l'esprit et la psychologie du peuple avec lequel il prenait contact. Voici comment il résume d'abord les jugements qu'il a entendu porter sur la France par les Hollandais animés de leur amour pour la liberté :

«... C'est le plus beau privilège du pays. Au reste c'est un privilège dont ces gros messieurs font bien du bruit. On diroit à les entendre parler de nous et de nos monarchies que nous sommes des esclaves qu'on fait marcher à coups de bâtons et que pour eux ils sont des maistres capables de commander à tout le monde. Ils parlent des roys presque aussi fièrement que faisoient les anciens bourgeois de Rome. Ils crient sans cesse contre nostre gouvernement, contre la vénalité de nos charges et de nos magistratures, raisonnent contre les désordres qui en procèdent et disent que dans leur pays on ne les accorde qu'à la vertu et au mérite... »

Voici ensuite une remarque qui touche à l'attitude prise par les Hollandois à l'égard des pratiques confessionnelles :

« C'est une chose dont je ne puis me consoler qu'on souffre les Juifs à Amsterdam et qu'on n'y souffre pas les catholiques.

A Paris les maisons de débauche ne craignent pas tant le commissaire du quartier qu'à Amsterdam celles où l'on célèbre la Sainte-Messe... »

Bayle, pourtant assez indulgent pour Le Pays, a vertement relevé ces quelques lignes dans son dictionnaire, de même qu'il a blâmé celles où le voyageur plaisante un peu la lourdeur d'esprit des Hollandaises : « Cela fait tort au nom françois ! » déclare-t-il. Mais il est vrai que son Dictionnaire s'imprimait justement... à Amsterdam ; et il semble bien qu'il ait obéi à un parti pris quand il a taxé de « fausses » les réflexions de Le Pays sur la Hollande. Les témoignages officiels donnent au contraire raison à ce dernier. Voici, entr'autres, celui que nous offre Brienne (1) :

« Au milieu de tant de sectes et du judaïsme qui se professe publiquement à Amsterdam, les catholiques sont seuls privés de l'exercice public de la religion et la tolérance dont on use à leur égard n'est pas égale en toutes les provinces... Le prétexte dont on couvre cette iniquité insupportable est que tous les catholiques sont attachés aux Espagnols... »

Or, il est curieux de constater comment l'observation de Le Pays a été assez fine, assez pénétrante pour discerner aussi l'élément politique de cette haine religieuse. Après avoir signalé « la difficulté qu'on a d'aller à la messe » selon son expression, il ajoute en effet :

« Cependant j'ay remarqué que la Politique est icy la plus forte ennemie qu'ait nostre religion. Les Hollandois ne haïssent pas tant Rome que Madrid et je croy qu'ils aimeroient mieux obéir à Alexandre VII qu'à Philippe IV. Cela est si vray, que

____

(1) Discours au roi. Bibliothèque Nationale. M^{tts} Fr. 15.965 (fol. 23-24).

dans une compagnie où nous estions dernièrement, quelqu'un ayant dit par galanterie qu'un ministre avoit depuis peu obtenu permission de prescher à Madrid, que l'Inquisition y alloit estre supprimée, et que le roy catholique estoit sur le poinct de se faire huguenot, un vieux Holandois répondit brusquement et de l'abondance du cœur que si l'Espagne se rendoit huguenote, la Holande seroit contrainte de se rendre catholique... On peut dire qu'ils ne haïssent rien que la domination espagnole... » ,

D'autres observations méritent encore d'être relevées, qui ont plus étroitement rapport aux mœurs et aux usages du pays; l'autorité des femmes : « elles commandent aux hommes en véritables maîtresses et ils leur sont si soumis que jusqu'à cette heure il ne s'est pas entendu dire qu'en Holande un mary ait donné un soufflet à sa femme... » — la défense de châtier corporellement un domestique : « un maistre ou une maistresse qui auroit frappé un valet ou une servante seroient apelez en jugement et condamnez à payer l'année entière des gages du serviteur quand mesme il n'auroit servy que quinze jours... » — le stoïcisme des habitants : « Jamais gens n'ont reçeu les disgrâces avec si peu d'émotion. Quelque accident qui leur arrive ils se consolent sur ce qu'il leur pouvoit arriver de pis... » — leur esprit industrieux : « si les Holandois n'ont pas tant d'invention que nous, du moins se peuvent-ils vanter d'avoir plus de soin de leur profit et plus d'inclination au travail, car il n'est rien de plus admirable que de voir dans un pays qui ne produit rien une si grande abondance de toutes choses... Ajoutez à cela la facilité qu'ils ont à bâtir des navires et des maisons, le soin qu'ils prennent à entretenir leurs digues et les merveilleuses correspondances que leur commerce leur dône dans tout le reste du monde... »

De telles observations sont presque étonnantes de la part de Le Pays. Mais je me hâte de dire que les phrases de la lettre où il les a consignées sont généralement *à deux temps*. La plaisanterie suit la pensée sérieuse comme une ombre suit le corps qui l'engendre en en déformant l'allure, ou comme dans une scène de *Faust*, Méphistophélès se promenant derrière le couple amoureux, mime ironiquement les gestes des jeunes gens, se fait leur caricature vivante. Ainsi de Le Pays : le premier temps de sa phrase appelle la réflexion, le deuxième provoque le rire. S'il a dit que les Hollandais prétendent accorder les charges à la vertu et au mérite, il se hâte d'ajouter : « S'ils disent vray, il faut que ceux d'entre eux qui ont le plus de graisse et d'enbompoint ayent le plus de vertu et de mérite : car je remarque qu'il suffit d'avoir un gros ventre pour estre conseiller ou bourguemestre... » S'il a dit que les Hollandais savent supporter les disgrâces, il se hâte d'en forger des exemples dont l'exagération est préméditée : « Si quelque chute leur fait casser un bras ou une jambe, ils se trouvent heureux de n'avoir pas la teste cassée. Si la tempeste a brisé quelques-uns de leurs navires ils se consolent sur ce qu'elle n'a pas brisé le reste. Si le feu a brûlé leur maison ils sont contens de n'avoir pas esté brulez eux-mesmes. Voilà des consolations à la Hollandoise... » On songe un peu à certaines tirades du drame romantique dont le lyrisme et les préoccupations historiques se brisent soudain sur une réflexion prosaïque ou vulgaire. On s'habitue assez vite à ce système de la pensée à deux temps; mais la première fois elle ne va pas sans vous effarer quelque peu comme le pourrait être un collectionneur de médailles qui croyant avoir découvert une pièce rare, contemplerait le pur profil d'un consul romain gravé sur la face et s'apercevrait qu'un vers de mirliton lui sert d'exergue.

Quelques réflexions sur les femmes qui « ont les cheveux d'un blond si agréable et le tein si blanc... mais n'ont de l'esprit que pour discerner le vin de la bière et le beure du fromage... » complètent l'étude de Le Pays.

En quittant Amsterdam les voyageurs se rendirent d'abord à Liège sans encore bien savoir quel serait le chemin de leur retour. De Liège ils se décidèrent à traverser les Ardennes, arrivèrent à Sedan et rentrèrent directement à Paris.

*
* *

On voit quel est l'intérêt de ces quelques lettres et quelles en sont aussi les lacunes.

Elles se lisent volontiers, mais nous apprennent-elles beaucoup de choses ? On regrette que Le Pays ne se soit pas davantage affranchi de lui-même. Un peu prime-sautier il n'a pas assez approfondi ce qui méritait de l'être et son observation s'est trop dispersée. Parce qu'il avait plus d'esprit que de jugement, il n'a pas toujours discerné ce qui aurait mérité son attention et son commentaire, ou, s'il l'a vu, il a rejeté le plus souvent ce qui offrait moins de matière à son ironie. Et quand il ne l'a pas rejeté il a cédé à cette inclination de nature qui le poussait à trouver en toute chose un côté plaisant.

Mais il résulte par contre, de cette manière de faire, que la narration est aisée, agréable, piquante par endroits. Il arrive même parfois que telle phrase éveille une vision pittoresque. Le Pays montre par exemple son ami qui est « dans une charrette, entre quelque moine et quelque grosse Flamande, assis sur une botte de paille où il déploye ce qu'il sçait d'Allemand pour tâcher de baragouiner et de se faire entendre dans une si illustre compagnie... » Cela se passait dans le chemin de Nieuport à Ostende. Et voici ce qui se passa dans les Ardennes où les voyageurs durent coucher en revenant de Liège à Sedan. Ils n'ont trouvé qu'une chaumière pour s'abriter, et Le Pays, son voyage terminé, écrit à son compagnon : « Je me représente là vostre délicate personne toute baignée de la pluye que nous avions soufferte et lassée du trot d'un meschant cheval, se reposer sur une botte de paille devant un petit feu de bois verd, ou plûtost devant une source de fumée... Se peut-il rien de plus charmant que cent petits contes que vous m'y fistes ? » Ce sont là des détails qu'on n'invente pas et qui *font voir* quelque chose : on aurait voulu que Le Pays en rapportât davantage de sa randonnée, qu'il méritât plus souvent d'éveilller en nous le souvenir des beaux vers dans lesquels Alfred de Vigny a célébré le charme des voyages féconds en imprévus

> Le rire du passant, les retards de l'essieu,
> L'espoir d'arriver tard dans un sauvage lieu...

Comment ne pas préférer encore à tant de plaisanteries d'un goût quelquefois discutable cette petite phrase, réaliste et brève, qui ne peint pas les détails, mais donne, comme une ombre chinoise, la ligne essentielle d'une scène : «...Je m'imagine vous voir mettre le nez dans un pot de bière où un vieux matelot hollandois aura trempé sa moustache... »

Il faut enfin remarquer comment Le Pays laisse entrevoir qu'au cours de son voyage sa pensée a fait plus d'une fois un retour vers la France. Nous ne demandons pas aux voyageurs d'être injustes à l'égard des autres peuples, mais il nous plait aussi que les comparaisons qu'ils peuvent faire ne soient pas à notre désavantage : on éprouve cette satisfaction en lisant ces lettres de Le Pays, et d'autant plus inattendue que le jeune homme, on s'en souvient, n'avait point péché par excès de chauvinisme au moment du traité des Pyrénées. Cette fois Le Pays s'est aperçu que sa patrie méritait qu'on se souvînt d'elle après en avoir franchi les frontières. Il lui plait de remarquer par exemple que tel monument anglais ne vaut point tel monument français; quand ses hôtes hollandais relèvent devant lui certaines imperfections du gouvernement français, on sent que Le Pays est un peu agacé; on sent aussi qu'il lui est agréable de constater qu'il ne rencontre jamais des qualités d'esprit qui puissent rivaliser avec les nôtres. Et surtout il rapporte cette certitude que la femme française n'a pas sa rivale à l'étranger : à toutes il trouve des qualités sans doute; mais... il y a toujours un mais... Cette Anglaise est belle, mais ses goûts sont d'une nature cruelle. Cette Hollandaise est jolie, mais elle est stupide. La grâce unie à la finesse, voilà ce que Le Pays n'a pas trouvé dans son voyage et voilà ce qu'il prisait tant chez ses compatriotes.

Plus tard Le Pays devait écrire une lettre d'adieu à une Flamande (1) qui après avoir un peu vécu en France, repartait dans son pays. Cette lettre mérite d'être rapprochée de celles qu'il écrivait en cette année 1662, parce qu'en quelques phrases elle donne en somme le résumé, la conclusion de ses notes de voyage.

« Partez, Mademoiselle, j'y consens : il est vray que j'y consens à regret. Vous avez esté assez long-temps malheureuse en France, et le Ciel vous a fait justice de vous rappeller en vostre païs natal après un si long exil. Je serois trop intéressé, si je souhaitois que vos malheurs durassent encore; et ce seroit

____

(1) Amitiez, Amours et Amourettes. Livre II, lettre 32 à Mlle Van I...

aimer trop mes plaisirs, au préjudice des vostres... Allez revoir
vos parens, et reprendre la possession de vos biens. Laissez
mon Amour en murmurer; c'est un indiscret, c'est un emporté
qui ne suit que les mouvemens de sa passion. La raison luy
apprendra la justice et la nécessité de ce voyage. Il est vray,
Mademoiselle, que depuis que je le prépare à ce fâcheux départ,
il se passe chez moy un désordre étrange. Je veux et ne veux
pas en mesme temps. Je regarde vostre interest, je regarde le
mien... Malgré mon amour, malgré mes plaisirs, je désire que
vous nous quittiez. J'ay esté assez long-temps heureux, soyez
heureuse à vostre tour. Allez, partez; mais ne partez pas sans
avoir du chagrin de vostre départ. Suivez la Fortune, mais quit-
tez l'Amour avec regret... Tournez quelquefois la teste vers la
France et regardez ce que vous y avez laissé... Si l'Amour est
en Flandre plus gras, plus blanc et plus potelé que le nôtre, le
nostre est aussi plus vif, plus spirituel et plus ardent... il n'est
point de sens auxquels il ne sçache satisfaire. Vous en verrez
la différence, mademoiselle et peut estre que les plaisirs que
vous avez goûtez pendant vôtre exil, vous feront soupirer au milieu de ceux que vous goûterez en vostre propre pays... »

Ces lignes sont peut-être le plus bel hommage que Le Pays
ait rendu à la France. Evidemment, le point de vue en est un peu
particulier : mais il est tout à fait dans la logique du caractère
de l'auteur.

Avec ce voyage en Angleterre et dans les Pays-Bas (1) s'achève
en somme la jeunesse de Le Pays. Je voudrais, avant de le suivre
dans la période active de sa vie, essayer de fixer brièvement

---

(1) Le Pays avait formé le projet d'aller aussi en Italie avec son compagnon
Le Blanc. Ce projet ne devait pas se réaliser.

les traits essentiels de son caractère, tels qu'ils commencent à s'accuser, d'esquisser la silhouette morale de ce jeune homme, qui, encore incertain de son avenir, vient de rentrer en France...

...Dépourvu des qualités qui font les grands hommes d'action et les grands penseurs... ami de sa tranquillité, assez dédaigneux de la Politique et peu partisan des travaux de Mars... enclin à voir en toutes choses ce qu'elles peuvent offrir de plaisant... taquinant la muse à temps perdu, aimant la bonne chère, le bon vin et les femmes... peu rêveur mais musard... cherchant volontiers à faire de l'esprit, mais sans avoir toujours le goût très sûr... tour à tour charmant, maniéré, lourd, trivial... diseur de jolis riens... un tantinet ironique... pas méchant, mais incapable d'enthousiasme et, au fond, peut-être un peu égoïste sans y penser : tel nous apparaît en somme René Le Pays en 1662.

CHAPITRE V

**Le Pays à Grenoble
Ses fonctions : Les Gabelles de la Provence
et du Dauphiné
Premières impressions -- Groupes provinciaux
Adaptation au nouveau milieu
L'Affaire Créqui**

Revenu des Pays-Bas, René Le Pays rentra dans l'administration des Finances et fut envoyé à Grenoble. Attaché aux Services des Gabelles de la Provence et du Dauphiné, il ne devait pas tarder à en devenir le Directeur. C'était une charge d'importance : Le Pays a donné lui-même, dans une lettre de 1668, un petit tableau de ses occupations :

« Vous direz qu'à m'entendre parler il semble que je sois un ministre d'Etat ? Je l'avoue, les affaires qui me sont commises ne sont point si considérables ; toutefois elles sont importantes... Je suis occupé à faire remplir de sels nos plus grands magazins... Ce soin est plus embarrassant que vous ne sçauriez penser. Il faut que j'aye les yeux sur deux cents hommes qui travaillent, sur mille qui ne font rien et qui tous n'ont point d'autre but que de me tromper. Il est vray que j'employe beaucoup de gardes et de surveillans... » (1).

Le Pays n'exagère pas. Et l'on peut croire que son service était une chose assez compliquée quand on pense au nombre d'*officiers* que possède un seul grenier à sel, d'après une note manuscrite du temps (2) : Président, Greffiers, Receveurs, contrôleurs, collecteurs, grénetiers, mesureurs, commissaires vérificateurs, revendeurs.

Cette situation était donc loin d'être de tout repos; elle offrait au contraire une vaste carrière à l'activité du jeune homme, d'autant plus que nous sommes à une époque où le gouvernement royal demande un gros effort à tous ceux qui peuvent plus ou moins contribuer à rétablir l'équilibre d'un budget particulièrement embarrassé. Qu'on lise le discours que le Premier Président Lamoignon prononçait en 1662 pour l'ouverture de la Chambre de Justice, ou encore cette Instruction de Septembre 1663 adressée aux Maîtres des Requêtes envoyés en mission dans les diverses provinces : on se rend parfaitement compte que la situation financière est le gros souci des dirigeants.

A cette raison d'ordre général s'en ajoute une plus particulière en ce qui concerne les nouvelles fonctions de Le Pays dans le Dauphiné comme dans la Provence. C'est, qu'en 1661, des séditions ayant éclaté à propos des taxes de gabelle en Auxerrois, à Metz, en Touraine, on avait essayé de parvenir à une sorte de péréquation entre les diverses fermes, et le prix du sel, un peu abaissé aux Trois-Evêchés, s'était trouvé relevé dans le Lyonnais, la Provence et le Dauphiné. De plus la Provence

---

(1) Nouvelles Œuvres. Tome II. Livre I. Lettre 13. De Vienne, le 3 Septembre 1663. A Mesdames de M...
(2) Bibliothèque Nationale. Fonds Fr., n° 21.756 (fol. 283).

venait aussi de perdre un de ses privilèges en punition de son peu d'empressement à concéder ces « dons gratuits » que le trésor royal sollicitait de la part des Etats provinciaux : on lui avait enlevé « une de ses libertés en la faisant rentrer, pour la vente du sel, sous le régime général des pays de petite gabelle » (1). Tout cela n'était pas sans amener des modifications et des innovations de services qui durent offrir au jeune fonctionnaire l'occasion d'exercer son zèle et son initiative.

En 1667, Le Pays semble avoir cru qu'il allait être déplacé : « Mon employ ayant cessé à Grenoble, je suis sur le point de me retirer à Paris » écrit-il, en effet, à cette date, à Mme la Marquise de B (2). Mais il n'en fut rien : René Le Pays ne quittera le Dauphiné qu'en 1687 après un séjour de presque vingt-cinq années.

*
* *

Tout d'abord le jeune homme ne semble pas enchanté de sa nouvelle résidence. Il souhaite même que le séjour à Grenoble ne se prolonge pas, et cela « par bien des raisons ». Mais il ne dit pas lesquelles et ne les laisse même pas deviner. Il ne tardera du reste pas à s'acclimater complètement, surtout quand il s'apercevra que ses nouveaux compatriotes sont gens d'esprit.

Le pittoresque de la ville ne lui échappe pas absolument et voici ce qu'il en dit à l'un de ses amis :

« ...Je vous avoüeray qu'en y arrivant, j'ay esté surpris. Sa situation extraordinaire m'a donné un étonnement dont je

---

(1) Voir sur toutes ces questions : Mémoriaux du Conseil de 1661, publiés pour la Société de l'Histoire de France par Jean de Boislisle (Paris 1905).

(2) Nouvelles Œuvres. Tome I. Livre I, lettre 29, de Grenoble, le 12 Octobre 1667.

ne suis pas bien revenu et que vous ne trouverez point étrange quand je vous auray dit qu'elle est située dans un vallon entouré de montagnes si prodigieuses, que quand on y est, on croist estre dans un monde particulier. L'on ne sçait presque par où on y a pû entrer, par où l'on en pourra sortir, ny par où avoir commerce avec le reste du monde. Cependant ce valon, ces montagnes et tous ces rochers qui sembloient destinez du ciel pour servir de demeure aux ours et aux autres bestes sauvages, sont habitez par les gens du monde les plus civilisez et les plus polis... » (1).

De telles lignes portent la marque de leur temps et de leur auteur. Ce que le spectacle a de grandiose, *d'extraordinaire*, Le Pays le voit bien ; mais à peine l'a-t-il dit, qu'entre lui-même et ce spectacle, s'interpose comme un écran, l'idée de société. D'autres, plus tard, aimeront justement la montagne pour la solitude qu'elle pourra offrir à leurs rêves ou à leurs méditations ; pour Le Pays une telle idée n'est qu'effrayante. Pensez-donc ! Ne plus *avoir commerce avec le reste du monde !* Du coup la description tourne court, et l'auteur, revenu à ses pensées familières va s'étendre avec complaisance sur ce qu'il a vu de remarquable et de distingué dans la société de l'endroit.

Quant à la montagne il n'en sera plus jamais question... Pourtant, si, une fois encore dans l'avenir, Le Pays évoquera les sommets de glaces et de neiges éternelles et fixera même d'un trait assez heureux leurs jeux de lumières : « On y voit un million de soleils de couleurs différentes... ». Mais ne crions pas au miracle : c'est qu'il s'agira cette fois de trouver une nouvelle image pour assurer à une cruelle correspondante qu'elle

____

(1) Amitiez, Amours et Amourettes. Livre II, lettre 40. A Monsieur de La V. S. D. F. (De Grenoble, sans date).

a le cœur dur et les yeux brillants ; pouvait-il se dispenser
d'appeler à son aide la glace et le soleil ? On ne le lui aurait point
pardonné ! Mais il s'est persuadé qu'il faisait preuve d'originalité, qu'il rajeunissait une métaphore tirée à quelques cen-
taines d'exemplaires dans la poésie précieuse en situant cette
fameuse glace dans ses montagnes du Dauphiné, en accommo-
dant en quelque sorte son madrigal à la Grenobloise...

Dans les deux lettres c'est le même mouvement : une description s'amorce, puis s'arrête, et ne devient plus qu'un prétexte à quelques considérations mondaines. Les yeux d'un poète
de salon, plus exactement même les yeux d'un homme du XVII\u{e}
siècle sauf exception, ne sont pas habitués à se reposer longuement sur le pittoresque des choses pour le seul amour de ce
pittoresque. En tout cas, l'intelligence reste la maîtresse, ne se
laisse point dominer par l'émotion, ne permet pas aux préoccupations sociales de s'effacer. Quand Fléchier raconte par
exemple ses promenades aux environs de Clermont, il commence
bien par affirmer qu'il est doux « de prendre un peu l'air de
la campagne après avoir passé quelques heures d'entretien dans
la chambre... » (1). Mais il avoue aussitôt que sa promenade
a été faite « én carrosse avec quelques dames ». Puis il esquisse,
lui aussi, la description du paysage entrevu, une de ces descriptions dont Sainte-Beuve a pu dire : « ...descriptions de la
nature un peu maniérées et qui empruntent volontiers aux
choses des salons, au cristal, à l'émeraude, à l'émail, leurs
termes de comparaison et leurs images... » (2). Et tout à coup,
en face des eaux claires qui sortent en chantant d'une grotte

---

(1) Mémoires sur les Grands-Jours tenus à Clermont en 1665.
(2) Introduction aux Mémoires sur les Grands Jours d'Auvergne (Hachette,
1862).

naturelle, il ne peut s'empêcher de rappeler « celles de Vaux » et de lancer une allusion à Fouquet. Peu après, il signalera, non sans une secrète satisfaction, que l'eau de ces cascades finit pas venir passer sur un aqueduc « qui coûte plus de 80.000 écus » et par « fournir aux nécessités de la ville... »

Un siècle plus tard une Madame du Deffand dira des *Saisons* de Saint-Lambert :

« Il y a un peu trop de pourpre, d'or, d'azur, de pampres, de feuillages. Je n'ai pas beaucoup de goût pour les descriptions; j'aime qu'on me peigne les passions, mais les êtres inanimés, je ne les aime qu'en dessus de porte... ».

Et Julie de Lespinasse dira des *Mois* de Roucher :

« J'admire de toute mon âme son talent, mais l'emploi qu'il en fait m'ennuie... Les diamants, l'or, l'arc-en-ciel, tout cela ne touche pas l'endroit sensible de mon âme... » (1).

A de tels esprits la nature la plus sauvage ne saurait faire oublier que la gloire de l'homme vient de ce qu'il a été créé *raisonnable*, pour le XVIIᵉ siècle, *sensible*, pour le XVIIIᵉ siècle — de toutes façons, *destiné à vivre en société*.

La certitude que l'exercice de cette dernière prérogative ne sera pas contrariée dans sa nouvelle résidence rassure donc Le Pays et le réconcilie avec les montagnes qui entourent Grenoble. Du moment que ce cirque effrayant est habité « par les gens les plus civilisez et les plus polis » tout est pour le mieux. Et il poursuit :

« Les hommes y ont de l'adresse et de l'esprit infiniment. Les femmes y sont bien faites, et, quoy que montagnardes, ne peuvent point passer pour bestes farouches : car si ce que l'on

---

(1) Voir : Marquis de Ségur, Julie de Lespinasse. Paris, 1906.

dit est vray, elles n'ont point ny l'humeur d'ourses, ny de tigresses, et l'on n'a point encore veu qu'elles ayent étranglé, ny déchiré personne. Au reste quoy que l'on soit ici loin de Paris, l'humeur de Paris ne laisse pas d'y régner. L'on y aime la propreté, l'éclat et la magnificence. La galanterie et l'esprit y paroissent plus qu'en aucun lieu du monde. On dit mesme que parmy les hommes il s'en trouve beaucoup qui écrivent admirablement bien en prose et en vers, et parmy les dames quelques-unes qui s'en meslent, et plusieurs qui en connoissent la beauté et la délicatesse. On dit de plus, qu'entre l'un et l'autre sexe, il se fait grand commerce de fleurettes et de soupirs, et qu'on y a une si grande connoissance de ces deux sortes de marchandises, qu'on juge d'abord si les fleurettes sont de bale, ou façon de maistre, de la cour ou de la province. Pour les soupirs on y connoist les degrez de leur ardeur, mieux que chez les chimistes ceux de la chaleur du feu. Après cela, Monsieur, vous demeurerez d'accord que jamais demeure ne fut moins sauvage que celle-cy, quoy qu'elle soit au milieu des bois et des montagnes, et qu'un honneste homme y doit passer la vie fort agréablement... ».

Décidément les choses nouvelles séduisent facilement Le Pays. Il a en réserve des trésors d'admiration toujours prêts à se répandre sans compter; il était né panégyriste, ou, peut-être, la fréquentation des salons où les Philintes sont mieux considérés que les Alcestes l'avait-elle habitué à cette attitude laudatrice. Toujours est-il qu'il manie assez allègrement l'encensoir et n'use que rarement de la férule. Dans ses naïfs enthousiasmes il ne prend même pas le soin de renouveler sensiblement l'expression de ses étonnements. Après avoir écrit d'Espagne : « ...Je vous jure qu'il y en a beaucoup parmi eux (les Espagnols) qui passeroient pour François s'ils avoient des chausses à la Candale... » il avait écrit d'Angleterre : « ... Si l'on parloit François à Londres, l'on croiroit estre dans une ville de France... ». De même sa façon de louer la société provinciale de Grenoble ne diffère pas beaucoup de celle qu'il avait adoptée pour louer la société provinciale du Languedoc et de la Guyenne. Là-bas il avait en quelque sorte découvert la Province. Ici, en Dauphiné, il la retrouve, aussi séduisante à ses yeux, avec des qualités qui n'ont pas disparu, avec un visage aussi prometteur. Il en reçoit comme un nouveau coup de foudre. Quoi d'étonnant, après tout, si ce sont à peu près les mêmes mots qui lui montent du cœur aux lèvres ? L'essentiel, pour un jeune amoureux n'est pas de savoir jongler avec les mots ; c'est d'être sincère...

Or Le Pays était bien sincère : sa fidélité future le prouve ; il aimera jusqu'au bout la Province, et la Province le lui rendra du reste. C'est grâce à elle qu'il se taillera sa petite part de célébrité, mais c'est peut-être à cause d'elle aussi que certaines de ses qualités seront trop souvent étouffées par les défauts qui justifient la critique de Boileau. Pourquoi, en effet, Le Pays qui a su parfois relever avec une singulière logique, on le verra, des défauts analogues aux siens dans les œuvres d'autrui, ne les a-t-il pas vus dans ses propres œuvres, sinon parce que les éloges d'un indulgent public l'ont empêché de se bien connaître et de se bien juger lui-même ?

Au reste, qu'il ait aimé sa province, qu'il s'y soit plu, n'est pas autrement étonnant. Etant donné ce que nous savons déjà de son caractère, de son inclination pour les conversations galantes, de son aptitude à saisir le piquant des choses, de son goût pour les fleurettes de salon, de sa facilité à rimer le couplet de circonstance, on comprend qu'il se soit trouvé si vite à son aise dans ce nouveau milieu, qu'il s'y soit si vite et si totalement adapté, dès que l'on songe au spectacle que nous offre la vie de société, en province, à l'heure où Le Pays y faisait son entrée.

*
* *

D'une façon générale, la province copie volontiers les modes de la capitale : en les copiant elle les défigure plus ou moins, et quelquefois même les exagère jusqu'à la caricature. En outre elle le fait ordinairement avec un certain retard.

Or, si depuis 1650 environ, le salon de Madame de Rambouillet « où l'esprit se purifiait, où la vertu était révérée sous le nom de l'incomparable Arthénice » (1) avait fermé ses portes, le goût des réunions mondaines et littéraires était cependant resté vivace. D'un autre côté, la fondation de l'Académie française en 1635 avait fourni un modèle illustre aux esprits distingués, aimant la discussion des questions littéraires, quitte à s'attirer les railleries de la malice populaire, qui — à cette époque déjà ! — s'exerçait parfois contre les Immortels, à preuve ce couplet anonyme : (2)

> « ...Voir quarante sots
> Ne s'occuper qu'à fadaise et sornette
> Qu'à rhabiller et regratter les mots
> Et rendre enfin la langue moins parfaite
> Qu'elle n'étoit du temps des deux Marots ».

Ainsi voit-on par exemple Pierre Michon (3) tenir chez lui une véritable petite Académie qui eut même son heure de gloire lorsque son président prétendit avoir découvert, en 1666, un

---

(1) Fléchier. Oraison funèbre de la duchesse de Montausier.
(2) D'après un Manuscrit de la Bibliothèque Nationale. Fonds Fr. 12498.
(3) Pierre Michon (1610-1685) avait pris le nom de son oncle Jean Bourdelot.

fragment de Pétrone, reconnu faux par la suite. Ce sont les deux du Puy, Pierre et Jean, qui fondent aussi un petit cercle. C'est encore Gilles Ménage, qui, empêché de sortir à la suite de deux chutes, l'une faite un Vendredi-Saint à Notre-Dame en se redressant d'une génuflexion, l'autre un jour qu'il se trouvait en visite chez l'Abbé Parfait, pour se consoler de sa cuisse et de son épaule démises, tranforme sa petite assemblée du Mercredi (sa *Mercuriale*) en une réunion quotidienne à son domicile (1). C'est l'Abbé d'Aubignac qui préside à l'Hôtel Matignon une Académie privée que fréquentent Chapelain, Vaumorière, Guéret, au titre de secrétaire perpétuel, l'Abbé de Villersin, dont la nomination à l'évêché de Senez en Avril 1671 amènera la dissolution de l'assemblée. Qu'on se rappelle encore que Boileau sera, rue du Vieux-Colombier, le centre d'un célèbre groupe où paraîtront Molière, La Fontaine et Racine.

Cette mode devait gagner les provinces. Salons et académies se multiplient un peu partout, et avec ceci de particulier que la Préciosité y gardera des champions quand elle sera agonisante à Paris.

Au cours de leur voyage de 1656, Chapelle et Bachaumont remarquent malicieusement « l'esprit » des dames d'Agen, celui des dames d'Arles « propres, jolies et galantes », la « bonne compagnie » qu'entretient chez elle, à Avignon, Madame de Castellane. A Montpellier surtout, leur raillerie se donne libre cours; ils y voient « un grand nombre de dames les plus galantes, les plus qualifiées, les plus spirituelles de la ville. A leurs petites mignardises, à leur parler gras et à leurs discours affectés, nous crûmes bientôt que c'était une assemblée de

---

(1) D'après Tallemant des Réaux.

Précieuses, mais quoi qu'elles fissent de nouveaux efforts à cause de nous, elles ne paraissoient que des précieuses de campagne... ». Et, voulant donner un exemple des sottises qu'ils ont entendues, les auteurs continuent :

> Les unes disaient que Ménage
> Avait l'air et l'esprit galant...

Or, Ménage, à Paris, jouissait d'une détestable réputation. On sait, qu'un jour, s'étant avisé de montrer une édition — la septième —} de ses œuvres, publiée en Hollande, tout en disant : Vous voyez que mes œuvres passent partout, le poète-bohème de Linière lui répondit crûment : Oui, parce que vous payez le port du passage et les frais de l'impression ! Et même sa mort ne devait pas désarmer les satiristes, témoin l'épitaphe que composa M. de la Monnoye et qui se termine ainsi :

> ...N'est-il pas juste qu'il repose
> Luy de qui les vers et la prose
> Nous ont tant de fois endormis (1).

Mais dix ans plus tard — et six ans après *Les Précieuses ridicules* — Fléchier aura encore l'occasion de glisser dans ses Mémoires sur les Grands-Jours d'Auvergne quelques portraits de précieux achevés. A Riom, le lieutenant-général se hâte de le mener au « Luxembourg du pays » pour lui montrer « une dame qu'ils estiment et pour le corps et pour l'esprit une des merveilles du monde... ». Au même endroit il rencontre « deux ou trois précieuses languissantes » dont l'une s'empresse de dire au prélat : « J'ai toujours aimé l'esprit avec passion... ». Le voici à Clermont : la conversation roule sur l'esprit, les filles, les femmes et la raison; puis on parle de poésie et des romans de Sapho. « Faire des vers et venir de Paris, note encore

---

(1) Bibliothèque Nationale, Mss. F. Fr. 12498

Fléchier, ce sont des choses qui donnent bien de la réputation dans ces lieux éloignés et c'est là le comble de l'honneur d'un homme d'esprit ».

De semblables observations auraient pu être faites un peu partout, en Bourgogne aussi bien qu'en Auvergne, à Lyon aussi bien qu'à Clermont.

Dijon (1), par exemple, s'enorgueillira d'un Pierre Legouz, d'un Bernard de La Monnoye, d'un Abbé Nicaise.

Le premier se fait une célébrité avec ses *Sonnets à Philis;* il a, vers 1660, étudié à Paris, ce qui lui permet de dire à celle qu'il aime :

> Ce qu'en Paris j'admire est l'ouvrage des hommes,
> Ce que j'admire en vous est l'ouvrage des dieux.

Puis il a — comme Le Pays — voyagé en Angleterre et en Hollande, chez

> Ces peuples qui surtout aiment la liberté,

et montré à peu près autant d'esprit que Le Pays, quand il déclare avoir reconnu

> Sur l'élément amer
> Que la mère d'Amour est fille de la mer...

Installé dans sa ville natale, il s'y fait remarquer d'abord par son culte pour Ménage qu'il compare à « ces terres fécondes où l'on peut encore trouver des épis et des raisins à cueillir même après la moisson et la vendange la plus abondante », ensuite par la composition de *Caractères,* quand le moraliste prendra pas, chez lui, sur le bel esprit.

---

(1) Voir : Servier ; Sur le mouvement littéraire en Bourgogne pendant le XVIIe siècle (Congrès scientifique de France, 1858) et Jacquet : La Vie littéraire dans une ville de province sous Louis XIV. Paris, 1886.

Bernard de La Monnoye, avocat au Parlement de Dijon de 1662 à 1696, est à la fois un savant et un poète. Il parle le latin, le grec et l'italien, compose *ad libitum* des Noëls, des épitaphes et des chansons légères. Son ami, l'Abbé Nicaise montre autant de polyphilie : il unit dans une même admiration Leibniz et Bayle, et dans un même amour la France et l'Italie, l'Angleterre et la Hollande. Rien de plus curieux que les sollicitations dont il est par ailleurs l'objet. Laissez toutes ces vanités, venez chez nous, lui dit l'Abbé de la Trappe... Faites-vous protestant, lui conseille un correspondant de Lyon... Ecrivez donc des contes grivois, lui propose M. de La Monnoye... Et le brave abbé se bouche les oreilles pour travailler à une *Dissertation sur les sirènes* qui paraîtra en 1691 à Paris (1).

Un avocat général à la Chambre des Comptes de Bourgogne, Moreau, passait aussi dans sa province pour un bel-esprit. Ses *Nouvelles fleurs du Parnasse* parues à Lyon en 1667 firent dire de lui par un contemporain qu'il réussissait également « dans l'héroïque et dans le lyrique... ». C'est lui qui composera pour son compatriote Santeul cette épitaphe :

Santeul est mort et partout regretté,
Santeul en tous lieux si vanté,
A qui fut la Bourgogne et si bonne et si chère.
Il s'était avoué pour son fils en effet ;
Mais, hélas, il est mort au sein de cette mère
Pour avoir trop pris de son lait ! (2)

Quant au conseiller Lantin, on peut être certain qu'il provoqua la pâmoison des Philamintes dijonnaises : avec une égale

---

(1) L'occasion de cet ouvrage, d'une mauvaise préciosité, fut une discussion née au sein de l'Académie à propos d'un vers de Virgile (Eneide, V. 864). Les sirènes étaient-elles des poissons ou des oiseaux ? Huet disait des oiseaux : Nicaise soutient Huet.

(2) Voir à la fin du Recueil des œuvres de Santeul par Pinel de la Martelière, Paris 1698 (cité par Jacquet : op. cit.).

facilité il composait des poèmes grecs sur la guerre des faucons et des corbeaux et mettait en vers latins les Eléments d'Euclide.

Toute cette société bourguignonne est, comme Pierre Legouz, folle de Ménage; elle admire aussi Mlle de Scudéry que l'on considère comme une « merveille » et Mme Deshoulières... Une même passion la pousse aux études littéraires et aux études scientifiques, à la philosophie, à la morale et aux beaux-arts. Sans doute le sens critique n'est pas toujours très sûr : Marot, par exemple, y est trouvé « suranné ». Mais si l'éducation du goût n'est pas encore faite, du moins la bonne volonté, la soif de savoir, le désir de la distinction intellectuelle apparaissent très nettement. Les chefs de ce groupe provincial ont presque tous passé par les collèges des Jésuites : ils en ont gardé l'amour des belles-lettres et une heureuse souplesse d'esprit. Ils l'avouent eux-mêmes, et, semblables à Le Pays sur ce point, ne craignent pas de reconnaître à l'occasion cette dette morale. On aime une telle franchise; nos ancêtres avaient au moins sur nous cette supériorité : ils ne se croyaient pas obligés de médire mesquinement des maîtres de leur jeunesse.

Mais quittons la Bourgogne pour la Franche-Comté. Voici l'Abbé Boisot (1), un ami de Pellisson, qui après avoir voyagé en Italie, en Allemagne et dans les Pays-Bas revient à Besançon, comme Abbé de St-Vincent et consacre le reste de sa vie aux belles-lettres. Sa passion pour les livres est si peu égoïste qu'il ouvre au public, deux jours par semaine, la riche bibliothèque qu'il avait achetée au Cardinal de Granville et l'on racontait par ailleurs que Pellisson lui faisait querelle « de ce qu'un Franc-

---

(1) Voir : Tivier. L'Abbé Boisot de Besançon (Mémoires de la société d'émulation du Doubs, 1874), et Jacquet, op. cit. : passim.

Comtois venait disputer la politesse et la pureté à toute l'Académie Française... » (1).

Et quel épanouissement de la vie mondaine, littéraire et précieuse à Lyon (2) également. Milet, comme l'appelle Somaize, est une des villes « où il se passe le plus de galanteries... ».

C'est que Milet possède en effet un aimable essaim de jolies femmes. Voici la Marquise de la Baume, volontaire comme une enfant gâtée, fantasque et d'une beauté qui, au dire de la Grande Mademoiselle « faisait grand bruit... ». Voici Mme de Bernon, de qui les traits gracieux tentèrent le pinceau de Mignard en 1658 : elle est en relations avec M. de la Barouillière qui passe tour à tour six mois à Paris et six mois à Lyon, de sorte qu'on peut faire grand cas de ses avis en tout ce qui concerne le bel-air. Voici Mme Ponsaimpierre, liseuse acharnée, dévoratrice de romans, au point que, selon Somaize « dès qu'on veut voir ou que l'on recherche quelque chose de nouveau l'on ne manque jamais de le trouver dans sa bibliothèque ». Voici Mlle Monrozat, charmante, délurée, prime-sautière et prompte à cingler les gens d'une gaillarde réplique : à un balourd qui s'est pris de querelle avec elle et exige qu'elle désigne un champion qui la défendra les armes à la main elle répond en raillant, raconte encore Somaize « qu'elle était seule capable de lui faire peur et qu'elle n'avait besoin que de sa quenouille pour le bien battre... ».

Et Lyon possède aussi une Françoise Pascal, qui, à vingt-trois ans compose une tragi-comédie : *Agathonphile martyr*, et

---

(1) D'après une lettre de Bosquillon à Mlle de Scudéry, à la mort de l'abbé Boisot.

(2) Voir : Baldensperger, La Société précieuse à Lyon au milieu du XVIIe siècle (Revue de l'histoire de Lyon, 1906).

donne ensuite *Endymion*, l'*Amoureux extravagant* et un *Sésostris*
dont l'Avis au lecteur est un plaidoyer en faveur de la province;
elle n'admet pas ce qu'elle appelle son « péché d'origine ». On
verra Le Pays soutenir la même thèse.

Voici enfin Claude Basset, un avocat, auteur d'une tragédie : *Irène*, et Guillaume Coppier avec ses *Essais et défini-*
tions de mots où l'on trouve des formules de ce genre : « Les
afflictions sont les soufflets dont nos âmes sont allumées à la
vertu... ». Tout simplement !

De Lyon venons enfin à Tulle (1) — Tulle dont Louis XIII
déclarait dès 1636, dans l'édit d'érection du Présidial qu'on y
trouvait « un collège fameux et nombre d'habitans addonnez
aux lettres ». Le chœur des Précieuses comprend Mme Darche,
Mlle des Donnereaux, Mlle Melon de Fès. Celui des poètes
comprend l'Abbé Coderc qui met en vers l'histoire des Saints,
le bibliothécaire Etienne Baluze, un burlesque lui, et surtout
l'Abbé Martial de Lagarde.

Ce dernier écrit régulièrement à Mme de Moulceau qui réside
à Montpellier où son mari exerce la charge de Président à la
Chambre des Comptes et qui figure parmi les correspondantes
de Mme de Sévigné. Il est également en relations avec Mme de
La Calprenède et les dames de Tulle sont dans le ravissement
quand elles lisent la copie du billet qu'il envoya un jour à cette
dernière : « Il est bien extraordinaire d'estre ainsi séparé de
soy-mesme et je suis fort estonné de me trouver par icy tout
entier et d'avoir le cœur à deux ou trois journées du corps... ».
Aussi les Tulloises distinguées connaissaient-elles bien la rue
de la Barrière ou l'abbé avait son logis, au fond d'un jardin,

---

(1) Voir : G. Clément-Simon. Un épistolier de l'école de Voîture et de Balzac,
l'abbé de Lagarde (Bulletin scientifique de la Corrèze, 1899).

derrière la boutique de son frère, marchand drapier. Elles se
plaisaient à converser avec lui et elles étaient, dit le biographe
du galant épistolier « flattées de ses hommages, touchées de
ses soupirs, puisqu'elles le payaient de retour, sur le papier... ».

Et rappelons que lorsque Mascaron prend possession du
siège épiscopal de la ville il n'a pas à supporter moins de trente
discours — et quelques pièces de vers latins par surcroît, dans
lesquelles, d'après une lettre de l'évêque lui-même à Mlle de
Scudéry « il y a eu de l'esprit... ». Nous ne savons pas s'il eut
à en entendre autant quand, huit ans plus tard, il quitta
Tulle : du moins fredonnait-on ce couplet composé par une de
ses ouailles malicieuses :

> Bien que tout évêché soit bon,
> Tulle est trop peu pour Mascaron.
> Il n'en demeurera pas là,
> Alleluia !

Sans doute un mouvement si ample, si général, ne pouvait
pas aller sans une certaine médiocrité. Quand une marchandise
est beaucoup demandée, il arrive souvent que la fabrication,
faisant un effort sur la quantité, néglige la qualité ; les apprentis
passent pour des maîtres et l'on fabrique « en série » c'est-à-
dire au détriment du poli, du fini. Loi économique que j'oserais
appliquer à ce mouvement précieux de la Province au XVIIe
siècle. On demandait de l'esprit et encore de l'esprit : on en
fabriqua « en série » ; toutes les belles désœuvrées se crurent
de taille à devenir les héritières de la Marquise de Rambouillet,
le moindre abbé spirituel voulut jouer son Godeau, tout rimeur
prétendit avoir quelque ressemblance avec Voiture. Or, il n'est
rien de tel que la contagieuse folie d'une mode pour obscurcir
le sens critique et l'intelligence des gens — l'intelligence qui,
au sens étymologique, signifie bien d'abord un choix, un dis-

cernement... le choix du connaisseur qui entre les fruits d'un arbre ne se laisse pas prendre aux apparences et cueille, entre cent, celui qui est à point et dont de multiples et nécessaires conditions ont fait quelque chose de délectable pour un palais de gourmet. Mais les provinciaux n'ont pas agi en gourmets, ils ont agi en gourmands. C'est ce qui justifie la critique de Guéret qui, en 1669, s'étonnant du succès qu'avaient eu précédemment les premières œuvres de d'Assouci, dira :

« On ne s'en défait pas aujourd'hui si aisément que de son temps, et *sans les provinces* qui s'accommodent de tout, le galimathias demeureroit entre les mains des libraires » (1) reprenant ainsi une phrase de Scarron : « Ces productions serviraient d'enveloppes aux beurrières du Marché-Neuf s'il ne venait point de *provinciaux* à Paris... » (2).

La préciosité apparaît donc encore florissante en province au moment où Le Pays arrive à Grenoble. Il en est d'elle comme de ces arbres brisés qui gisent à terre et que l'on croit morts, mais dont le tronc, un beau jour, se pare de rameaux verts. Fortement ébranlée par les coups terribles que lui porteront et Molière et Boileau, elle donnera cependant des fruits d'arrière-saison. Dans sa nouvelle résidence, le jeune homme découvre, comme partout ailleurs, une société brillante, amie des réunions distinguées, des conversations galantes et littéraires à la fois. Son esprit va s'y sentir à l'aise. Ses défauts naturels passeront pour des qualités. Plus cultivé que beaucoup d'autres, il va se trouver porté à une sorte de présidence flatteuse pour son amour propre : il sera le Voiture de sa province. Il entrera, l'un des premiers, à l'Académie d'Arles fondée quel-

***

(1) La Promenade de Saint-Cloud.
(2) Epître à la chienne Guillemette.

ques années plus tard — et l'empressement avec lequel on l'y accueillera marque assez l'estime dans laquelle il était tenu. Il sera en un mot — et l'on pourrait dire dans tous les sens du mot — l'enfant *gâté* de la Province.

*
* *

De ce qu'était le milieu mondain de Grenoble en particulier, le meilleur témoin est précisément Le Pays lui-même. On a vu, dès la première lettre qu'il écrit à son arrivée, comment il rend hommage aux qualités de ses nouveaux compatriotes et toute sa correspondance future sera le reflet de leurs goûts, de leurs occupations, de leur esprit, de leur « commerce de fleurettes ». Mais certains des personnages qui devinrent ses amis sont aussi connus par ailleurs et l'on peut s'assurer que Le Pays ne fut pas le seul homme d'esprit de sa province.

En 1663, Colbert demanda en effet aux intendants des Provinces des notes secrètes sur certains membres du personnel administratif. Quelques-uns de ces rapports existent encore. C'est ainsi que nous pouvons apprendre que dans les conseillers au Parlement de Grenoble se trouvent un nommé Roux qui est un assez habile homme et qui a du style : « L'on se sert de luy quand le Parlement veut faire quelque manifeste ou lettre... », et un certain de St-Julien qui « a de l'esprit plus que du jugement... ». Un autre, de Rivolles, est « honneste homme et ne manque pas d'esprit. » Un autre, de la Roche Belimon, est un « bel esprit et aime les belles-lettres. » A la Chambre des Comptes de Grenoble, un Premier Président, de Boissieu, « de beaucoup de mérite, parle bien en public » et M. du Vivier est « homme de lettres et paroist pédant ». A la cour des Comptes de Provence, le Premier Président, de Bouc, est au moins un agréable compagnon : « fort facile... attaché à son plaisir, n'a pas d'authorité dans sa compagnie... » (1).

Et Grenoble a ses poètes : Thomas Delorme, Claude de Chaulnes, dont Allard dit qu'il avait l'esprit « délicat et sublime » et qu'il était « doué d'une facilité admirable à faire des vers français. » (2).

Et Grenoble a ses érudits : Allard et Chorier particulièrement, aux œuvres desquels on peut encore recourir avec profit.

Et tout ce monde s'empresse autour de Le Pays. Ses lettres nous montrent comment il se prodiguait pour pouvoir remplir les devoirs de sa charge et répondre cependant aux sollicitations dont il était l'objet. Un jour, il s'agit d'une partie de campagne et ces dames tiennent à ce qu'il en soit. Un autre jour, il s'agit d'une dispute de philosophie et ces messieurs tiennent à ce qu'il y prononce une harangue. Hier on lui a demandé de procurer à celle-ci le texte d'un sonnet qui fait du bruit dans le monde. Aujourd'hui on lui demande de fournir à celle-là le texte d'une chanson dont on ne se rappelle ni le sens, ni l'auteur, mais seulement le premier vers. Demain ce sera un Portrait ou un dialogue qu'on lui réclamera impérativement. Telle le consulte sur le choix d'un lit qu'elle veut acheter et telle sur celui de boucles pour ses souliers. Et Le Pays court çà et là, dépose un petit paquet chez l'un, récite un poème chez l'autre, descend les escaliers en courant, traverse la rue en souriant à droite et à gauche, accompagne l'un chez le libraire et l'autre à la campagne, fait honneur au vin muscat qui lui est offert, adresse entre deux gorgées un madrigal à la charmante hôtesse,

---

(1) Cf. G. B. Depping. Correspondance administrative sous Louis XIV (Paris, 1850, 4 vol.).

(2) Voir sur Claude de Chaulnes l'étude d'Emile Roux dans le Bulletin de la Société Dauphinoise (1901).

rentre chez lui à la dernière heure, écrit deux ou trois lettres en pensant à des comptes en retard, met ses comptes à jour en pensant à un sonnet qu'il est urgent de terminer, termine son sonnet — et s'endort exténué, fourbu, ravi, prêt à recommencer le lendemain...

En récompense de cet empressement, il a dès maintenant la satisfaction de se croire indispensable, de compter beaucoup d'amis qui, demain, seront un public fidèle, promettront l'immortalité à ses ouvrages, et dont l'amitié, en attendant, se témoigne par de grandes et de petites attentions. Car si tel conseiller, ou même Président au Parlement, lui fait l'honneur de lui soumettre le texte d'une harangue (1), telle dame, le jour des Rois, se hâte de choisir Le Pays pour partager son règne d'une soirée : « Le jour des Roys, le sort vous ayant fait reine, dès l'abord vous me fistes roy... » (2). D'autres manient l'aiguille à son intention et lui envoient tableaux ou bouquets de pensées en broderie (3). Et voici enfin de ces cadeaux venus tout droit du verger ou de l'office, et qui sentent leur province d'une lieue : des confitures, un panier de pommes de reinette, une boîte de conserves, des noix confites, deux bouteilles d'huile, du fromage (4). Le Pays accepte le tout, remercie avec grâce, continue son rôle et reste à l'affût de toutes les occasions qui lui permettront de tourner un aimable couplet ou une jolie lettre...

*
* *

Un événement d'un ordre un peu plus sérieux que ceux qui

---

(1) Nouvelles Œuvres, Tome I, Livre II. A Monseigneur de la Bergête.
(2) Pièces choisies. Tome I, première partie, Livre I, Lettre 17. A Madame...
(3) Amitiez, Amours et Amourettes, Livre III, lettre 13 et Nouvelles Œuvres, Tome I, Livre I, lettre 26.
(4) Amitiez, Amours et Amourettes. Livre I, lettre 30 et Livre III, lettres 28 et 34. Pièces choisies, Tome I, première partie, Livre I, lettre 7, et deuxième partie,

sollicitaient ordinairement sa verve fut offert à Le Pays au moment même de son arrivée à Grenoble : l'affaire Créqui. Il en tira parti à peu près comme il avait fait du traité des Pyrénées : c'est-à-dire qu'à défaut d'une valeur documentaire sa narration offrira de plaisants aperçus. Elle ne sera pas un tableau, mais une pochade.

On connaît les faits. Le 20 Août 1662, l'ambassadeur de France à Rome, Charles de Créqui, fut insulté par les gardes corses du Pape (1) : il y eut même des coups de mousquets, un page tué, un laquais blessé, des Français poursuivis à travers la ville. Alexandre VII (2) ne se pressant pas d'accorder des réparations, Louis XIV décida de se saisir du Comtat Venaissin et d'Avignon. Le 24 Octobre, les huissiers arrivent à Avignon, et « ...Ayant leurs bonnets, bourrelets et les verges à la main, se présentèrent au Vice-Légat, dans le Grand Palais, luy firent lecture de l'arrêt... donnèrent assignation au Saint-Père de comparaître à Aix dans huitaine... aux fins de représenter les titres en vertu desquels Sa Sainteté jouit de la ville d'Avignon... etc... » (3). La même procédure fut répétée le 4 Décembre 1662 et une troisième fois le 28 Janvier 1663.

En Juillet, une entrevue eut lieu au pont de Beauvoisin entre le mandataire français Ch. de Créqui et le mandataire romain, l'abbé de Rasponi (4). Elle n'eut pas de résultats, et le 26 du

---

(1) Charles de Créqui (1623-1687) devait devenir gouverneur de Paris en 1670. Témoin d'une prédiction concernant le mariage de Louis XIV avec Mme de Maintenon et dont il avait beaucoup ri avec le roi, il se trouva de ce fait presque disgrâcié quand le mariage fut accompli et mourut de chagrin.

(2) Alexandre VII (Fabio Chigi) né à Sienne en 1599, mort en 1667, élu Pape en 1655, régna 12 ans, 1 mois et 16 jours.

(3) Voir : Additions à l'Histoire chronologique de Provence, Tome II, par Honoré Bouché, docteur en théologie, chez Charles David, à Aix, en 1664.

(4) César Rasponi, né à Ravenne en 1615, mort à Rome en 1675. Ancien élève des Jésuites, remarquable par sa précocité d'esprit, devient chanoine de Saint-Jean de Latran en 1643, puis surintendant de la santé et parvient à sauver les Etats de l'Eglise de la peste et de la famine. Il sera créé cardinal en 1666. A écrit ses Mémoires.

même mois, un arrêt du Parlement de Provence « ...ordonne
que le Roy sera mis en possession et jouissance de la dite ville
et comté de Venaissin, droits et appartenances ...fait défenses
à tous les officiers commis par Sa Sainteté de plus se mêler de
l'exercice de leurs charges à peine de faux... Et seront les armes
du Saint-Père ôtées avec respect et décence des lieux où elles
se trouvent et à leur place remises celles du Roy... » (1). L'arrêt
fut exécuté par le Baron d'Oppede, le Président de la Roque,
l'avocat général du roi de Vergons « avec rapidité et décision ».
Louis XIV devait garder cette conquête jusqu'en 1667 et obtenir
la dissolution de la garde corse ainsi que l'érection, à Rome,
d'une pyramide attestant la réparation (2). Telles sont les
grandes lignes de l'événement qui, selon le mot de Stendhal,
permit à Louis XIV d'établir « dans Rome même... les droits
qu'il avait au respect de l'Europe... » (3) — et qui a eu dans la
littérature badine du temps deux échos : le premier grâce à
d'Assouci (4), le second grâce à Le Pays (5).

Jamais peut-être ce dernier ne s'est acharné, comme il l'a
fait ici, à couvrir quelqu'un de ridicule. Il accable de ses traits
ce « neveu du Pape qui a reçeu de son oncle la Lieutenance Générale parce qu'il sçait admirablement jouer aux Eschets... »
— ces généraux « qui portent des noms terminez en I pour nous
faire croire qu'ils sont Génitifs de ces illustres romains dont

---

(1) Honoré Bouché, op. cit.

(2) Quelques historiettes ayant rapport à ces évènements ont été insérées dans les Souvenirs de la Marquise de Créqui. Mais on sait que malheureusement l'authenticité de cette œuvre est assez douteuse (Publication en 1837 par Cousen, dit de Courchamps).

(3) Stendhal. Promenades dans Rome, Tome II.

(4) D'Assouci était à Rome quand se produisit l'incident et devait y rester jusqu'en 1670 : il fit preuve d'une certaine hardiesse en composant sur cette affaire des « Stances irrégulières ».

(5) Amitiez, Amours et Amourettes, Livre II, lettres 44 et 45.

les noms se terminoient en Us... qui jurent que pourveu qu'on
ne les laisse pas manquer de figues et de melons, d'éventails
pendant la chaleur et de glaces à leurs repas, ils feront merveille... » — ces soldats qui « ont plus de soin de leur guitarre
que de leur mousquet... » On ne peut être plus habile à égratigner l'amour-propre des gens ; et parfois même les fléchettes
que décoche Le Pays sont quelque peu empoisonnées. Ainsi de
celle-ci : « On n'en voit aucun qui ne porte avec soi son matelas,
son parasol et sa guitarre et qui ne se vante de tuer douze François, pourveu qu'il les puisse tirer par dessus une haye ou de
derrière un buisson... » Et encore celle-ci, assez curieuse parce
que la malice de Le Pays fait de lui un prophète inconscient
des procédés de la guerre future : « Un des généraux ayant fait
assembler un conseil des officiers les plus considérables de
l'Armée, y témoigna qu'il sçavoit le moyen de vaincre les François plus promptement que par les voyes ordinaires ; qu'il ne
falloit pas s'exposer aux hazards ny aux incommoditez de la
guerre, que ce seroit une imprudence à des gens aussi sages
qu'eux, d'aller combattre des hommes aussi étourdis que les
François qui frappent comme des fous et qui ne se soucient
point de la mort parce qu'ils ne trouvent pas dans leur païs,
comme les Italiens, des douceurs et des plaisirs qui leur fassent
aimer ; qu'au reste il n'estoit nécessaire que d'adresse pour défaire un nombre infini d'ennemis : que depuis long-temps on
sçavait en Italie le plus subtil usage des poisons ; qu'il falloit
assembler tous les plus habiles maistres dans ce noble mestier,
pour voir si l'on ne pourroit point empoisonner l'air l'espace
de deux ou trois milles, afin de faire périr tous les François
dans leur camp, sans tirer un coup de mousquet ny mettre l'épée
hors du fourreau. Cet avis fut trouvé fort judicieux et raison-

nable de toute l'Assemblée, et présentement l'on travaille à la composition du poison qui doit produire de si beaux effets... »

Il convient de remarquer que Le Pays tient cependant à se prémunir contre une critique d'impiété. Il déclare donc plusieurs fois qu'il distingue entre la « Rome infidelle et meurtrière » et la « Rome sainte et sacrée » entre « le Saint-Père comme Chef de l'Eglise » et « le Saint-Père comme Chef d'une armée ennemie... »

Ces deux lettres furent très vraisemblablement lues dans les salons de la ville et ne purent qu'accroître le crédit dont jouit Le Pays dès les premières années de son séjour à Grenoble.

CHAPITRE VI

La période de production
Les œuvres : Eloges et Critiques
Le Pays et Boileau -- Les amis de Le Pays

Avec l'année 1664 s'ouvre, pour le Pays, une période d'activité littéraire (1), de production — et de célébrité. Il sera, pendant un certain temps, placé par une partie du public à la tête des beaux esprits de son époque et considéré comme le véritable continuateur de Voiture. Ses ouvrages connaîtront de fréquentes réimpressions. Sa réputation s'étendra même à l'étranger. Les honneurs viendront à lui de tous les côtés à la fois, et des amitiés, aussi fidèles que distinguées, encourageront ses efforts, applaudiront ses succès.

En 1664 c'est le recueil intitulé *Amitiez, Amours et Amourettes* qui est édité à Grenoble chez Charvys et à Paris chez de Sercy, en un volume. Il comprend trois livres de lettres et un certain nombre de poésies. Dédié à trois conseillers du roi : Messieurs C..., L. B... et des A... (Caset, Le Blanc, des Alluz), il est précédé en outre de deux longues préfaces.

L'année suivante paraît *Le Portrait de Monsieur Le Pays,*

____

(1) Voir Appendice I. Table des principales éditions.

dédié à la duchesse de Nemours, et l'auteur termine en même temps son roman : *Zélotyde* qui est livré au public en 1666, avec une longue dédicace au duc de Savoie : l'ouvrage, en un volume, est édité à Paris chez de Sercy et à Cologne.

En 1672, ce sont les *Nouvelles Œuvres* (1) qui prolongent en quelque sorte les *Amitiez, Amours et Amourettes* et sont comme elles un recueil de lettres et de poésies, cette fois en deux volumes parus chez Barbin, à Paris. La dédicace en est offerte au conseiller Berthelot, commissaire général des poudres et salpêtres.

Par la suite une anthologie des *Amitiez* et des *Nouvelles Œuvres* sera donnée à La Haye, en deux volumes, sous le titre de *Pièces choisies des Œuvres de M. Le Pays.*

Les lettres et les poésies de Le Pays seront étudiées plus loin (2), de même que *Zélotyde* (3), comme types des lettres, des poésies et des romans précieux. Le *Portrait* nous servira tout à l'heure à fixer les traits de la physionomie de Le Pays. Quant aux préfaces des diverses œuvres elles nous seront utiles pour préciser les idées littéraires de l'auteur (4). Mais on peut noter tout de suite comment ces épîtres dédicatoires sont bien dans le ton de leur époque.

*
* *

On sait en effet que les auteurs du temps se croient généralement obligés de mettre leurs œuvres sous le patronage de quel-

---

(1) Livet donne à tort comme date de parution des Nouvelles Œuvres 1680. Il y a bien eu à cette date une édition chez de Sercy, mais l'ouvrage parut dès 1672 chez Barbin et avant l'édition de 1680 il y en eut encore deux autres à Amsterdam en 1674 et en 1677.

(2) Voir Chapitre IX et X.

(3) Voir Chapitre XI.

(4) Voir Chapitre VIII.

que grand seigneur ou de quelque riche financier. Il y a à cela
au moins deux raisons : ce patronage peut être une réclame et,
quelquefois, vaut à l'habile auteur un don en argent. Mais
encore faut-il que cette générosité soit provoquée par de délicates flatteries. L'écrivain dépense son talent à glorifier son
patron et le patron en délie d'autant les cordons de sa bourse.
Le Parnasse tâche de se faire assez humble pour être baigné
par le Pactole, le poète tâche de monnayer ses fleurs de rhétorique. Cela nous vaut de singuliers morceaux où d'illustres
inconnus sont célébrés comme des demi-dieux et où s'accumulent des comparaisons inattendues. Boileau a stigmatisé

> Cet amas d'ouvrages mercenaires
> Stances, odes, sonnets, épitres liminaires
> Où toujours le héros passe pour sans pareil
> Et, fût-il louche et borgne, est réputé soleil (1).

On ne se figure pas en effet les prodiges d'érudition mytho-
logique ou historique — et d'imagination en même temps — que
supposent certaines de ses pages, et à ce point de vue là on peut
comprendre que Richelet ait affirmé : « Ce que le sonnet est dans
la poésie, l'épître dédicatoire l'est dans la prose : c'est un chef-
d'œuvre quand elle est bien faite.. » (2) Peut-être : mais un
tel chef-d'œuvre échappe difficilement à l'emphase.

Ainsi verra-t-on M. d'Ablancourt comparer le duc d'Enghien
à Alexandre, unir dans un même éloge Richelieu et Tacite. Le
Grand Corneille dédie son Cinna à M. de Montauron dont la
générosité, la libéralité, la noblesse sont mises de pair avec
celles d'Auguste en des termes tels que l'on peut trouver dur,
mais non injuste, le mot de V. Hugo : « L'âme de Corneille fait

---

(1) Epître IX (1675).
(2) Les plus belles lettres françoises. Paris, 1698. Tome I.

Cinna ; la bête de Corneille dédie Cinna au financier Montauron » (1). C'est au même qu'André Mareschal dédie sa tragicomédie du *Mausolée*, et ce personnage, dont on n'a jamais pu dire exactement s'il fut receveur général de Guyenne ou Président du Parlement de Toulouse, s'était fait comme une spécialité de recevoir de ces dédicaces intéressées (Corneille reçut 200 pistoles pour celle de Cinna) à un tel point que son nom était devenu symbolique et qu'on disait couramment : « les panégyriques à la Montauron ; les Eloges à la Montauron... » (2).

Sans doute le bon sens et la dignité de quelques auteurs se rebiffaient contre ce procédé. Furetière, par exemple, adresse un ironique pastiche de ces dédicaces « A très haut et très redouté seigneur Jean Guillaume, maître des hautes œuvres de Paris » au cours duquel il affirme : « Je suis las de voir des auteurs encenser des personnes qui ne le méritent pas tant que vous... ». Scarron, de son côté, s'adresse non moins ironiquement « à très honneste et très divertissante chienne Dame Guillemette » et dit des poètes de son temps : « Ces mauvaises copies de Virgile et d'Horace ne veulent connoître un grand seigneur que par son nom pour lui donner, à tout hazard, celui de Mécènas et lui attribuer des vertus qu'il n'a point, pour en tirer de l'argent s'il en a.. » Mais... le même Scarron dédie ses poésies au Président de Bellièvre et en reçoit cent pistoles. Mais... le même Scarron dédie son *Ecolier de Salamanque* à Mademoiselle et en reçoit cinquante pistoles par l'intermédiaire de Segrais.

Et après tout, pour un auteur à court d'argent, le procédé vaut encore mieux que celui de l'abbé de Torches qui, en 1669,

---

(1) Le Post-Scriptum de ma vie.
(2) Voir : Guéret : Le Parnasse réformé, et Furetière : le Roman bourgeois

donne un recueil : *La cassette des bijoux*, dans lequel Mlle de Nantouillet retrouva son propre bien, larcin dont la critique du temps dit qu'il « n'incommode pas à un abbé à simple tonsure à qui trente pistoles sont souvent bien nécessaires ! » (1).

Le Pays ne s'insurge pas contre un usage si bien établi. Lui aussi prodigue à ses patrons les louanges et les flatteries — et le fait avec l'emphase de rigueur.

Au commissaire des Poudres, Berthelot, il dit par exemple : « ...Quelque stérile que soit mon éloquence, si je ne craignois pas de vous déplaire en vous loüant, que ne dirois-je point de vostre personne et de vos emplois ? Le Démon de la guerre qu'on a confié à vostre conduite, le foudre du Jupiter françois qu'on a mis entre vos mains, marquent assez quelle est vostre adresse et vostre prudence... » (2).

A la duchesse de Nemours il dit encore : « Quelle apparence qu'un génie aussi élevé que celuy de V. A., un génie à qui les plus beaux génies de nôtre siècle rendent tous les jours hommages et qui passe à la Cour pour une source de lumière, ait pu trouver... etc... » Et plus loin : « J'aimerois mieux estre là (dans le cabinet de la duchesse) que parmi tous les illustres de Plutarque ; et je ne croirois pas ma gloire moindre que si mon nom estoit écrit au Temple de Mémoire... » (3).

S'adresse-t-il au duc de Savoie ? Celui-ci est mis en parallèle avec Auguste et César. La Savoie devient un grand Etat. Le duc réunit en lui les qualités propres à une douzaine de ses ancêtres et il est en outre le souverain de tous les beaux esprits : « ... C'est avoir receu un grand avantage du Ciel que d'avoir

---

(1) Guéret. La Promenade de Saint-Cloud
(2) Dédicace des Nouvelles Œuvres.
(3) Dédicace du Portrait.

receu une couronne avec la naissance : mais c'est estre son favori particulier que d'avoir receu à mesme temps toutes les qualitez qui sont nécessaires à porter glorieusement cette couronne et l'une de ces qualitez, c'est un beau génie, un génie comme celuy de V. A. R... » (1).

Une remarque s'impose cependant. C'est que rien ne prouve que Le Pays ait tiré un profit pécuniaire de ces éloges et qu'il y ait gagné autre chose que des témoignages de considération amicale. C'est ainsi que la duchesse de Nemours lui offrit son portrait (2) ou que le duc de Savoie le reçut à sa cour et le nomma chevalier de Saint-Maurice. C'étaient des marques d'estime assez flatteuses pour Le Pays et qui s'ajoutaient, pour son bonheur, au succès de ses œuvres.

*
* *

Il s'agit en effet d'un très grand succès. Le nombre élevé des éditions en est une première preuve et Richelet assure que les libraires qui imprimèrent les *Amitiez* « y trouvèrent leur compte... » (3). Mais on en a d'autres témoignages dans les éloges qu'ont prodigués certains des contemporains de Le Pays, ou des écrivains quelque peu postérieurs.

Les historiens du Dauphiné le réclament comme une de leurs gloires. Chorier (4) tient à le faire figurer dans le Nobiliaire de la province avec la mention suivante :

« Le Pays — Il est peu de noms aujourd'huy plus connus des gens d'esprit. Il en est obligé à René Le Pays qui en a infini-

---

(1) Dédicace de Zélotyde.
(2) Voir appendice V (B). Documents iconographiques.
(3) Les plus belles lettres françoises. Tome I.
(4) Le Nobiliaire de la Province de Dauphiné, par Nicolas Chorier (1697).

ment. Ses ouvrages ont eu l'applaudissement de tous ceux de qui il est honneste d'être loué et l'ont mérité. L'astre qui préside aux destins des livres n'a rien fait pour les siens gratuitement. La cour de France en a connu le prix et S. A. R. de Savoye leur en a adjouté par son estime... »

Allard écrit de son côté : « René Le Pays est de Bretagne, mais la plus grande partie de ses ouvrages sont dauphinois... Son mérite est connu, ses ouvrages galants ont eu une approbation générale.... » (1).

Sa réputation ne reste pas si locale qu'on pourrait le penser. Voici ce qu'écrit, dès 1664, un parisien à l'un des oncles de Le Pays : «... Vostre agréable parent escrit d'un caractère singulier partagé entre le Voiture et le Scarron, dans lequel on trouve l'enjouement dans le burlesque, le bon sens dans le sérieux et la nouveauté dans les choses communes... » (2). En 1665, Le Pays répond à M. de Boisgarnier, de Bordeaux : « Puisque vous me l'écrivez je veux croire que mes ouvrages ont réussy à Bordeaux... » (3). Moreri affirme de son côté : « Ses Amitiez, Amours et Amourettes, imprimées en l'an 1664, furent l'admiration des provinces et méritèrent même l'approbation de la capitale... » (4). Et Titon du Tillet confirme ce jugement (5).

Quant à Richelet qui a noté aussi le succès général des œuvres de Le Pays (6), il a même rendu à l'auteur des *Amitiez*

---

(1) La Bibliothèque de Dauphiné, dressée par Guy Allard (1680).

(2) Lettre de M. de Maroles, Président a la Cour des Aydes de Paris à M. de Montfranc, lieutenant général du bailliage d'Ernée, du 21 Novembre 1664, reproduite dans l'édition des Pièces choisies de la Haye.

(3) Nouvelles Œuvres. Tome I. Livre I. Lettre 44, du 27 septembre 1665.

(4) Dictionnaire historique. Editions de 1725 et de 1759.

(5) Titon du Tillet. Le Parnasse François (1732). Les termes sont presque identiques à ceux de Moreri. Du reste, ce dernier, dans l'édition du Dictionnaire de 1759 ajoute à sa notice sur Le Pays : « Titon du Tillet lui a donné place dans son Parnasse François, mais il ne dit presque que ce que l'on trouve dans le Moreri, édition de 1725. »

(6) Les plus belles lettres françoises (1698).

un hommage d'un imprévu savoureux. Richelet donne çà et là
des « modèles » dans les différents genres de lettres et, deux
ou trois fois ces modèles ne sont pas autre chose que des extraits
de Le Pays, sans indication d'origine et à peine modifiés. Ainsi,
comme exemple de billet pour le nouvel an (*au Tome I*) Richelet
propose ceci :

« Je ne puis, Monsieur, voir recommencer l'année sans vous
assurer de mon respect et de mes services. Si je ne craignois
pas de vous importuner je vous donnerois souvent de pareilles
assurances. Mais comme je ne saurois être vôtre serviteur utilement je me contente de l'être dans le cœur et d'y faire des vœux
qui partent d'une passion ardente et sincère... ».

C'est très bien; mais ouvrez les *Amitiez* au livre II et à la
lettre 39 et comparez :

« Je sçaurois voir l'année se renouveller sans vous renouveller l'assurance de mes respects et de mes services. Si je ne
craignois pas de vous être importun vous auriez de moy plus
souvent de semblables assurances; mais ne pouvant estre vôtre
serviteur utilement, je me contente de l'estre dans mon cœur et
d'y faire des vœux pour vôtre prospérité... »

Au reste, il ne faut pas s'étonner de ce démarquage si l'on
songe que le même Richelet (au *Tome II* cette fois) comme modèle des lettres de conseils, donne bravement une traduction de
Sénèque habillée à la moderne, dans laquelle *Mi Lucili* devient
Mon cher ami ou *Monsieur*, et *Vale*, *Je suis tout à vous*. Richelet
était décidément un habile homme qui connaissait ses auteurs
et faisait preuve d'un agréable éclectisme dans le choix de ses
inspirateurs...

Je citerai encore dans les témoignages du succès de Le Pays, celui de Bayle (1), qui souligne la défiance que la capitale montre ordinairement à l'égard des œuvres provinciales : « Les Parisiens trouvent fort mauvais qu'une personne qui n'est jamais sortie de la Province soit un bon conteur... » mais reconnaît que néanmoins les œuvres de Le Pays ont eu « un grand débit dans Paris ».

Il faut aussi noter, dans l'Avis du libraire qui publia les Pièces choisies à la Haye, ces lignes significatives : « Il n'est point de livre moderne qui ait eu un si grand cours... On m'en demande de tant de lieux que je me suis résolu de le réimprimer de nouveau... » (2). Bel éloge pour Le Pays — bien qu'enrichi d'un pléonasme...

Rappelons également que Corbinelli dans ses *Extraits de tous les beaux endroits des ouvrages des plus célèbres auteurs de ces temps* (3) donne quelques lettres tirées des *Amitiez*, à côté d'autres de Balzac, de Voiture, de Sarrazin — que dans un ouvrage anonyme paru en 1700 à Amsterdam et intitulé *La Rhétorique de l'honnête homme* on indique les œuvres de Le Pays comme devant être en bonne place dans la bibliothèque de tout homme distingué — que Sélimantes donnera en 1730, à Hambourg, une traduction de deux cents lettres choisies dans les *Amitiez* et les *Nouvelles Œuvres* (4) — que l'auteur des deux volumes parus à Amsterdam : *Les Jeux* et *Le Nez* pille Le Pays en même temps qu'Ovide, Marot et Benserade... (5).

---

(1) Dictionnaire historique et critique.
(2) Pièces choisies des Œuvres de M Le Pays (2 vol.) chez Abraham Haroudeus, à La Haye (1680).
(3) Amsterdam (1681). Tome IV.
(4) Galante Brief aus denen Werken des Herrn Le Pays, übersetzt durch Selimantes.
(5) Les jeux, ouvrage curieux et galant composé pour le divertissement d'une certaine dame de qualité, par J.P.N. du C dit V (1716). Le Nez, ouvrage curieux, galant et badin, composé pour le divertissement d'une dame de qualité, par J.P.N. du C, dit V (1760).

* *
*

Est-ce à dire qu'aucun son discordant ne se mêle à ce concert d'éloges ? Le Pays lui-même parle d'une critique anonyme qui circulait dans sa province aux environs de 1670 et à laquelle font également allusion Bayle et Moreri. Mais cet anonymat suffit à donner raison à l'écrivain quand il déclare la mépriser et ne pas vouloir y répondre : « ...C'est quelque misérable qui me hait et qui me craint, qui expose mon nom qu'on connait et qui n'ose mettre le sien qui n'est pas connu... » (1).

Plus sérieuse est la critique de Gabriel Guéret : « ... Ne descendons pas si brusquement de Sarrazin à Le Pays; la chute serait trop grande. N'en parlons pas même si vous voulez; contentons-nous qu'il serve d'entretiens dans les provinces... » (2). Cette critique (1669) n'est du reste que l'écho de celle de Boileau (1665) car l'auteur dit encore : « Laissons au campagnard de Despréaux le plaisir de l'admirer... »

Or, si l'on se rappelle que Boileau a précisé sa pensée dans une note reproduite à peu près par tous les éditeurs des Satires et qui fait grief à Le Pays d'être estimé des provinciaux (3) — et ce que Bayle disait, comme on l'a vu plus haut, de la défiance des Parisiens à l'égard d'un auteur qui n'est pas de Paris — et le mot que dira plus tard Piganiol de la Force (4) : les Amitiez sont « le rudiment des amoureux de province » — alors, on s'aperçoit que toutes ces critiques se ramènent à une seule et que c'est une critique un peu sommaire. Il ne suffit pas de

---

(1) Pièces choisies. Tome I. Première Partie. Livre I, lettre 14, A une belle malade (sans date).
(2) La Promenade de Saint-Cloud (1669).
(3) Voir Brossette. Notes sur les satires de Boileau.
(4) Description de Paris.

mettre sur un écrivain l'étiquette « Provincial » pour qu'on puisse, sans autre examen, lui refuser d'avoir du talent et de l'esprit. Or, de son esprit, la meilleure preuve que Le Pays ait donnée, ce fut justement dans ses rapports avec Boileau lui-même.

Attaqué dans les termes que l'on connaît, Le Pays écrivit à son ami du Tiger une assez longue lettre (1) ; il y analyse très finement le talent du grand critique, rend hommage à son génie, à son style « qui chatouille en piquant », le compare à Horace et à Juvénal. Et il ajoute non sans raison :

« ... S'il n'était permis de travailler qu'aux ouvriers parfaits que ferions-nous dans les provinces ? L'architecte du Louvre ne viendra pas en Dauphiné pour bâtir des cabanes ; Mignard voudrait-il quitter Paris pour venir faire ici le portrait de ma maîtresse ? Baptiste abandonner la cour pour venir lui donner une sénérade ? Et quand j'aurai besoin d'une satire contre mon rival, M. Boileau viendra-t-il à Grenoble pour me la faire ?... »

Bien mieux : profitant d'un voyage à Paris, Le Pays rendit visite à Boileau et ils se quittèrent, parait-il, bons amis, ce qui n'empêcha par le satiriste d'égratigner encore une fois, dans l'avenir, l'auteur des Amitiez, en parlant de

Ces vains amas de frivoles sornettes,
Montre, Miroir d'Amour, Amitiés, Amourettes... (2)

Boileau aurait avoué, dit-on, qu'il s'était surtout fâché parce qu'il avait entendu préférer Le Pays à Voiture. Il est fort possible que le satiriste ait, en effet, cédé ici à son engouement

---

(1) Nouvelles Œuvres. Tome II, livre II, lettre 1
(2) Épître IX (1675).

trop connu pour Voiture — engouement dont le secret demeure assez mystérieux. Faut-il admettre, avec Brunetière (1), que « contre son ordinaire il ait ici subi l'opinion de quelques-uns de ses amis ou de ses protecteurs ? » Si profondément consciencieuse que soit la critique de Boileau, elle a pu, sur un point, faire défaillance.

En tout cas on ne saurait trop mettre en valeur l'attitude correcte de Le Pays en cette affaire. Le Pays ne se pique pas — comme d'Assouci par exemple, qui, dans les *Aventures* fait l'aveu du souvenir amer que lui laisse le vers de Boileau :

Et jusqu'à d'Assouci tout trouva des lecteurs
(Art poét. I)

en disant : « Cher lecteur, si tu sçavois comme ce tout trouva me tient au cœur... etc... »

Et Le Pays ne se fâche pas — comme Cotin, par exemple, dont on connaît la *Satire des Satires* (1666) — comme Jacques de Coras qui se venge du vers de Boileau :

Le Jonas inconnu sèche dans la poussière
(Sat. 9)

en écrivant *Le Satirique berné* — comme Boursault dont la comédie *Critique des Satires* mérita d'être interdite par un arrêt du Parlement du 22 Octobre 1668 — comme Jacques Carel de Ste-Garde dont le *Childebrand* avait été stigmatisé par cette exclamation :

O le plaisant projet d'un poète ignorant
Qui de tant de héros va choisir Childebrand
(Art poét. III)

et qui manifeste son dépit en donnant en 1675, sous le nom de

---

(1) Note à la satire III dans l'Edition classique de Boileau. (Hachette).

Lerac (anagramme de Carel une *Défense des beaux esprits de ce temps contre un satirique*, remplie d'injures grossières.

Le Pays comprit qu'il perdrait plus qu'il ne gagnerait en prenant part à cette levée de boucliers. En évitant ce ridicule il a prouvé qu'il ne manquait pas de bon sens. Sa lettre à du Tiger, sa visite à Boileau, sont d'un « honnête homme ».

*
* *

« Il avait l'esprit vif et agréable et composait avec facilité en vers et en prose. Il brillait dans la conversation et charmait par ses bons mots et par les contes qu'il faisait et qui plaisaient par leur naturel et l'enjouement qu'il savait y mettre... » Ces qualités attribuées par Goujet (1) à Le Pays sont des qualités séduisantes; elles attirent des amis et les retiennent. Il ne faut donc pas s'étonner que Le Pays en ait tant comptés, et certains assez illustres.

On verra tout à l'heure quelles furent les marques d'amitié du duc de Savoie, Charles-Emmanuel II (2), pour l'auteur de *Zélotyde* et comment la duchesse de Nemours (3) provoqua le *Portrait* de Le Pays. A côté de ces amitiés princières il en est encore beaucoup de distinguées. C'est la famille des de Lionne, chez qui le poète descend quand il vient à Paris; Le Pays avoue qu'il ne manque pas de se faire valoir à Grenoble de l'honneur qui lui est ainsi témoigné (4); il enverra encore des félicitations au comte de Lionne quand celui-ci sera nommé premier écuyer

---

(1) Goujet. Bibliothèque Française (1756). Tome XVIII.

(2) Fils de Victor-Amédée, né en 1634, avait succédé à François-Hyacinthe en 1638 et régnait personnellement depuis 1648.

(3) Marie d'Orléans, fille de Henri de Longueville, veuve de Henri de Savoie, dernier duc de Nemours, qu'elle avait épousé en 1657.

(4) Nouvelles Œuvres. Tome I. Livre II, lettre 31.

de Sa Majesté, en rappelant à son correspondant leur vieille amitié (1). Ce sont aussi : de St-Damien, grand-prieur de l'ordre de St-Maurice, le comte de Bouchage, Dancy, premier écuyer du duc de Savoie, de Sansos, secrétaire d'Etat de Savoie, Bouvet, président de l'Académie d'Arles, le Baron d'Arvey (2), écuyer du duc de Savoie : une des lettres adressées par Le Pays à ce dernier est un remerciement pour une relation des fêtes du Carnaval qu'on lui avait envoyée sur l'ordre même de Charles-Emmanuel, tant le duc avait confiance dans le goût de l'écrivain et tenait à connaître son avis sur toutes choses.

Voici maintenant des amitiés que l'on pourrait appeler « administratives ». De la Bergète, Premier Président au Parlement de Grenoble ; du Gué-Bagnols, intendant de la Justice en Dauphiné et Lyonnais, et à qui Le Pays s'adresse pour faire connaissance de sa fille, Madame de Coulanges (3) ; le marquis du Bois-Février, conseiller au Parlement de Bretagne ; M^r de La Peirouse, avocat général du Sénat de Savoie avec lequel Le Pays correspond parfois pour prendre un rendez-vous qui leur permettra de passer quelques bons moments ensemble (4) ; Roux, conseiller au Parlement de Grenoble.

A Lyon, Le Pays fréquente M. de Ville-Franche (5), commissaire général des guerres ès provinces de Lyonnois et Dauphiné ; ils se retrouvent dans le cabinet de Mr Solu qui a bonne table et belle femme, et chez un Mr de Pétigny remarquable par « son luth, sa musique, sa danse, et par dessus tout cela, cet esprit vif, brillant et gay... »

---

(1) Nouvelles Œuvres. Tome I. Livre II, lettre 32.
(2) Nouvelles Œuvres. Tome II. Livre I, lettres 21 et 22.
(3) Nouvelles Œuvres. Tome II. Livre I, de Grenoble, le 18 Février 1668.
(4) Nouvelles Œuvres. Tome I. Livre I, Lettre 23.
(5) Nouvelles Œuvres. Tome I. Livre II. Lettre 29.

Citons encore du Tiger, consul de France au Caire, qui a composé quelques poésies dithyrambiques insérées en tête des ouvrages de Le Pays; François Boniel (1), prieur du Treffort; les historiographes du Dauphiné, Allard et Chorier (2). Et voici des gens de lettres : Tallemant des Réaux qu'il appelle quelque part *cher amy* (3); de St-Firmin qui compose des sonnets liminaires pour les œuvres de Le Pays; l'abbé de Montreuil (4); l'abbé de Marolles; les poètes locaux, Thomas Delorme et Claude de Chaulnes; la romanesque Desjardins, plus connue sous le nom de Madame de Villedieu et que Le Pays tâche de distraire quand, en 1664, elle était déprimée par le départ du chevalier pour l'entreprise de Gigéry; Gabrion Serment, sœur de cette Louise-Anastasie Serment dont M. Morillot dit qu'elle fut « la tendre conseillère de Quinault, aimée du grand Corneille durant tout un madrigal, et l'un des ornements du salon de Madeleine de Scudéry... »

De ces amitiés, il en est que l'auteur dût aux circonstances ou au hasard, comme cela se passe d'ordinaire; d'autres lui vinrent des fonctions qu'il remplissait. Mais il en est au moins une et non la moins glorieuse, qui lui vint uniquement de son talent. Il s'agit de celle que lui témoigna la duchesse de Ne-

---

(1) D'une illustre famille du Dauphiné qui a donné un avocat général à la Chambre des Comptes, un trésorier à la Généralité du Dauphiné, un Jésuite distingué, et ce Prieur du Treffort. A composé plusieurs poèmes à la louange de Le Pays. Je crois qu'on doit voir en lui le correspondant de Le Pays en ce qui concerne les lettres adressées à M. le Prieur B.

(2) Le Pays a composé pour Chorier un sonnet liminaire destiné à son Histoire générale du Dauphiné. Voir : Appendice VI (A).

(3) Pièces choisies. Tome I. Première Partie. Livre II, lettre 9.

(4) Voir : Nouvelles Œuvres. Tome II. Livre I. A l'Abbé de Montreuil sur sa guérison. De Grenoble, le 14 Juillet 1671. Montreuil avait été aussi à la frontière d'Espagne en 1659-1660 · Le Pays l'y avait-il déjà connu ? En tout cas, il devait être ensuite attaché à M. de Cosnac, évêque de Valence, puis archevêque d'Aix (et mourir à Aix, en Juillet 1692) donc rapproché par les circonstances de la province de Le Pays.

mours. D'après Bayle, la duchesse et quelques autres dames de qualité ayant lu les *Amitiez, Amours et Amourettes* eurent le désir de connaître l'auteur qui les avait charmées. L'éditeur, de Sercy, ayant reçu leur confidence, s'empressa d'en aviser René Le Pays et c'est alors que celui-ci composa et dédia à celle qui allait devenir sa protectrice et son amie : *Le Portrait de M. Le Pays*.

CHAPITRE VII

Le Portrait de M. Le Pays
Le Pays à l'Académie d'Arles
Le Pays et le duc de Savoie
Voyage à Paris et à Fontainebleau
Le Pays et le Pape

Nées du caprice d'une grande dame, les pages du Portrait sont parmi les plus heureuses qu'ait écrites René Le Pays. Le sourire de la duchesse de Nemours a singulièrement porté bonheur à l'ouvrage qu'elle a inspiré. Livet en aimait beaucoup le style, la forme digne et enjouée à la fois : et c'est justice. Mais il a surtout une précieuse valeur documentaire et montre sinon tout à fait comment Le Pays était, du moins comment Le Pays se voyait et se jugeait lui-même.

Les premières pages sont l'esquisse d'un portrait physique de l'auteur. Entreprise délicate dont il se tire honorablement sans qu'on puisse lui reprocher ni manque de modestie, ni fausse modestie.

Sa taille est moyenne, mais un certain embonpoint nuit un peu à l'harmonie des proportions; les épaules sont larges, peut-être un peu grosses; les mains ont de la finesse; quant aux jambes, ce sont des « colonnes bien proportionnées au bastiment qu'elles soutiennent... »

Le visage ovale et bien rempli d'un teint plutôt vermeil, est caractérisé par des yeux « assez grands et bien fendus », un nez large, une grande bouche « bordée de lèvres charnues et suffisamment rouges et meublée de belles et grandes dents ». Quand il rit, deux petites fossettes se creusent aux joues « qui sont, dit-on, des marques de beauté ». Tout cela forme un ensemble heureux et Le Pays conclut : « J'ay dans le visage ce je ne sçai quoy de bonne rencontre qui plaist d'abord et qui fait que

> Tout le monde me veut du bien,
> Chacun me dit que j'en mérite... »

L'écrivain ne s'est pas flatté, et le jugement qui termine cette première partie de son petit ouvrage est d'une grande justesse. Il *plaist d'abord* : c'est en tout cas l'impression que j'ai ressentie personnellement, quand, l'an dernier, il m'a été donné de contempler à loisir le beau portrait de René Le Pays qui existe encore à Romagné (I et V). Sur les épaules de l'écrivain se drape le manteau parsemé de croix des Chevaliers de St-Maurice et St-Lazare de Savoie. Le visage est noble, fier et avenant à la fois; la bouche n'est pas si grande qu'à bien voulu le dire l'intéressé; si l'ensemble du nez est un peu gros, du moins les ailes en sont fines et devaient être habituées à cette légère contraction, à ce petit frémissement qui accompagne parfois les bons mots des ironistes. Mais les yeux surtout retiennent l'attention, des yeux vifs, clairs, francs, malicieux dans leur froideur, qui disent sans doute la droiture et la bonté du caractère, mais dans lesquels on sent aussi que la flamme du sourire est prête à s'allumer, dont on devine que le comique des choses et des gens leur échappait difficilement. Ce ne sont pas les yeux d'un méditatif ni d'un rêveur perdu en un songe intérieur, mais ceux de quelqu'un pour qui le monde matériel existe, digne d'intérêt, de remarque, d'attention, fait de choses agréables ou plaisantes, de formes et de visages gracieux ou comiques, les yeux de quelqu'un qui aime à vivre de la vie des sens... Et je me rappelle encore que, me détournant de ce visage dont j'aurais voulu percer plus profondément le secret, mon premier mot fut pour dire combien la vie de ce portrait me semblait concentrée dans ces yeux spirituels à celui qui m'avait procuré la satisfaction de cette contemplation et pour qui le tableau qu'il possède n'a pas seulement l'intérêt d'un souvenir littéraire, mais aussi celui d'un souvenir de famille (1).

Et j'ajoute tout de suite que le portrait de la duchesse de Nemours (2), offert par elle-même à Le Pays comme on l'a vu plus haut, existe également encore et voisine avec celui de son poète favori : ils sont placés sur les deux côtés d'une même encoignure et semblent se regarder. On imaginerait volontiers un savoureux dialogue entre l'auteur et son inspiratrice à ces heures de rêve où les morts qui dorment dans les cadres dorés retrouvent leur pensée, leur vie et leurs gestes familiers... Mais sans céder à cette tentation qu'un poète seul pourrait se permettre de sastisfaire, je tenais du moins à signaler l'heureuse coïncidence de ce rapprochement qui réunit dans le même château, dans le même salon, dans le même angle — et à quelques lieues de la ville où est né René Le Pays — ces deux tableaux dont l'un illustre l'ouvrage qui nous intéresse actuellement, et dont l'autre, représentant celle à qui fut dédié cet ouvrage, fut donné en remerciement de cette dédicace...

---

(1) Voir Appendice V (A). Documents iconographiques.
(2) Voir Appendice V (B). Documents iconographiques.

Après avoir ainsi esquissé son portrait physique, Le Pays commence ce qu'il appelle le portrait de son esprit et de ses inclinations. Ces dernières sont assez mêlées : il aime les exercices du corps, la danse, la guitare, le chant, en dépit d'une voix « opiniâtre ». Il confesse cette peur du péril dont il a déjà parlé dans les lettres écrites de la frontière d'Espagne et en arrive à ce qu'on peut nommer ses inclinations de société.

Converser lui est particulièrement agréable; il serait même un assez grand parleur, d'autant plus que si ses connaissances générales sont assez superficielles, dit-il, parce que, depuis sa jeunesse, les affaires l'ont empêché de pousser ses études, il est cependant capable de faire « d'assez plaisantes applications de la Fable et de l'Histoire », ce dont beaucoup de ses lettres sont du reste une preuve évidente. Mais il se défend d'être toutefois un de ces causeurs impitoyables « qui sont les tyrans des conversations, » ce qui ne l'empêche pas de haïr également « les froids taciturnes, de la bouche desquels il est impossible d'arracher quatre paroles... » Il aime fort aussi le bal et la comédie — et nous ajouterons pour compléter son portrait, le jeu : car, s'il n'en dit rien ici, on trouve dans sa correspondance des témoignages de cette passion.

Quant à son amitié, Le Pays ne la prodigue pas à tout venant, mais ceux qui en bénéficient peuvent être assurés d'avoir en lui un ami cordial et sincère; en général il préfère les amis « qui aiment les plaisirs » parce que lui-même « comme tous ceux qui sont sanguins » a le culte de la joie et du divertissement. Cette dernière affirmation est une de celles qu'on rencontre souvent dans toute son œuvre : « Comme j'ay naturellement dans l'âme une assez forte disposition à la joye, écrit-

il par exemple (1), et qu'on dit que la fièvre quarte naist ordinairement de la mélancolie, je ne puis comprendre pourquoy elle
m'a attaqué... » Et il ajoute que cette joie et ce divertissement
« sont des choses aussi nécessaire que la nourriture... » et encore
ceci que je tiens à souligner parce qu'on y pourra trouver une
explication de sa mort prématurée : « Je connois bien que pour
mourir promptement, il ne me faudroit pas une grande tristesse,
ny une longue solitude... »

Toute cette mentalité est ennoblie par le culte du devoir qu'il
aime encore plus que son plaisir, qui le rend inquiet dans ses
divertissements si sa tâche n'est pas remplie. Cette affirmation
est tout à l'honneur de l'homme et elle est au moins une circonstance atténuante à l'imprudence qui lui coûtera si cher par
la suite et l'entraînera dans un pénible procès (2).

Très intéressant est aussi l'exposé que fait Le Pays de ses
habitudes galantes — et assez inattendu au fond. Pour lui il
n'est pas de fidélité plus grande que celle d'être fidèle à dix ou
douze personnes à la fois ! Mais ce partage est-il possible ? Oui,
pour Le Pays, puisque, d'après lui, cette « dévotion n'est qu'hypocrisie » et l'amour, un sentiment dont on se guérit
facilement, une passion « volontaire ». Aveu à retenir,
et qui nous fait deviner combien l'amour précieux est surtout
un amour de tête, une manœuvre : la *Carte du Tendre* n'en
témoigne-t-elle pas, elle aussi ?

Mais ce qui est plus spécial à Le Pays, ce qui le différencie
du véritable précieux, du précieux de la belle époque, c'est qu'à

---

(1) Amitiez, Amours et Amourettes. Livre I. Lettre 25. A Caliste.
(2) Voir : Chapitre XIV.

ses heures, il use d'une familiarité qui sent son libertinage. Il confesse ici que certaines privautés qu'il se permet lui valent parfois « soufflets et égratignures... » Dans les *Amitiez, Amours et Amourettes* (1) il avait déjà fait une fois allusion à ce « maudit poinçon » avec lequel on l'a puni plus d'une fois Dans les *Nouvelles Œuvres* (2) une lettre sera également adressée à une dame qui en fut réduite à lui donner un soufflet pour se débarrasser de lui et il confessera en avoir reçu au moins une douzaine de certaine servante... Ce sont ces aveux qui ont permis à Bayle d'appliquer à Le Pays ce terme de « patineur » dont Furetière a dit qu'il n'y a que des bourgeois, des paysans et des provinciaux qui aient mérité d'en être gratifiés. Une fois de plus nous apercevons ici la déformation croissante de la préciosité en province, et combien on s'éloigne peu à peu de cet âge d'or où l'on honorait, à l'Hôtel de Rambouillet, « la vertu » dans tous les sens du mot. A laquelle des compagnes d'Arthénice en effet, aurait-on pu écrire ce que Le Pays, lui, peut écrire (et c'est son excuse) à telle dame de sa société : « ... Vous n'avez point dans les yeux cet air qui étouffe les désirs naissants... » (3).

Les derniers traits du caractère de Le Pays sont faits pour lui mériter toute notre estime. Il pardonne volontiers les injures, juge que la colère et la haine sont « deux hostesses fâcheuses, » incline à la tendresse et à la pitié. « Je ne puis voir souffrir personne sans ressentir une partie de sa douleur... »

On raconte que Le Pays, discutant un jour avec de Linière,

---

(1) Livre I. Lettre 24.
(2) Tome I. Livre II. Lettre 3.
(3) Nouvelles Œuvres. Tome I. Livre II. Lettre 2.

aurait dit à ce dernier : Vous êtes un sot en trois lettres... et que
de Linière aurait répliqué : Et vous, dans les mille que vous avez
composées. Un des derniers paragraphes du Portrait suffirait, je crois, à défaut d'autres preuves, à montrer l'injustice
de ce mot.

« J'aime la raillerie, j'entens la raillerie fine et spirituelle
qui chatouille et n'écorche pas. Je m'en sers avec tous ceux qui
souffrent ma familiarité; mais en cela je fais bonne justice à
tout le monde, car je ne m'offense point quand on me raille... »

Ce n'est point là le langage d'un sot...

*
* *

Il y a dans le portrait dont on vient de dégager les idées principales (1) un passage qui montre quel souci Le Pays avait de
son honneur et de sa réputation.

«... J'ay l'âme sensible à la gloire... La pensée d'être dans
l'estime des honnestes gens est le plus doux plaisir que je gouste
dans la vie, comme ma plus grande peine seroit de croire que
j'en fusse privé. Je souffrirois un chagrin mortel si je sçavois
qu'on me soupçonnât de quelque basesse ou de quelque infamie;
car quoy que bien souvent un honneste homme doive estre satisfait du témoignage de sa conscience, pour moy je ne serois
jamais content si je ne paroissois aux autres ce que je me pa-
rois à moy-mesme. Le qu'en dira-t-on me touche et j'avoue que
je ne serois pas en repos si les personnes les moins considérables
n'avoient pour moy quelque sorte d'estime... »

---

(1) On trouvera une étude un peu plus poussée de l'intérêt offert par cette
œuvre dans l'Introduction que nous mettons à notre édition annotée du Portrait
de M. Le Pays.

A la fin de sa vie, Le Pays connaîtra ce « chagrin mortel » d'un injuste soupçon. Mais pendant la plus grande partie de son existence il eut la joie d'être « dans l'estime des honnestes gens... » On a vu déjà la petite royauté que lui reconnut la société distinguée de Grenoble et comment sa célébrité dépassa même les frontières de sa province. On se rappelle aussi quelles amitiés s'empressèrent autour de lui. On sent que l'homme et l'écrivain bénéficiaient d'une flatteuse considération.

La dernière partie de ce chapitre va nous donner des témoignages plus officiels, en quelque sorte, de l'estime dans laquelle fut tenu Le Pays, et pas seulement par « les personnes les moins considérables. »

A partir de 1668, en effet, la Fortune prodigue pendant quelques années au directeur des Gabelles de Dauphiné faveurs sur faveurs, honneurs sur honneurs.

Tout d'abord il entre à l'Académie d'Arles que venait de fonder François de Beauvilliers (1) et dont la plus belle illustration devait être, à peu près vingt ans plus tard, Madame Deshoulières (2). Et l'on peut dire que cette élection eut toutes les allures d'un triomphe. Le 12 mai 1668 Le Pays posait sa candidature (3). Avant la fin du mois on lui faisait part de son succès dans les termes les plus flatteurs (4).

Le Pays n'avait alors que 34 ans. Dans le remerciement (5)

---

(1) François de Beauvilliers, duc de Saint-Aignan, pair de France, gouverneur du Hâvre de Grâce, avait été reçu à l'Académie française le 8 juillet 1663 et était aussi membre de l'Académie de Physique de Caen. Il devait mourir en 1687, âgé de 80 ans. D'après l'Abbé Goujet (Bibliothèque françoise, 1765), l'Académie d'Arles ne devait être « composée que de gentilhommes ».

(2) Elle y entrera exactement le 28 Mars 1689.

(3) Nouvelles Œuvres. Tome II. Livre I, lettre 33.

(4) Voir Appendice III (B). Documents relatifs à la biographie de René Le Pays.

(5) Pièces choisies. Tome I. 2e partie. Livre I. Lettre 13, de Grenoble, le 12 Juin 1668.

qu'il adressa aux Académiciens qui l'accueillaient avec tant d'enthousiasme, il déclara sans vergogne qu'il se reconnaissait « quelque idée naturelle de l'éloquençe » mais que les affaires ne lui avait pas permis « d'emprunter le secours de l'art pour aider la nature. » Après quoi vient une analye de son talent qui ne manque pas de justesse. En voici les lignes essentielles :

« ...Je hay la peine, et si je prens plaisir à caresser les Muses aux heures que les affaires me laissent libre, je veux que leurs caresses ne me coûtent pas de grands soins. J'adore Minerve plus souvent que les autres divinitez; mais ma Minerve est celle qu'Ovide nous a représentée dans les Festes sous le nom de Vacuna. Elle estoit la déesse de l'oisiveté aussi bien que des sciences. Les laboureurs luy sacrifioient en repos afin que sans semer ils peussent recueillir, et moy je luy sacrifie sans peine afin de devenir sçavant sans étude. Aussi n'est-elle guères touchée de mes sacrifices et elle ne m'accorde que de légères faveurs. Ce qu'elle m'inspire paroît pourtant à quelques-uns peint et fleury; mais sous ces fleurs et sous cette peinture on trouve bientôt un vuide qui en fait mépriser l'éclat apparent. A dire vray, mes ouvrages sont semblables à ces beaux fruits de cire qui ne sont bons qu'à tromper la veüe, qui ne peuvent satisfaire le goût et qui ne contribuent rien à la nourriture... »

Ces lignes sont-elles tout à fait sincères ? Si oui, Le Pays se jugeait avec clairvoyance. Si non, il faudra reconnaître que sa fausse modestie a été en l'occasion une bonne conseillère et lui a fait dire des choses très justes.

Deux années plus tard, une nouvelle dignité est conférée à l'écrivain. Cette fois c'est du duc de Savoie qu'il l'obtient. Charles-Emmanuel II était un prince ami des arts et des lettres, intelligent et français de cœur. Il n'oubliait pas que sa mère,

Christine de France, vaillante fille de Henri IV, n'avait pu sauver sa couronne, pendant sa longue régence, que grâce à l'aide des Français. Depuis 1648, date de sa majorité, il avait mis sa gloire à gouverner avec sagesse, et depuis 1659, l'état de la Savoie était devenu particulièrement prospère. La cour de Turin brillait d'un nouvel éclat : fêtes et concerts se succédaient ; le duc s'était attaché une troupe d'acteurs français pour jouer l'Opéra comme cela s'était déjà vu dans quelques cours allemandes du reste. La réputation de Le Pays avait assez vite franchi les Alpes et l'on écrivit un jour de Turin à l'auteur que ses premiers ouvrages avaient été vus entre les mains de Charles-Emmanuel. C'est alors que *Zélotyde* avait été dédiée par Le Pays au bienveillant souverain qui remercia par un très aimable billet (1).

On conçoit que Le Pays ne devait pas négliger de cultiver une telle amitié. Le duc, qui s'était marié en secondes noces avec Marie-Jeanne de Savoie, fille de Charles-Amédée duc de Nemours et d'Aumale, eut son premier enfant en 1666, Victor-Amédée, héritier du trône. Le Pays ne manqua pas d'adresser une lettre de circonstance (2) à Mr de la Peirouse, conseiller ordinaire de S. A. R. Par la suite il passa les Alpes et vint faire sa cour en personne. En 1669 il voyage en Savoie (3). En 1670 il en est à son quatrième séjour en Piémont et, de Turin, il écrit ceci qui, d'une part, marque l'estime dans laquelle il était tenu, et d'autre part évoque heureusement la vie de cette petite cour :

---

(1) Voir Appendice III (C). Documents relatifs à la biographie de René Le Pays.
(2) Voir : Pièces choisies. Tome I. 2e partie. Livre I. Lettre 9, de Grenoble le 18 Juin 1666.
(3) Voir : Pièces choisies. Tome I. 1re partie. Livre II, lettre 7 (contre un rival surnommé le Corbeau) et datée de Chambéry, le 8 May 1669.

«... Sans vanité ou avec vanité si vous voulez, je puis vous assurer que j'ai esté receu très obligeamment de leurs Altesses royales. L'on m'a convié de leur part pour voir la St-Hubert à la vénerie. Ce sera une feste très magnifique. Les dames y courront le cerf avec des équipages tout brodez d'or et de pierreries. Après la prise il y aura durant deux jours cadeaux, bals, ballets, concerts et opéras. On s'y prépare depuis longtemps : mais après tout cela me croirez-vous quand je vous diray que S. A. R a fait marquer pour moi une chambre dans le palais et ordonné qu'on me donnât des chevaux de son écurie pour la course (1)... »

C'est en cette même année 1670 que Charles-Emmanuel, d'accord avec le Marquis de St-Damien, grand-prieur de l'Ordre de St-Maurice, accorde à Le Pays un brevet de chevalier de cet ordre et le lui annonce par une lettre des plus amicales (2).

Le Pays fut fait chevalier de la main du Marquis de St-Damien lui-même et eut pour parrain l'un des fils du Grand-Prieur. Un peu plus tard il mettra dans cet épisode sérieux une note plaisante en écrivant au Marquis pour lui demander sans sourciller « le revenu de quelque commenderie (3) » afin d'être à même d'accomplir « le vœu d'hospitalité. » Ce sera en outre la seule façon de faire taire les gens ridicules qui lui posent sans cesse des questions plus ou moins vexantes, du genre de celle-ci : « Combien, mon cher Monsieur, gagnez-vous tous les ans à porter cette croix ?... » Est-ce l'oreille du financier qui passe ici sous le manteau du chevalier ? Non, le ton général de la lettre

---

(1) Nouvelles Œuvres. Tome II. Livre I. Lettre 41, de Turin, le 28 Octobre 1670.
(2) Voir : Appendice III (C). Documents relatifs à la biographie de René Le Pays.
(3) Nouvelles Œuvres. Tome II. Livre I. Lettre 43. De Grenoble, le 20 May 1671.

montre que Le Pays veut seulement s'amuser et amuser le Grand-Prieur en même temps.

Une question d'argent, sérieuse cette fois, vint mettre bientôt une ombre sur ce bonheur si continu et obligea Le Pays à venir en solliciteur à Paris et à Fontainebleau.

Diverses explications ont été données de cette affaire. M. P. Morillot, tenant compte d'une lettre (1) dans laquelle Le Pays avoue qu'au moment de ses bilans il est toujours assez inquiet à l'idée d'une erreur possible, insinue qu'on lui aurait peut-être fait une retenue pour combler un déficit de caisse. Livet date le voyage à Fontainebleau de 1664, alors que la correspondance de Le Pays prouve qu'il eut lieu en 1671 (2) et veut qu'il s'agisse d'un retranchement de rentes. L'affaire est beaucoup plus simple : rentré à Grenoble sans avoir obtenu gain de cause, Le Pays écrivit (3) au comte de Lionne chez qui il était descendu en passant à Paris, et un petit mot de cette lettre, qui a sans doute échappé aux deux critiques, nous livre la clef de l'énigme : «...la perte des appointements qu'on m'a retranchez... »

En tout cas l'ennui que put éprouver Le Pays de cette diminution d'appointements ne l'empêcha pas d'écrire à l'occasion de son voyage quelques lettres intéressantes. Il en est une surtout à retenir pour le don d'observation qu'elle révèle (4) L'écrivain montre la salle dans laquelle attendent les solliciteurs et trace un croquis dont la justesse n'échappera pas à

---

(1) Nouvelles Œuvres. Tome II. Livre I. Lettre 31.

(2) Les lettres écrites de Fontainebleau ne sont pas datées dans toutes les éditions. Mais quand elles le sont, elles le sont de 1671.

(3) Nouvelles Œuvres. Tome I. Livre II. Lettre 31.

(4) Nouvelles Œuvres. Tome I. Livre II. Lettre 30.

quiconque a pu « faire antichambre » chez quelque haut personnage.

« ...Les uns rêvent, les autres pestent, les uns se promènent, les autres sont appuyés contre les murailles et au moindre bruit que fait la porte du Patron tous jettent les yeux de ce côté là, et quand il n'en sortiroit qu'un laquais, on luy fait de profondes révérences... »

Déjà la Fortune préparait à Le Pays une consolation. Depuis 1670 régnait à Rome le pape Clément X. C'était un admirateur de l'écrivain, assez intelligent pour oublier que ce dernier avait tourné en dérision l'armée papale au moment de l'affaire Créqui (1).

Il est vrai, on s'en souvient, qu'une subtile distinction avait été établie par l'auteur entre le « chef de l'Eglise » et le « chef d'une armée ennemie », entre la Rome « infidèle et meurtrière qui a violé le droit des gens » et la Rome « sainte et sacrée et à qui le Ciel a donné le pouvoir de lier et de délier sur la terre ». Cette prudence trouve sa récompense en décembre 1672. Clément X, pour preuve de sa considération, fait de Le Pays un comte romain, en étendant cet anoblissement aux frères du poète et à leurs descendants (2).

On a encore une autre preuve du crédit dont jouissait Le Pays à Rome. Le 11 mars 1674, un brevet de Palatin romain sera également accordé à Nicolas Chorier — lequel, ne l'oublions pas, ne fut pas seulement l'historiographe distingué du Dauphiné mais s'acquit aussi avec son érotique *Aloysiæ Sygeæ Tole-*

---

(1) Voir Chapitre V.

(2) Voir Appendice III (D). Documents relatifs à la biographie de René Le Pays.

tanæ satira sotadica de arcanis amoris et veneris une célébrité d'un autre genre, célébrité qui devait être tout le contraire d'un titre aux faveurs pontificales. Or si le Saint-Père ferma les yeux sur cette œuvre peu apologétique, c'est à la recommandation de Le Pays que Chorier dût cette auguste indulgence.

*
* *

Ainsi, en moins de cinq ans, Le Pays bénéficiait d'honneurs assez différents mais également flatteurs et dont les origines diverses marquent l'étendue de sa renommée. Il n'avait pas atteint la quarantaine et jouissait d'une très grande célébrité.

Cette célébrité, par quels motifs peut-on l'expliquer ? Il serait temps, ce me semble, d'essayer de trouver les raisons d'un succès si continu. J'arrêterai donc momentanément la biographie de Le Pays pour étudier de plus près l'œuvre qui lui a valu ce succès. Mais je voudrais d'abord — n'est-ce pas l'introduction indiquée de cette étude ? — dire quelles étaient les idées littéraires de l'auteur, de quels modèles il se réclamait, quels principes étaient les siens. En approfondissant le sens des Préfaces et de quelques lettres, il est en effet possible d'arriver à rassembler des éléments suffisants sur ce point.

Ce sera donc l'objet du prochain chapitre auquel j'aurais été tenté de donner comme titre : l'Art poétique de Le Pays, si je n'avais pas craint qu'on pût m'appliquer le mot rapporté par notre auteur lui-même dans la Préface de son premier recueil, et prononcé par quelqu'un à qui l'on avait montré une petite maison dont le portail était trop grand : « Où est la maison de cette porte ? » Art poétique serait en effet un mot un peu lourd au

prix d'une œuvre si légère et il risquerait d'écraser ces petits
Amours dodus et souriants qui, dans le frontispice gravé par
Auroux pour les *Amitiez*, prennent leurs ébats sur une scène
jonchée de carquois, d'arcs, de plumes et de petits billets, essaim fol et charmant dont les battements d'ailes semblent devoir
scander les vers de Sarrazin :

> Les Amours d'obligation,
> Les Amours d'inclination,
> Quantité d'Amours idolâtres ;
> Une troupe d'Amours folâtres,
> Force Cupidons insensés,
> Des Cupidons intéressés,
> De petits Amours à fleurettes,
> D'autres petites Amourettes...

CHAPITRE VIII

Les Idées littéraires de Le Pays
La Muse Amourette
Le visage d'un classique sous le masque
d'un précieux

Le Pays a laissé au. moins une lettre qui est à proprement parler un résumé d'histoire littéraire — quelques lettres qui sont de la critique littéraire — quelques autres lettres enfin et des préfaces qui sont un exposé de ses ambitions littéraires personnelles. En se plaçant successivement à ces trois points de vue on arrivera, ce me semble, à faire le tour de toutes ses idées et à en dégager finalement les principes essentiels.

*
* *

Il avait été décidé depuis mars 1661 que le gouvernement reprendrait la « recherche des usurpateurs de noblesse (1)... » Le projet ne se réalisa pas immédiatement, mais en 1669 on entreprit enfin avec activité la réformation de la noblesse. Le Pays fournit ses titres avec les autres gentilshommes du Dauphiné par devant Mr du Gué-Bagnols, intendant de la province. Mais ce fait administratif lui inspira en outre la plus curieuse de ses

---

(1) Mémoriaux du Conseil de 1661, par Jean de Boislisle. Paris 1905.

lettres, adressée à M. du Gué-Bagnols précisément sous le nom de : *Titres de noblesse de la Muse Amourette* (1).

Le Pays suppose que c'est à sa muse, Amourette, qu'on demande des titres. Il va donc les fournir ; et voilà qui lui permet de tracer un véritable résumé d'histoire littéraire sous prétexte d'établir une sorte d'arbre généalogique de sa muse. Je ne suis pas certain que l'idée soit absolument une trouvaille de Le Pays et qu'il ne l'ait pas empruntée à Mlle de Scudéry : un des épisodes de *Clélie*, le songe d'Hésiode n'est-il pas, lui aussi, un vaste tableau de la littérature depuis Homère jusqu'à Corneille ? Peu importe ; cette longue lettre n'en projette pas moins une agréable lumière sur les idées littéraires de l'auteur.

« Une Muse, explique-t-il d'abord, prouve sa filiation par la ressemblance qu'elle a avec sa mère, par un certain air qu'elle en a reçu, par un caractère qu'elle lui a imprimé, qu'on ne sçauroit exprimer, mais qu'on reconnoit aisément... » Par exemple, la Muse de Catulle a tiré sa naissance de celle d'Anacréon ; Sapho a enfanté successivement Mlle de Schurman (2) en Hollande, la Comtese de la Suze et Mlle de Scudéry en France. Sophocle, Sénèque et Lopes de Vega sont les ancêtres de Corneille ; Aristophane, Plaute et Jodelle ceux de Molière ; Euripide, Térence et le Guarini ont engendré — on attend Racine — Le Pays dit : « nostre tendre Quinault... »

Et Amourette, la Muse de Le Pays, de qui procède-t-elle ? « La muse Amourette est fille de la muse de Voiture. Cet air

---

(1) Nouvelles Œuvres. Tome II. Livre II, lettre 46.

(2) Ses œuvres ont été réunies en un volume polyglotte (Elzévir, in-12. Leyde). Nobilissimæ virginis Annæ Mariæ de Schurman opuscula hebræa, græca, latina, gallica, prosaïca et metrica...

enjoüé qu'elles ont toutes deux, ce caractère galant et facile qu'on voit dans l'une et dans l'autre en sont des preuves... »

Quant à la muse de Voiture, elle avait deux sœurs : celles de Sarrazin et de Benserade, et toutes trois avaient pour mère la muse du Président Mainard. Mais la muse de Mainard eut beaucoup de sœurs qui procédaient toutes de celle de Malherbe.

Continuant sa revue historique et littéraire, Le Pays arrive à Ronsard dont la muse était fille de celle de Pétrarque, « le prince des poètes italiens et l'exemple de tous les amans fidèles ». Puis il cite, et, note Faguet, il est assez curieux qu'il s'y intéresse, Marot, Heroët, Crétin, Rabelais, Nicholas de Herbary (1), Villon, les deux Gréban, Froissart, Alain Chartier, Rudel, Guillaume de Lorris, Thibaut de Champagne, Arioste, Dante...

Il aborde l'antiquité latine et s'y arrête assez longuement. Voici, entr'autres, le couplet (car prose et vers sont mêlés dans la lettre) qu'il consacre à Virgile.

<blockquote>
La Muse de Virgile, après seize cens ans
  Estant belle malgré son âge
  Conte encore entre ses amans
  Plus d'un sçavant et plus d'un sage ;
  Chacun sçait bien que Scaliger
Ce sage et ce sçavant qui n'eut point de foiblesse
  L'ayant prise pour sa maîtresse,
  Ne voulut jamais la changer ;
  Comme un amant, plein de tendresse,
Jusque dans le cercüeil souvent porte un tableau,
Scaliger ordonna, pour dernière caresse,
  Que sur son cœur, dans son tombeau,
On mit tous les beaux vers qu'avoit faits sa maîtresse.
</blockquote>

---

(1) Plus exactement : d'Herberay des Essarts, traducteur des Amadis (6 vol. 1540-1556).

Puis voici l'antiquité grecque et Le Pays en arrive enfin aux muses, filles de Jupiter. Amourette a donc « suffisamment justifié combien elle est noble et combien est illustre sa noblesse puisqu'elle est descendüe de Jupiter et de Mnémosyne... »

Cette lettre n'est pas seulement intéressante parce qu'elle révèle une lecture considérable, une culture très étendue de la part de son auteur. Elle fait surtout découvrir en lui un sens critique qui ne manque pas de pénétration. Deux points précis doivent particulièrement attirer l'attention.

Après avoir nommé la muse du Président Mainard et toutes ses sœurs, les muses de Boisrobert, Racan, Godeau, Malleville, Chapelain, Gombaud, Saint-Amant, Colletet, Rotrou, Le Pays ajoute :

« Toute cette nombreuse et docte famille avait pour père le bonhomme Malherbe. Il est vrai que quand nous voyons dans ses œuvres le fonds d'où l'on a tiré tant de richesses, nous sommes étonnés de voir le peu d'espace qu'il occupe. Nous sommes surpris que quelques sonnets et quelques odes soient la source de tant de poèmes différents. Mais ce fonds n'est pas d'une nature ordinaire. Tout y est or, tout y est pierreries et pour contenir de pareils trésors quoiqu'ils soient immenses, il ne faut pas grand espace... Avant que ce grand homme eut écrit, notre langue estoit dans un misérable état ; elle estoit stérile, mal cultivée et remplie de quantité d'expressions étrangères qui estouffoient peu à peu les naturelles. Il entreprit de la défricher et y travailla si heureusement qu'elle luy est obligée de la plus part de ses grâces et de ses beautez... »

Cet éloge fait honneur à son auteur et l'apparente en somme à l'école de 1660. Je dirais même que son culte pour Malherbe rend Le Pays excessif car il lui attribue quelques paternités aiscutables : Godeau ou Saint-Amant par exemple. Mais c'est un fait digne de remarque, je crois, de voir ce précieux et ce provincial parler comme Boileau à propos de Malherbe. Qu'on examine le mouvement littéraire de la province adoptive de Le Pays : le Dauphiné. De 1603 à 1662 « nous n'avons rencontré nulle part le nom de Malherbe sous la plume des Dauphinois », affirme un érudit qui a étudié, à propos de Pierre de Boissat, la période précédant l'arrivée de Le Pays à Grenoble (1). Qu'on examine ensuite celui de sa province natale : la Bretagne. Egalement rebelle aux nouveautés, elle a gardé sa fidélité à la Pléiade et l'on y voit le ronsardisme en plein essor quand Malherbe est à son lit de mort déjà (2). C'est François Auffray avec ses *hymnes*, ses *cantiques* et ses essais de mythologie dramatique ; c'est Alexandre de Rivière, imitateur de du Bartas ; c'est Nicolas Dadier, imitateur de Belleau... Lentement la réforme de Malherbe et l'influence de Boileau porteront leur fruit et la Province fera sa paix avec un art plus sobre. Il semble que Le Pays ait, *en principe*, en théorie tout au moins, senti la nécessité de cette soumission.

D'autre part, dans sa revue des lettres antiques, Le Pays se moque de Lycophron en ces termes :

> Ce Lycophron était père de ces poètes
> Dont on ne peut percer les ténébreux appas,
> Qui trouvent dans leurs vers mille grâces secrètes
> Quand ils les ont remplis de galimatias.
> Leur gloire alors leur paraît grande,
> Ils pensent d'Apollon être seuls descendus

---

(1) O. Latreille. Pierre de Boissat (1603-1662) et le mouvement littéraire en Dauphiné. Grenoble. 1900.

(2) Voir l'Introduction d'Olivier de Gourcuff à l'Anthologie des poètes bretons du XVIIe siècle. Nantes, 1884.

> Et font toujours les entendus
> Encor que nul ne les entende.

Mais à quoi fait donc penser ce jugement ? Au portrait de Damon, dans le Misantrophe :

> C'est un parleur étrange et qui trouve toujours
> L'art de ne vous rien dire avec de grands discours :
> Dans les propos qu'il tient, on ne voit jamais goutte,
> Et ce n'est que du bruit que tout ce qu'on écoute.

Ou à celui que La Bruyère donne d'Acis, le diseur de *phébus* :

« ... Je devine enfin : vous voulez, Acis, me dire qu'il fait froid ; que ne disiez-vous : il fait froid ?... Est-ce un si grand mal d'être entendu quand on parle et de parler comme tout le monde ?... »

Ecrire pour être *entendu*, c'est essentiellement la règle d'un classique ; c'est, ici encore, comme un classique que parle Le Pays, non comme un précieux.

Voilà qui est au fond autrement intéressant que la filiation d'Amourette ! On ne se douterait point, à ne voir que l'œuvre de Le Pays, que de tels principes aient pu être formulés par lui...

*
* *

Il est vrai qu'à défaut de cette lettre sur la muse Amourette, nous aurions tout de même quelques autres passages qui laissent aussi deviner que Le Pays aurait pu faire assez figure de classique s'il ne s'était affublé continuellement — on essayera de voir pourquoi tout à l'heure — d'un masque de précieux.

Une dame avait une fois demandé à Le Pays son sentiment sur un de ses parents qui se piquait de préciosité. Voici le portrait qu'il brossa en guise de réponse :

« ...Lorsqu'il dit quelque chose, il seroit bien mary de la dire selon l'usage commun. Comme il est plus habile que le vulgaire, il affecte de ne point le suivre dans son langage. Il recherche les grands mots et les expressions extraordinaires ; il use toujours de métaphores : jamais il n'appelle rien par son nom et jamais on ne l'a entendu parler comme les autres. Cependant, madame, il n'est rien qui choque tant l'esprit des honnestes gens que cette singularité. Un homme qui ne parle pas comme les autres, paroist aussi ridicule qu'un homme qui n'est pas vestu à la mode. A la ville on porte présentement des habits tout unis et l'on ne voit paroistre la broderie que sur le théâtre. Si vostre parent vouloit aussi parler tout uni parmi nous... s'il vouloit enfin être un peu moins prétieux, il seroit plus généralement estimé... » (1).

Et une autre fois, critiquant une « Mascarade » qu'un ami lui a envoyée, Le Pays fait ses réserves sur certaines exagérations et déclare :

« ... L'hyperbole ne fut jamais sans mensonge et les termes pompeux qui la composent nous surprennent presque toujours ; mais ils ne nous persuadent jamais... » (2).

Le Pays, en écrivant tout cela, oubliait sans doute qu'il maniait une férule dont il méritait d'être fustigé lui-même.

Rien de plus piquant encore que la critique faite par lui de deux sonnets qu'un jeune poète avait composés sur le mariage du Comte de Bouchage (3).

Le Pays commence par un avertissement d'ordre général. Il

---

(1) Amitiez, Amours et Amourettes. Livre III, lettre 29.
(2) Amitiez, Amours et Amourettes. Livre I, lettre 39.
(3) Pièces choisies. Tome I. Première Partie. Livre II, lettres 10, 11, 12 des 14, 15 et 29 May 1665.

faut prendre garde quand on écrit « au siècle de Corneille et de Racine, de Voiture et de Sarrazin, de Benserade et de Boileau ! ». Le poète est jeune : qu'il cache donc de « si méchants commencements » et que « le papier barbouillé et toutes les méchantes rimes demeurent dans le *cabinet* ». Voilà donc Le Pays qui parle comme Alceste, et il est curieux que dans sa réponse, le jeune homme s'excusera comme Oronte en disant qu'il a écrit avec « précipitation ». Preuve de plus de la vérité profonde qui rend éternellement vivants les héros de Molière.

Et Le Pays-Alceste entreprend la critique des détails. Malherbe ne relevait pas plus sévèrement les imperfections de Desportes.

« Pleurs » à la fin d'un vers, rime avec « cœurs » à l'hémistiche : Le Pays se fâche.

Le poète a écrit :

> Par un coup de l'amour *que nul autre n'égale...*

Ce vers est fait pour la rime et « ces mots sont de ceux que les Latins nomment *otiosa* et que les Français appellent chevilles ».

L'épithète *ravissant* n'est qu'une « épithète usée et moisie » et le mot *attache* à propos d'un mariage est à proscrire parce qu'il fait penser « à des chasseurs et à des chiens ».

« Tant de biens il étalle » renferme une inversion que blâme encore Le Pays et le mot *étalle* est en outre déplacé en la circonstance : « Parlez-vous d'un riche mercier qui étale ses bijoux sur sa boutique ? ».

Le poète faisant allusion aux longues fiançailles qui précédèrent le mariage avait écrit :

> Après tous les chagrins d'un trop long intervalle...

Ce vers attire à son auteur une mercuriale dont voici l'essentiel :

« Il me semble que vous n'avez pas bien entendu ce que veut dire intervale... Vous diriez l'intervale d'une fièvre pour marquer le temps qui divise deux accès... Si cela est vray confessez que dans le premier vers de cette strophe vous vous estes servy mal à propos du mot intervale. Car les quatre ans durant lesquels M. et Mme du Bouchage ont attendu leurs nopces ne peuvent estre appelez un intervale puis qu'aucun mariage n'avoit précédé. Autrement on pourroit dire qu'un enfant qui nait aujourd'huy a reçeu la naissance après un intervale de 5.664 ans qui est le temps écoulé depuis la création du monde ! ».

Plus piquant encore le couplet qu'écrit Le Pays à propos de ce vers :

Et ces fleurs et ces feux formeront leur couronne.

(Il s'agit des fleurs des Grâces et des feux de l'Hymen). Et le critique s'écrie :

« Sans mentir, vous êtes un rare faiseur de couronnes ! En lisant les poètes j'ay veu des couronnes de toutes sortes de matière sans y avoir veu celle que vous avez employée. J'en ay veu de laurier sur la teste des empereurs, de chesne sur celle des citoyens romains, d'olivier sur la teste d'Aristophane et de pampre sur celle de Bacchus... Mais vous êtes le premier chez qui j'ay veu des couronnes de feu. Croyez-vous que vos deux mariez vous sachent bon gré de vostre couronne ? Hé quoy ? Du feu sur la perruque de l'amant ! Du feu sur le front de l'amante ! Passe encore pour la perruque... Et encore puis-je vous assurer que le front de M. de Bouchage n'aspire point à la gloire de porter des rayons... »

C'est parfait. Mais on ne peut songer sans sourire à ce qui

resterait de certains sonnets de Le Pays si on les soumettait à une critique aussi minutieuse.

*
* *

Ouvrons enfin les Préfaces ou les lettres liminaires de l'auteur, notamment celles des *Amitiez, Amours et Amourettes* qui sont les plus significatives.

Le Pays présente son œuvre avec modestie. Il ne défie pas les critiques à la façon d'un Scudéry qui, dans sa préface de *Lygdamon* les appelle « valets de chiens » et qualifie leur jugement de « cornu.. ». Il ne dit pas comme un marquis de Villennes : « On s'estonnera qu'un homme de ma naissance et de ma profession se soit donné le loisir de s'attacher à cet ouvrage.. » Non, Le Pays sait que le titre d'auteur est bien gros pour un « homme qui n'a fait que des sonnets, des madrigaux et des lettres ». Mais, ajoute-t-il justement, « un ouvrier qui ne s'employe qu'à des bijoux, qui ne fait que des bagues et des cachets, n'oseroit-il prendre le nom d'ouvrier ? ». Et, non sans finesse, il conclut : « Dans un pays où l'on souffre des abbez sans abbayes (allusion probable à Cotin et à son abbaye « dans la lune ») on pourroit bien aussi souffrir des autheurs sans authorité... »

Puis il indique ses maîtres; comme bien on le pense il se réclame de Voiture et de Balzac, tout en prévenant que dans ses lettres on ne trouvera pas « tant de force qu'en celles de Balzac ny tant de douceur qu'en celles de Voiture ».

Enfin, çà et là, sont semées quelques réflexions qui, au seuil même d'un recueil de lettres le plus souvent précieuses et dont certaines touchent quelquefois au burlesque, accusent un tempérament et une tournure d'esprit classiques, un jugement très raisonnable.

J'en réléverai une au moins : « ... Il est une certaine éloquence paisible qui ne cède point à celle qui fait du bruit... et les Grâces ne sont jamais plus belles que quand elles marchent toutes nuës et sans ornement... »

*
* *

Mais alors une question se pose, un véritable problème qui exige une solution si l'on veut arriver à comprendre Le Pays. Il y a une évidente contradiction entre les principes de l'auteur et l'œuvre qu'il a réalisée. Il y a deux hommes en lui : le premier ne semble avoir exposé des théories que pour critiquer le second ; le second ne semble avoir écrit que pour se moquer du premier. Le Pays s'oppose à Le Pays... Comment expliquer cette antinomie intellectuelle ?

Je crois que les raisons sont de deux ordres différents. Il y a, d'une part, celles qui viennent du caractère de Le Pays et, d'autre part, celles qui viennent des circonstances.

Le Pays déteste l'effort. Un de ses amis, M. Bourgoin, lui ayant reproché une fois de ne pas faire assez de vers, il répondit par cet aveu :

« ... Je demeure d'accord que la Poésie a plus de charmes que la Prose et que même elle mène à la gloire ceux qui la suivent par un chemin plus court... Mais je vous avoue que la prose est une coquette dont j'aime la *facilité*... La prose fait plus d'ouvrage dans une heure que la poésie n'en sçauroit faire dans une journée... *Je suis ennemy de la peine* et la facilité a

pour moy des appas qui ne manquent jamais de me sé-
duire... » (1).

Cet amour de la facilité n'est pas un très bon signe.

En outre Le Pays était beaucoup trop épris de bruit, d'agi-
tation, de mouvement :

« Quand ma muse se trouve à la campagne, elle est encore
assez gaye le premier jour, le second elle baille et commence
à s'assagir, le troisième on la voit tout à fait endormie. Le
tumulte des marchands de nos foires l'éveille plus agréablement
que le chant des rossignols, et le bruit de nos carosses luy donne
des pensées plus sublimes que le murmure de vos ruisseaux... » (2).

Que le chant des rossignols et le murmure des ruisseaux ne
l'aient pas inspiré : là n'est pas la question et là n'est pas le
reproche. Le fait regrettable c'est qu'il n'ait pas su se plaire
parfois à la solitude utile, nécessaire même à la maturité d'une
œuvre. Nous ne savons pas si Boileau, dans son jardinet d'Au-
teuil, Racine, dans les plaines autour d'Uzès, La Bruyère, dans
les bois de Chantilly répondirent ou non par un élan de leur
cœur aux multiples sourires de la nature. Mais je suis bien sûr
qu'au moins ils ne s'y ennuyaient pas, soit parce qu'ils appré-
ciaient une détente qui leur permettrait de reprendre le lendemain avec plus de bonheur un travail interrompu, soit même
parce que dans le calme de leur repos, ils arrêtaient le plan d'une
satire, le dénouement d'une tragédie, le choix du trait qui achè-
verait heureusement un portrait. On peut se demander, à lire
ces lignes de Le Pays, si la solitude même de son cabinet de

---

(1) Pièces choisies. Tome I. Première Partie. Livre I, lettre 20, du 6 Août 1664.
(2) Nouvelles Œuvres. Tome II. Livre II, lettre 17.

travail lui fut bien agréable et je crains qu'il n'y ait jamais passé que de courts instants.

Enfin, Le Pays, si modeste qu'il fût, désirait le succès. Ce désir du succès, sans doute, est un utile stimulant. Mais n'oubliez pas que Le Pays a dit qu'il aimait aussi la facilité; il lui faut un succès qui ne s'achète pas trop cher — et par surcroît un succès immédiat. Comment donc arriver à conquérir facilement un succès immédiat ? Soit en donnant un chef-d'œuvre éclatant, qui s'impose absolument; le fait peut arriver, mais il est d'une grande rareté; dans ce cas ce n'est plus le succès, c'est la gloire. Encore faut-il pouvoir créer un chef-d'œuvre ! Et quand on en est incapable, quand on n'a ni le génie, ni la patience, il n'y a sans doute qu'un moyen : laisser de côté principes et originalité, offrir ce qui est beaucoup demandé, répondre aux goûts du public.

Or — et c'est en cela que les circonstances ont joué leur rôle — Le Pays arrivant à Grenoble se trouve au centre d'un cercle de beaux-esprits qui s'empressent de le considérer comme leur chef. Les quelques lettres et sonnets qu'il montre dans les salons provoquent l'admiration de toutes les Cathos de l'endroit. N'y-a-t-il pas de quoi touner un peu la tête d'un jeune homme de vingt-huit ans ? Mais n'y-a-t-il pas lieu de craindre aussi que son succès prématuré n'engendre un certain laisser-aller, qu'au lieu de se corriger de ses défauts, il ne les accentue, surtout si ces défauts passent pour qualités ? C'est ce qui se produisit.

« Ignorez-vous combien il faut de bonheur pour arriver à l'approbation publique.. C'est une étrange entreprise que de vouloir plaire à ce monstre à cent testes... » (1). Etrange entre-

---

(1) Amitiez, Amours et Amourettes : Au lecteur.

prise ? Molière en dit autant… mais il ne parle que de faire rire
les honnêtes gens. Le Pays, lui, voudrait plaire, et à tout le
monde — tout au moins à tout son monde, à toute cette société
frivole, badine et maniérée, qui s'agitait dans les salons de
province, minaudant, caquetant, grasseyant, persuadée qu'elle
faisait corps avec la belle armée qui avait défilé sous le com-
mandement de la marquise de Rambouillet, alors qu'elle n'était
en réalité qu'une arrière-garde aux allures comiquement affectées.

Affectées… maniérées, oui, et combien ! Le Pays en apporte
un témoignage effrayant d'énormité. Présentant son premier
recueil au public, savez-vous quelle crainte il exprime ? Celle
d'avoir été trop simple et trop naturel !

« Beaucoup de gens, dit-il, qui ne trouvent rien de bien écrit
s'il n'est exprimé par des mots empoulez et par des métaphores
continuelles diront de mes lettres qu'elles ne méritent pas la
peine d'être leuës et que le style en est trop rampant.. »

Enfin que demande un cercle mondain, d'une culture superfi-
cielle, à ses favoris ? De l'intéresser ou de l'amuser avec des
riens. Ramener un fait d'importance au niveau d'une anecdote,
élever un fait insignifiant à la hauteur d'une affaire d'Etat,
offrir à ses charmantes auditrices un « mot » nouveau : voilà
ce qui distingue la personne *conversable*. Or, Le Pays veut être
cette personne conversable ; familier d'une société précieuse il
donne à celle-ci ce qu'elle demande : rien de profond, rien d'essentiel, rien de substantiel ; il puise ses sujets dans l'actualité,
le plus souvent dans une actualité qui est par surcroit relative,
c'est-à-dire qui touche directement les seuls initiés. Un fait
d'actualité moins locale, moins particulière, sollicite-t-il sa
verve ? On se rappelle comment il a parlé de l'affaire Créqui.

Disserter gravement sur la guerre qui allait peut-être éclater ?
Fi donc ! Nourriture bien trop lourde pour des estomacs délicats ; mais Le Pays va la leur accommoder à leur convenance :
il y a de ces cuisiniers qui, par l'art de leur sauce et de leurs
assaisonnements, pipent agréablement le goût des gens. Le Pays
supprime donc l'essentiel, retient un détail, invente une cocas-
serie, et il semblera que l'affaire, sérieuse et grave, n'ait existé
que pour le divertissement d'un salon, tout comme on aurait
pu croire, vingt ans plus tôt, que le duc d'Enghien n'avait passé
le Rhin que pour fournir à Voiture l'occasion d'écrire sa lettre
de la Carpe au Brochet. Le Pays avait du reste son idée très
nette là-dessus :

« Les gens comme nous doivent regarder les affaires d'Etat
comme une comédie et c'est en quoy les particuliers sont heureux de se pouvoir divertir des choses qui embarassent les personnes publiques.... » (1).

Mais si l'on s'astreint à des sujets insignifiants, soit insignifiants par eux-mêmes, soit importants mais rendus volontai-
rement insignifiants, il est évident qu'il faut leur donner une
certaine valeur, un certain prix par la manière dont on les trai-
tera : « Dans les grandes matières, dit encore Le Pays (2), l'éloquence est soutenuë de la dignité de son sujet ; dans les petites,
au contraire, il faut qu'elle se soutienne d'elle-même et qu'elle
tire tout son éclat de sa propre lumière... » (3). De là ce culte de
l'expression brillante et recherchée, de l'hyperbole et de la méta-

---

(1) Amitiez, Amours et Amourettes. Livre II, lettre 45.

(2) Amitiez, Amours et Amourettes : Au lecteur.

(3) Pour Fontenelle « les hommes qui ont le plus d'esprit et ceux qui n'en
ont que médiocrement ne diffèrent pas tant par les choses qu'ils sentent que
par la manière dont ils les expriment... » (Discours sur la nature de l'Eglogue).

phore. De là ce rôle de l'imagination proprement dite dans le style, caractère essentiel de la Préciosité. « L'imagination ne peut pécher » prétendait Somaize. Cette phrase pourrait servir d'épigraphe à beaucoup d'œuvres précieuses, lettres spirituelles et poésies badines, chatoyantes et légères comme des bulles irisées mais fragiles comme elles et ne résistant pas à l'épreuve du temps. Et c'est justement parce que « l'imagination a trop de part » dans la Préciosité que La Bruyère l'a critiquée.

*
* *

On voit un peu dans quel cercle se trouva pris Le Pays, comment il fut entraîné dans la farandole précieuse. Il y gagna de récolter chaque matin ce qu'il avait semé la veille, de connaître ce succès immédiat qui était l'objet de son désir. Ses amis le presseront tant de publier ses lettres et ses poésies qu'il sera en droit de rappeler à l'un d'eux : « Vous souvient-il qu'après avoir entendu cinq ou six de mes sonnets et une douzaine de mes lettres, vous portastes vostre flatterie jusqu'à me dire qu'il n'y avoit rien eu de plus galant dans les conversations qui se faisoient chez la fameuse Cornélie lorsque ses deux illustres fils y attiroient le plus beau monde de Rome... Vous souvient-il enfin que vous ajoutâtes encore que c'estoit de cette manière que Mécène s'entretenoit avec Horace quand il vouloit se délasser de ses grandes affaires ; que l'éloquent Périclès n'avoit pas eu avec la sçavante Aspasie un commerce plus spirituel que celuy que j'avois entretenu avec mon aimable Caliste... Après cela qui ne se seroit pas laissé persuader ? Quel homme eust esté assez réservé pour ne pas hazarder son honneur sur de semblables assurances ?... »

Ainsi, à Le Pays, comme à Voiture, et comme à tant d'autres, les contemporains accordèrent cette estime dont il était friand et qui récompensait le mal qu'il se donnait pour satisfaire leurs goûts.

Comment les satisfaisait-il ? Il convient maintenant de voir de quelle façon l'œuvre de Le Pays sous ses divers aspects a répondu aux goûts du jour. Le Pays poète de salon, Le Pays épistolier badin, Le Pays romancier : ces trois études, qui seront l'objet des chapitres suivants, nous donneront plus en détail les raisons de son succès; elle permettront en outre de mettre en lumière les procédés et les manières d'être de la Préciosité, cette Préciosité, dont, à son déclin, toutes les couleurs se trouvent ainsi ravivées et réunies comme en un arc-en-ciel dans l'œuvre de Le Pays, étincelante mais éphémère.

CHAPITRE IX

***

Les raisons du succès de Le Pays
Le Poëte de salon

***

Les poésies de Le Pays sont sans nul doute la partie inférieure de son œuvre et je crois que c'est aussi celle à laquelle
il s'attachait le moins et sur laquelle il fondait le moins d'espoir. On a vu, dans le chapitre précédent, comment il avouait
que le travail de la prose lui souriait plus que celui de la poésie.
Mais voici une autre lettre qui est encore plus expressive :

« Je vous le dis hier et vous le répète aujourd'huy, que la
poésie n'est du tout point de mon métier. Jamais je ne fais de
vers : il est vray que quelquefois il m'en échappe ; mais je vous
proteste que quand j'y fais effort, je n'y fais rien que de foible.
Si je faisois le mesme traité que l'ancien poëte Chœrille, qui en
dédiant un ouvrage à Alexandre consentit avec ce grand Prince,
qui quelquefois aimoit à railler, qu'on lui payast un escu de
chaque bon vers, et un soufflet de chaque mauvais qui se trou-
veroit dans son poëme, je croy que ma jouë aussi bien que celle
de ce misérable, recevroit cent fois plus de chastiment que ma
bourse de récompense. Mais ce malheur ne m'arrivera pas, je
ne me pique point de faire des vers ; et comme j'estime que dans
la poësie la médiocrité mesme est un vice, je croy qu'un hon-

neste homme n'en doit jamais faire profession, s'il ne se sent d'une force à pouvoir égaler les plus illustres de ce mestier... » (1).

Cette dernière phrase est digne d'éloges. C'est encore parler comme un classique. Et Boileau n'a pas dit mieux :

> Qui ne vole au sommet rampe au plus bas degré (2)

ni Molière :

> J'en pourrais par malheur faire d'aussi méchants
> Mais je me garderais de les montrer aux gens (3).

Mais dans ce cas, quelle excuse reste-t-il à Le Pays ? C'est alors qu'il expose sa théorie de la *muse domestique* :

« .. Cela n'empesche pas pourtant que chacun n'en puisse faire pour son usage. Un galant homme qui est amoureux, ne doit pas aller solliciter son amy de luy faire un sonnet pour sa Philis. Il est bon d'avoir chez soy une petite muse domestique qui fasse des vers de ménage quand on en a besoin. Les femmes mesme de qualité prennent plaisir à filer chez elles la toile qu'elles dépensent à la maison et la croyent de meilleur usage que celle qu'on prend chez le marchand. Voila une comparaison un peu tirée de loin, mais n'importe, elle explique assez bien mon sentiment en matière de poésie, car tout de bon je m'imagine que les vers que je fais ainsi pour le ménage, produisent un meilleur effet que ceux que je pourois avoir empruntez d'ailleurs... »

C'est très bien : mais n'empêche que Le Pays s'est en somme condamné lui-même. Les vers de *ménage*, les vers de sa *muse domestique* n'auraient pas dû sortir de l'intimité et per-

---

(1) Amitiez, Amours et Amourettes. Livre III, lettre 6, à Madame L.P.D.V.D.C.
(2) Satire IX, vers 26.
(3) Le Misanthrope, vers 429-30.

sonne ne l'a forcé à les faire imprimer avec le reste... Je veux croire qu'il y a été poussé par d'excessifs éloges, car si son bagage poétique nous parait suspect c'est que nous y trouvons des défauts qui n'ont pas dû être pris pour tels par ses admirateurs immédiats. Telles qu'elles sont, les œuvres poétiques de Le Pays ont contribué à son succès : il a donné aux salons qu'il fréquentait les poésies de circonstance qu'ils attendaient de lui, tantôt précieuses, tantôt burlesques.

*
* *

Quels sont en effet les gros événements qui provoquent la verve poétique de René Le Pays ?

La maladie d'une belle voisine, par exemple, nous vaut un madrigal et deux sonnets. La distraction d'un enfant qui, au cours d'une réunion, appelle « Maman » une jeune demoiselle et la confusion de cette demoiselle nous valent encore un sonnet. Le Pays a remarqué qu'au sermon d'un Oratorien, « Philis » paraissait bien attentive ? Nouveau sonnet. Le procès dans lequel est engagée une jolie plaideuse provoque un madrigal. Un départ, un retour, le charme de deux quêteuses, une mascarade, un baptême, autant de prétextes à sonnets et à madrigaux.

Assez souvent aussi Le Pays n'est pas libre de se taire : il reçoit des ordres qu'il est au fond très heureux d'exécuter. Une dame lui envoie une broderie ; elle réclame en retour trois ou quatre chansons. Une autre exige même qu'il lui fasse deux Hymnes pour les fêtes de Noël ! Et Le Pays, après avoir écrit pour la première :

> Il est facile de voir
> Que vous·estes toute belle...

chante pour la seconde :

Les anges près de nous ne sont rien aujourd'huy
Puisque Dieu s'est fait homme et ne s'est pas fait ange...

Mais cette aptitude à se soumettre ainsi aux caprices les plus inattendus et à les satisfaire, n'est-ce pas déjà une des qualités nécessaires à celui qui veut passer pour l'homme indispensable d'une coterie, comme aussi ce don d'amplifier les menus incidents de la vie mondaine ? Donner du relief aux choses les plus banales, flatter les petits travers et les petites vanités, avoir toujours le mot qui convient pour faire une fortune au moindre geste de toutes les Chloris, au moindre coup d'éventail de toutes les Iris, à la moindre œillade de toutes les Philis : c'est ce que les maîtresses de maison attendent de leurs spirituels invités. Les grandes dames n'avaient pas alors la ressource des « chroniques mondaines » publiées dans les journaux : quelle chance de posséder un poète qui après les avoir diverties faisait encore la publicité de leur salon ! Voiture à l'Hôtel de Rambouillet, Le Pays à Grenoble : deux rois, si l'on veut... deux serviteurs, tout de même...

Poésie de circonstance ? Par suite, poésie facile.

Le poète doit plutôt faire vite que bien ; il est d'un monde dans lequel l'événement de la semaine passée est déjà si vieux ! La rapidité devient indispensable s'il veut tirer tout le parti possible d'une occasion offerte. Un scrupuleux ne pourrait se plier à cette exigence ; il sacrifierait l'à-propos de l'œuvre pour en sauver la forme : ainsi Malherbe apporte-t-il un si grand soin à la « consolation » qu'il veut adresser à M^r le Président de Verdun « sur la mort de sa femme » que le poème parvient au Président quand celui-ci est déjà remarié. Cette rapidité nécessaire est une cause de la médiocrité générale des poésies de circonstance. Le vers, conçu hâtivement, n'a ni vigueur, ni éclat; on choisit l'épithète au hasard ou pour les besoins de la rime; on abuse des répétitions et des chevilles; on se contente d'une rime médiocre. Le poli, le fini, l'achevé font pitoyablement défaut. Il manque au vers nouveau-né ce je ne sais quoi qui rend un vers agissant, palpitant, vivant; c'est un avorton exsangue et sans chaleur.

Destiné d'abord à la lecture à haute voix, le poème de circonstance pouvait faire illusion au cours de cette première épreuve, justement à cause de son à-propos et parce qu'on en exigeait plutôt des qualités brillantes que des qualités solides. Mais enlevé à cette atmosphère conventionnelle, il apparait dans toute sa platitude. Segrais reprochait à Montausier ses vers « prosaïques. » Guéret signalait l'abus qu'on faisait à l'époque, de ces vers qui « tiennent de la prose. » Gilles Boileau, dans une lettre à Conrart, attaquait aussi cette « prose rimée » qu'il jugeait « détestable. »

Prose rimée : c'est le mot qu'il faut souvent appliquer aux poésies de Le Pays. Voyez-le « se battre les flancs » dans cette hymne pour les fêtes de Noël dont il était question tout à l'heure :

> O mon Dieu quelle gloire, ô mon Dieu quel honneur
> De voir ainsi nostre nature
> Surpasser en noblesse, en rang, comme en bonheur
> Cette auguste nature après vous la plus pure... (1)

Obligé une autre fois (2) d'improviser un couplet en l'honneur d'une demoiselle, Le Pays fera hardiment rimer *cadette* avec *faîte* : c'est bien de la poésie *de ménage*... et

---

(1) *Amitiez, Amours et Amourettes.* Livre III, lettre 15.
(2) *Nouvelles Œuvres.* Tome I. Livre II, lettre 13.

ce n'était pas la peine d'avoir prétendu qu'Amourette était une muse noble, descendue de Jupiter et de Mnémosyne.

Inspirées par les circonstances, et d'une forme facile, les poésies de Le Pays sont aussi caractérisées comme toute œuvre précieuse en général par les parures dont elles sont redevables à l'imagination : métaphores, hyperboles, pointes, tous ces procédés devenus alors courants, et introduits chez nous par l'espagnol Montemayor et l'italien Marino. Mais, pour une pointe qui ne manque pas son effet, combien d'autres ressemblent à un feu d'artifice raté. Pour une hyperbole que justifie le thème traité, combien d'autres sont sans excuse. Pour une métaphore d'un ton juste, combien d'autres manquent de sûreté, se prolongent inutilement, accumulent des images qui finissent par n'avoir plus de cohésion.

Voici par exemple un sonnet de Le Pays (1) auprès duquel le sonnet d'Oronte parait sobre et sans recherches.

> A Iris, qui mangeoit ordinairement des fleurs :
> Je ris de vostre goût, je vous jure ma foy ;
> Hé quoy ! Manger des fleurs, c'est faire bonne chère ;
> Ah vrayment vos repas ne vous coûteront guère,
> Quoy que vous les nommiez de vrais repas de roy.
>
> Un cuisinier chez vous n'aura jamais d'employ,
> Vous pouvez au jardin faire vostre ordinaire :
> Mais cessons de railler sur semblable matière ;
> Quittez cette habitude, Iris, et croyez-moy.
>
> Car quand l'Hyver viendra faire sentir sa rage,
> Qu'on ne verra des fleurs que sur vostre visage,
> Que la rigueur du temps n'oseroit outrager :
>
> Que ferez-vous, Iris, dans ce malheur extrême ?
> Si faute d'autres fleurs que vous puissiez manger
> Vous vous trouvez réduite à vous manger vous-mesme.

______

(1) Amitiez, Amours et Amourettes. Livre III, lettre 30, sonnet 2.

Guéret n'avait pas absolument tort quand il disait : « **Le Pays** a de la facilité mais se gâte par ses fausses pointes (1)... »

*
* *

Si la mode des enquêtes littéraires avait déjà sévi à l'époque de Le Pays et si quelqu'un lui avait demandé de quels maîtres il se réclamait, il est hors de doute qu'il aurait répondu : Voiture et Balzac; ses Préfaces en font foi. Mais il n'est pas du tout sûr qu'il eût ajouté : Scarron. Pourtant cette influence, bien que restreinte, est à peu près certaine aussi. Ce n'est pas, à mon avis, qu'il faille absolument faire de Le Pays un burlesque, un disciple réel de Scarron. Il ne se serait pas amusé à écrire par exemple le *Paris en vers burlesques* de Berthod (1666) et il laisse à d'Assouci son titre de « singe de Scarron » selon le mot de Goujet. Mais il a, d'aventure, imité certains procédés burlesques.

En voici un exemple : On connaît ce sonnet de Scarron, le fameux sonnet du *coude*, qui débute pompeusement :

> Superbes monuments de l'orgueil des humains,
> Pyramides, tombeaux...

pour se terminer d'une façon inattendue :

> Dois-je trouver mauvais qu'un mauvais pourpoint noir
> Qui m'a duré deux ans soit percé par le coude ?

Qu'on mette en regard ce sonnet de Le Pays; on verra qu'il est conçu suivant le même procédé :

> Vers l'endroit où la Loire entre dedans la mer
> Assez près de cette isle et fertile et charmante (2)

---

(1) La Promenade de Saint-Cloud.
(2) Belle-Isle.

Qui fit faire à la cour le voyage de Nante
Et qui coûte à son maistre (1) un regret bien amer.

Près de ce lieu fameux, un navire étranger
Qui faisoit voir de loin son enseigne pendante,
Après avoir esté battu de la tourmente
Sembloit prendre repos, lassé de voyager.

La mer estoit pour lors douce, calme et tranquille,
Et n'eust pas soulevé le cœur le plus débile :
Le ciel estoit aussi pour lors serain et doux.

Quand dans ce grand vaisseau, parut à nostre veuë,
Un jeune matelot, Messieurs le croirez-vous ?
Un jeune matelot mangeant de la moruë (2).

*
* *

Est-ce à dire que Le Pays n'a pas eu quelques-uns de ces
instants de bonheur pendant lesquels un poète, sous le coup
d'une inspiration heureuse, et en possession de ses meilleurs
moyens, achève une de ces petites pièces originales qui peut lui
faire espérer qu'on lui réservera au moins une page dans les
futures anthologies ?

Si, tout de même, dans cette œuvre poétique, du reste peu
étendue (les poésies de Le Pays si elles étaient rassemblées fe-
raient un volume de cent pages environ) il est au moins un sonnet qui, à mon sens, doit trouver grâce devant la critique. C'est
celui qu'il écrivit pour cette jeune fille qu'un enfant avait ap-
pelée par mégarde : Maman.

Hier l'Amour chez Philis se glissant parmy nous,
Vit Iris qui toujours le fuit avec addresse ;
Lors tout rempli de joye, il court, il fend la presse
L'embrasse et dit : Maman, pourquoy me fuyez-vous ?

---

(1) Fouquet.
(2) Amitiez, Amours et Amourettes. Livre III, lettre 30, sonnet 16.

Iris, le repoussant, luy répond en courroux :
Vénus est ta maman, porte-luy ta tendresse.
Mais sans se rebuter, l'Amour luy fait caresse,
L'appelle sa maman et serre ses genoux.

Elle parut alors interdite et confuse,
Et son esprit resveur méditoit quelque excuse.
Mais nous luy dismes tous : Ne vous deffendez plus,

Ouy, vous estes sa mère, il sçait bien vous connoistre,
Une fois seulement il nâquit de Vénus,
Et vous l'avez, Iris, plus de cent fois fait naistre (1).

J'ajoute aussi que souvent, dans ses lettres, Le Pays a mêlé quelques couplets en vers à sa prose ; et il est curieux de constater que ces couplets sont généralement d'une meilleure venue que les poésies proprement dites. Sans doute le poète était plus libre de son inspiration ; il ne cédait pas à une obligation de civilité mondaine, à l'ordre d'une belle amie. Il n'était plus forcé de faire violence à sa Muse, mais s'arrêtait sur un développement *qui lui plaisait*, qui *méritait* d'être traité poétiquement, et il le travaillait plus à *loisir :* c'est-à-dire que l'œuvre était conçue dans des conditions absolument opposées à celles des poésies de circonstance et cela prouverait une fois de plus que l'entourage des poètes de salon est en partie responsable de la médiocrité de ceux-ci.

Ainsi Le Pays se présente, à une heure assez avancée de la matinée, chez une de ses amies et la trouve encore au lit. Quelques jours après, il le lui rappelle dans une lettre (2) : probablement, insinue-t-il, elle suivait en pensée, ce matin-là, un galant officier parti pour les Flandres ? C'est une page de prose qui n'est ni parmi les meilleures, ni parmi les pires de son

---

(1) Amitiez, Amours et Amourettes. Livre III. lettre 11.
(2) Nouvelles Œuvres. Tome II. Livre I, lettre 7.

œuvre. Et voici, tout à coup, un de ces couplets dont je parlais :

> Car enfin une amante au matin éveillée
> S'étend doucement dans son lit
> Et promène dans son esprit
> Cent plaisirs amoureux dont elle est chatouillée.
> Là, son amour resveur, pour flatter ses désirs,
> Des rideaux de son lit forme une solitude
> Où son âme en repos regoûte des plaisirs
> Qu'elle n'avait goûtés qu'avec inquiétude.

Les quatre derniers vers surtout sont « amis de la mémoire » comme disait Sainte-Beuve. Ils évoquent avec grâce une vision gracieuse. Leur langueur s'harmonise avec l'attitude abandonnée de la femme livrée à sa douce rêverie. Ce n'est plus à Voiture, ni à Scarron, ni à quelqu'un de son temps que fait cette fois penser Le Pays : ce serait plutôt à Parny quand, dans son élégie *Le lendemain*, il fait pour Eléonore la confession qu'elle-même n'oserait sans doute pas faire :

> En le goûtant tu le craignais encore
> ....
> Que laisse-t-il, après lui, dans ton âme ?
> Un léger trouble, un tendre souvenir,
> ....
> Un doux regret, et surtout un désir (1)
> ....

Mais ces heureuses rencontres sont rares dans les œuvres poétiques de Le Pays. Trop souvent, quand on lit ces vers qui eurent pourtant leur succès, on est forcé de reconnaître qu'ils ont perdu pour nous leur attrait.

Comment s'en étonner ? L'œuvre destinée à un public spécial pourrait-elle survivre à la disparition de ce public ? En s'as-

----

(1) Elégies. Livre I.

surant leur succès immédiat, les poètes précieux ont fatalement marqué les limites de leur renommée. Ils ont créé une œuvre qui ne pouvait valoir que pour un temps et dans un milieu donnés.

On songe à ces gemmes fausses qui font illusion, le soir, à la lumière d'un lustre, mais qui, restituées à la grande lumière du jour, sont sans éclat et sans feu.

CHAPITRE X

Les raisons du succés de Le Pays (suite)

L'Epistolier badin

Dialogues et Portraits

« On m'a mis dans le monde, écrit quelque part Le Pays (1),
sur le pied de faiseur de belles lettres et sur ce pied je me trouve
fort mal à mon aise. On montre mes lettres malgrè moy, on publie mes secrets sans mon congé et quand on pense me faire honneur en montrant les marques de mon esprit on me fait dépit à
cause qu'on découvre les sentiments de mon cœur... »

Le « malgré moy » est charmant de la part de quelqu'un qui
a maintes fois avoué qu'il aimait connaître la douceur des é-
loges. Mais ce n'est point pour le plaisir de reprocher à Le Pays
un mignon péché que j'ai relevé ces lignes : c'est parce que,
dans leur brièveté, elles marquent nettement une des raisons de
son succès et la façon dont ce succès se propagea.

« *On m'a mis dans le monde* sur le pied de faiseur de *belles
lettres...* » Il y a des auteurs qui s'imposent, qui conquièrent la
foule, qui se mettent d'eux mêmes à leur place. Il y en a qu'une
sorte de mode impose, qu'elle choisit, qu'elle « lance » en quel-

---

(1) Pièces choisies. Tome I. Première partie. Livre I, lettre 11, à Madame du
Buisson.

que sorte. Les premiers ne dépendent de personne, obéissent à leur idéal, jettent leur grain; et qu'importe s'il ne voient pas la moisson. Les seconds dépendent de ceux qui les ont « commandités », sont les prisonniers d'une sorte de contrat tacite, mais ils ont l'illusion de récolter la gloire. Le Pays était de ceux-ci, non de ceux-là. On l'a vu, poète, donner aux salons la poésie qu'ils aimaient; on va le voir s'assurer une autre célébrité par ses qualités de « faiseur de belles lettres », d'épistolier badin et précieux.

De quelle matière et de quelle manière sont faites ces lettres ?

Un certain nombre — très peu — ont rapport à un événement sérieux et d'un intérêt général : par exemple, les lettres sur le Traité des Pyrénées ou l'affaire Créqui. On a vu le procédé : Le Pays narre les choses d'une façon piquante, en défigure un peu l'aspect, en prend prétexte pour divertir ses amis. Ses lettres sont, dans de tels cas, comme certains miroirs faits pour amuser les badauds dans les foires et qui allongent ou élargissent la figure qu'ils reflètent. De ce genre est aussi celle qu'il envoie à du Tiger quand celui-ci se trouvait au Caire au moment où la peste y causait de grands ravages (1) :

« J'avoue que la peste y fait de furieux ravages; mais je m'imagine qu'elle ne procède pas du désordre de l'air. C'est un effet particulier de la Providence divine qui décharge cette terre toutes les fois qu'elle porte un trop pesant fardeau. Quelque fertile que soit cette grande province, elle ne pourroit pas nourrir un peuple qui multiplie trop abondamment... La peste se retire quand le Nil déborde; tous les malades quittent leur lit lorsque ce fleuve sort du sien... ».

---

(1) Pièces choisies. Tome II, 2e partie. Livre II, lettre 17 du 15 Décembre 1671.

On voit comment la recherche du couplet amusant a conduit cette fois Le Pays à parler comme le Pangloss de Voltaire.

Un autre groupe pourrait être formé avec les lettres qui ne sont que des exercices de rhétorique. Ecrites uniquement pour être lues au cours d'une réunion, elles traitent naturellement d'une question de galanterie et pouvaient devenir le sujet d'une de ces discussions générales qui portaient sur un point du code amoureux et qui étaient si appréciées. Elles sont, le plus souvent, précédées d'un titre qui en indique assez le caractère conventionnel. On trouvera par exemple (1) : Billet Tendre — Pour demander un rendez-vous — Pour un raccommodement — Sur une rupture — Déclaration d'amour... Ce sont en somme des « modèles » que propose Le Pays, tout heureux d'être ainsi le professeur de ses auditeurs et de ses auditrices : professeur de style galant — mais professeur aussi de tactique galante ; il faut voir avec quelle gravité il prêche la discrétion et l'art de la dissimulation « à deux bergères... » (2) et quels conseils il donne à une jeune demoiselle qui l' « avoit prié d'estre son maistre... » (3).

Voici maintenant les lettres qui sont inspirées à Le Pays par les incidents de la vie mondaine : elles sont, comme les poésies de circonstance, nées d'un sourire, d'un dépit, d'une querelle, d'une surprise, d'un départ, d'un retour. Autant il s'attache, quand il parle d'un évènement d'un intérêt public, à le rapetisser, à n'en faire qu'une anecdote plaisante, autant ces bagatelles sont au contraire rapportées avec soin, avec minutie, élevées à la hauteur d'une affaire qui intéresserait le monde

---

(1) Nouvelles Œuvres. Tome I. Livre II, lettres 12, 14, 15. Tome II. Livre II, lettres 13 et 14.
(2) Nouvelles Œuvres. Tome I. Livre I, lettre 37.
(3) Nouvelles Œuvres. Tome I. Livre I, lettre 22.

entier. Au cours d'un petit jeu, l'auteur a perdu une discrétion. Il envoie, pour s'acquitter, à son heureuse partenaire un ruban couleur de rose : voilà qui est important ! Et *Le Pays* expliquera longuement et gravement pourquoi il a choisi cette couleur :

« ...Le galand ponceau a beau faire le suffisant, sa couleur marque trop la passion. Le verd avec sa mine riante, n'est pas si innocent qu'on l'estime ; en témoignant son espérance, il en dit assez pour estre blâmé de témérité. Le bleu n'est pas moins indiscret, puisqu'en montrant la fidélité, il décèle l'Amour trop clairement. Pour le jaune, il est tout à fait criminel puisqu'il publie les faveurs en témoignant la jouyssance. Mais pour mon galand couleur de rose, il a toute la retenuë qu'il doit avoir. Il a emprunté sa couleur de celle qu'on voit sur vos belles jouës ; et puisqu'il a quelque chose de semblable à vostre visage, il peut bien hardiment se vanter d'estre modeste et discret, et espérer en cette qualité que vous le préférerez à tous les galands qui vous approchent. Avant que de vous aller voir, s'il eust crû mieux vous plaire, il eust bien pris chez la mercière la forme de nœuds ou de pennaches ; mais c'eust esté faire tort à vostre adresse ; et d'ailleurs, c'est à vous à mettre vostre galand dans la posture qui vous plaira le mieux... » (1).

Une autre fois une belle personne de l'endroit tombe malade. Aussitôt, Le Pays de lui écrire longuement pour lui prouver qu'elle doit se guérir : « ...Sans la santé Hélène n'est pas belle, Sapho n'a point d'esprit, etc... etc... » (2).

Voici maintenant Le Pays en visite chez une amie qui se trouvait alors dans sa maison de campagne. Il la rencontre avec quelques autres dames habillées en bergères, tout comme

---

(1) *Amitiez, Amours et Amourettes*. Livre II, lettre 25.
(2) *Pièces choisies*. Tome I. Première Partie. Livre I, lettre 14.

l'évêque de Lisieux, arrivant au Château de Rambouillet, avait trouvé une fois Julie d'Angennes et ses amies habillées... en nymphes (1). Encore un gros sujet que ne négligera pas un épistolier précieux :

« Jamais je n'ay rien vû de si galand que vostre bergerie. Depuis que je suis revenu de H., je n'ay pensé qu'à la maîtresse bergère, à sa beauté, à son esprit, à sa protection et à l'adresse qu'elle a par dessus toutes les autres bergères. Ah ! plût à Dieu qu'elle me voulut choisir pour son berger et qu'elle n'aimât au monde que ses moutons, son chien et moy ! Que nous passerions d'heureux momens et que mes plaisirs feroient de jaloux parmy tous les bergers du village ! Je la réveillerois **chaque** matin avec ma musete, ou bien avec quelque chanson nouvelle de ma façon ; je luy ferois tous les jours présent de quelque bouquet ou de quelque houlette, etc... etc... » (2).

Il y a encore ces lettres qui sont provoquées par des obligations de civilité, un remerciement, une fête à souhaiter, un envoi que fait l'auteur, une cérémonie. Il faudra mettre tout son soin à rendre originale une lettre qui risquerait d'être banale. Une dame l'a chargé de lui acheter des souliers à Lyon : une lettre (3) accompagnera l'envoi qui commence par : « Si vous portez mes souliers sans les tourner, je me vanteroy de vous avoir fait marcher droit ... » pour se terminer, on ne sait pourquoi, par des considérations littéraires dont la plus inattendue est celle-ci : « Le style naturel est le véritable style des billets et des lettres ». Il envoie à la marquise de B. des « boucles de souliers de diamans du temple » et en le lui annonçant se hâte

---

(1) D'après Tallemant des Réaux.
(2) Amitiez, Amours et Amourettes. Livre I, lettre 47 à Mme de H..
(3) Nouvelles Œuvres. Tome II, livre II, lettre 12.

d'ajouter : « Vous avez d'autres bijoux en vostre pouvoir dont vous pouvez enrichir un homme sans vous appauvrir, des lis et des roses dont on peut cueillir quelques feuilles sans qu'il y paroisse, et la moindre de ces feuilles vaut plus que les pierreries les plus fines » (1). Il charge l'abbé de Montreuil de remettre à une jeune fille une caisse de pommes : « N'est-ce pas là un beau commencement pour la gagner ? N'en riez point et vous souvenez que son sexe a surmonté le nostre, ou si vous voulez, l'a séduit avec beaucoup moins » (2). Comment renvoyer à M. le Premier Président de La Bergète, le texte d'une harangue qu'il a bien voulu soumettre à Le Pays sans y joindre quelques compliments bien sentis : « L'on y voit du peint et du fleury, mais cette peinture est sur l'airain et ces fleurs sont taillées dans le marbre... » (3). Faut-il souhaiter la fête à certaine cousine du Comte de Bouchage ? Cette cousine a pour prénom : Espérance... Quand on est épistolier précieux il n'en faut pas plus : la lettre ne sera qu'une suite de jeux de mots et de calembours sur ce prénom (4). Quand on est bel-esprit et qu'on a des adoratrices, il arrive aussi qu'on reçoit des cadeaux... Mais comment remercier avec grâce, d'une manière neuve et piquante ? Rien de plus difficile au fond. Une dame avait envoyé quelques fromages à Balzac : celui-ci crut devoir lui dire que, pour être si fins, *les nymphes avaient dû se mêler de leur fabrication !* Boileau reçut aussi des fromages de Brossette : il appelle cela, dans son billet de remerciement, *un magnifique présent.* On les sent tous deux assez mal à l'aise, un peu guindés dans leurs emphatiques formules. Le Pays est moins gêné dans des

---

(1) Nouvelles Œuvres. Tome I, livre I, lettre 19.
(2) Nouvelles Œuvres. Tome I, livre II, lettre 19.
(3) Nouvelles Œuvres. Tome I, livre II.
(4) Nouvelles Œuvres. Tome II, livre I, lettre 9.

cas analogues. A une abbesse qui lui envoie des confitures alors qu'il était malade, il dira par exemple : « Ne deviez-vous pas avoir un peu plus de soin de ma réputation ? Que dira-t-on d'un malade chez qui on voit entrer tant de choses délicieuses ? Ne croira-t-on pas que mon mal vienne de mes excès ? On auroit presque raison de le croire à voir comment je dévore toutes les douceurs que vous m'envoyez... » (1).

Qu'il s'agisse des unes ou des autres, elles dénotent une même préoccupation qui tient toute en deux mots : plaire et amuser. Tout lui est bon pour atteindre ce but. A-t-il mal aux dents ? Il racontera avec humour sa visite au dentiste qui lui a arraché deux dents, ébranlé toutes les autres, mais s'est contenté de demander le prix d'une seule extraction, parce qu'il avait enlevé, par erreur, une dent saine (2). Comment parler de la peste qui sévissait en Provence en Octobre 1664 ? Ecoutons Le Pays : « Qui eust soupçonné cette infâme de se promener sur le port de Toulon parmy les jassemins et sous les orangers d'Hière ! » C'est presque une charmante vision au lieu de la scène d'épouvante à laquelle on s'attendrait. Comment dire galamment qu'un jeune homme a fait la conquête d'une jeune fille, mais en a été abandonné, et que maintenant la jeune fille a plusieurs adorateurs ? Eh bien le jouvenceau se consolera en pensant « que ce sont des Indes dont il est le Christophe Colomb, qu'il a bien de la gloire d'avoir découvert un païs si plein de thrésors et d'en avoir appris le chemin à tout le monde... » (3). Comment expliquer que cette femme n'est pas absolument un modèle de fidélité ? Le Pays dira que l'aimable

---

(1) Amitiez, Amours et Amourettes. Livre I, lettre 30.
(2) Pièces choisies. Tome I, 1re partie, livre I, lettre 13.
(3) Nouvelles Œuvres. Tome II, livre II, lettre 4.

personne a appris d'un casuiste qu'il faut se défaire du péché
d'habitude et qu'alors, en docile pénitente, elle combat coura-
geusement le péché d'habitude en changeant au moins... de
pécheur... Très curieuse aussi la lettre (1) que Le Pays écrit,
le 9 Septembre 1664, de Saintes-Maries en Provence
où il était venu après avoir été mordu par un chien
que l'on croyait enragé. La circonstance était pourtant d'une
gravité exceptionnelle. Qu'importe ? Ce diable d'homme ne
s'alarmait de rien. Il raconte donc sans sourciller comment « le
directeur général des enragez » l'envoie se baigner, à titre de
traitement préventif, puis comment, une fois dans l'eau, il croit
voir l'image de Philis et en prend tant de plaisir qu'il faut commander à des matelots de venir le chercher. Il y a, au fond,
quelque chose d'héroïque dans cette façon de narguer les menaces du danger. Boileau à Bourbon, Mme de Sévigné à Vichy
montreront moins de fermeté.

Pour augmenter le prix de ses billets, Le Pays ne manque
pas d'en soigner la forme. Ce soin est à la fois sa force et sa
faiblesse. Sa force ; parce qu'il cache en effet la pauvreté du
fond et permet de faire un joli bibelot avec une matière de
camelote : on songe à ces travaux de patience exécutés par certains prisonniers avec quelques bouts d'allumettes ou des fétus
de paille et qui retiennent l'attention par tout ce qu'ils dénotent
d'habileté. Sa faiblesse aussi ; parce que l'entraînement provoqué par ces jeux d'esprit conduit l'auteur à exagérer ses qualités d'ingéniosité, à trop accorder à son imagination, à user à
tout propos et hors de propos des mêmes procédés, hyperboles,
antithèses, pointes, métaphores, avec un manque de choix et

---

(1) Nouvelles Œuvres. Tome I, livre I, lettre 18.

de modération qui finit par agacer. Une main aux doigts sur-chargés de bagues ne dit plus la distinction, mais la prétention ; et les plus fines dentelles perdent toute leur grâce quand on les superpose.

Or, Le Pays superpose volontiers les dentelles. Et si, par bonheur, on trouve parfois une lettre dans laquelle un usage modéré de tel ou tel procédé réjouit l'esprit, on en trouve malheureusement à la suite une douzaine dans lesquelles les procédés sont employés sans mesure :

> Je t'en avais comblé, je t'en veux accabler !

Quelques exemples feront clairement voir l'usage et l'abus tour à tour.

Le Pays écrit un jour une lettre (1) dans un moment de désespoir : il a vu partir, au bras d'un mari, une jeune fille qu'il prétend avoir aimée. A dire vrai, son « désespoir » semble être assez *de convenance* et s'exprime avec plus de distinction que de passion : on s'étonnerait du reste, après ses théories galantes du Portrait, de le voir pleurer à la façon de l'Henri Heine de l'*Intermezzo* et des *Jeunes Souffrances* ou du Sully Prudhomme des *Vaines tendresses*. Mais peu importe : il suffit que son billet, alerte, bien tourné, retient l'attention par ses qualités de forme. Et voici que Le Pays, éprouvant le sentiment de l'impassibilité de la Nature en face des souffrances humaines, l'exprime de la façon suivante : « Je croy que le soleil rit de ma disgrâce et qu'il prend plaisir à faire le plus beau jour de l'année du jour le plus malheureux de ma vie... ». La formule plait ici parce qu'on n'y sent point d'effort, de parti-pris : l'antithèse des mots correspond à une antithèse naturelle des impressions.

---

(1) Nouvelles Œuvres. Tome I, livre I, lettre 6.

Qu'on jette au contraire un coup d'œil sur cette lettre que Le Pays adressait à du Tiger, consul au Caire (1). L'auteur félicite son ami d'être dans un pays où l'on achète une femme comme on achète n'importe quelle denrée : « La plus belle Philis ne vous coûte ny soins ny soupirs : trente ou quarante piastres vous en rendent le maistre... ». On croit qu'il va en rester là. Pas du tout : Le Pays entreprend de développer son idée sous une forme antithétique : « En France nous sommes les esclaves de nos maîtresses, en Egypte nos maîtresses sont nos esclaves... ». Et cela continue durant une page : acheter... vendre... plaisir... peine... etc. etc. Le prolixe auteur est incapable de s'arrêter. Cette fois l'insistance est déplaisante parce qu'elle trahit trop un parti-pris de briller, un effort de virtuosité que le sujet traité ne justifie pas. Tout à l'heure l'antithèse était un habit fait à la mesure de la pensée, une parure si l'on veut. Maintenant ces antithèses répétées font l'effet d'habits trop grands et au lieu de parer la pensée, elles l'écrasent.

On peut faire de semblables observations à propos des images ou des métaphores qui foisonnent dans les lettres précieuses de Le Pays.

Il trace une fois le portrait d'une vieille femme qui prétendait être très spirituelle et qui, de fait, avait gardé une intelligence très vive en dépit de son corps branlant. L'auteur illustre son impression de cette façon : « Il me semblait voir un lutin revenir dans un vieux chasteau... » (2). Le mot est piquant, l'image est heureuse et frappe d'autant plus qu'elle est brève. Mais voici qu'un beau jour Le Pays, étant en voyage dans les Alpes, s'avise d'écrire à une dame et d'emprunter aux mon-

---

(1) Pièces choisies. Tome I, 2e partie, livre II, lettre 17.
(2) Pièces choisies. Tome I, 2e partie, livre II, lettre 14.

tagnes qu'il a devant les yeux ses termes de comparaison. Peut-
être se souvenait-il que Voiture avait jadis trouvé beaucoup de
raisons pour prouver à « La Lionne » que la mer et elle-même
se ressemblaient « comme deux gouttes d'eau ». Il écrit donc (1).

« Le plaisir de voir votre portrait en cet affreux pays m'y
a retenu. Vous seriez sans doute fort en peine de deviner le portrait dont je vous parle. La nature mesme en est l'ouvrier. Ne
riez point tant. Ce, sont des tableaux qui vous représentent mieux
que la Judith ou la Pallas qui sont dans vostre cabinet. Cinq
montagnes, Madame, qui sont de glace toute pure... Mais d'une
glace que l'on peut appeler perpétuelle. Rien n'est si magnifique
que ces montagnes quand elles reçoivent les rayons du soleil...
Après cela peut-on trouver de vous des portraits plus véritables ?
Cette glace perpétuelle qui vous environne, ce péril où s'expo-
sent les téméraires qui entreprennent sur vous, la mort de tant
de gens qui l'ont osé et enfin ces soleils qu'on voit dans vos yeux,
ne sont-ce pas des rapports si justes avec les montagnes de glace
que je les puis regarder toutes comme des portraits de vous
très achevés ? La nature à fait cinq fois en votre faveur ce qu'un
sculpteur... etc... etc... »

On ne peut trouver un exemple plus frappant du danger qui
existe à se laisser aller à certaines débauches d'imagination.
On sent ici que Le Pays est comme grisé ; la métaphore se prolonge et tourne au pathos. Ce serait le cas de rappeler quelques
lignes très justes que je trouve dans une publication de
l'époque :

« Les métaphores sont quelquefois de riches ornements. Il y
a pourtant du péril à vouloir estre trop figuré ; et un discours

---

(1) Nouvelles Œuvres. Tome II, livre II, lettre 2. De Chamony en Fossigny le
14 may 1669

naturel où l'art a moins de part, plaira toujours infiniment plus que l'excès des métaphores où l'imagination veut trop briller. Les plus sages auteurs veulent que le discours soit chaste, c'est-à-dire qu'il ne soit point fardé par trop d'ajustement... » (1)

On ne peut mieux marquer le danger dans lequel Le Pays et les précieux sont trop souvent tombés.

Mais cette dernière lettre de Le Pays appelle une autre remarque : elle montre combien la littérature galante se contente généralement d'images toutes faites et renouvelle peu les expressions du culte rendu à la femme. La *glace* symbolise invariablement les cruelles beautés : Et ce n'est pas le seul endroit de son œuvre dans lequel Le Pays lui-même ait utilisé cette comparaison (2). On ne peut parler des yeux sans évoquer le *soleil* ou les *astres* : Le parrain espagnol de la préciosité française, Montemayor, avait déjà dit dans sa *Diane* : Les yeux de Diane sont plus beaux que les astres (Los ojos de Diana son mas hermosos que las estrellas). Voiture, à sa suite, voit

> Les cieux ouverts dans les yeux que j'adore

et Sarrazin, suppliant une dame d'accueillir ses vers, lui dit :

> ...Jetez un peu les yeux,
> Ces beaux soleils, aux mortels adorables,
> Sur ces vers...

De même il est de rigueur qu'un grand *péril*, que la *mort* au besoin menace les *téméraires* adorateurs. C'est encore un poète espagnol qui affirme que « les yeux de Jacinte

---

(1) Histoire des ouvrages des sçavans. Décembre 1688. A propos d'un ouvrage publié à Paris chez Laurent d'Houry : Réflexions sur l'usage présent de la langue française.

(2) Voir par exemple, Nouvelles Œuvres. Tome II, livre I, lettre 41.

sont des basilics qui tuent ceux qui les regardent » et Scarron de son côté déclare à Mme de Savigni : « Les gens qui ne vous regardent pas sobrement en sont très malades... »

Mais il est bien entendu que ce péril est imaginaire et qu'on affecte seulement d'y croire. Si l'on conservait sur ce point le moindre doute il suffirait encore d'invoquer le témoignage de Le Pays. Déjà on a vu, dans son *Portrait*, comment il confesse son hypocrisie. Plusieurs de ses lettres confirment cet aveu :

« De moy je me puis vanter qu'il y a tantost cinq ans que je me mesle de mourir au premier outrage que me fait Philis ou Climène sans pourtant avoir cessé de me bien porter. Si la mort estoit résolüe de ne m'attaquer jamais que quand elle seroit postée sur le visage d'une belle et de ne se servir point d'autres traits que de ceux de ses yeux, ma foy je ne la craindrois guères et je me préparerois de bonne heure à faire l'épitaphe du dernier de tous les hommes (1)... »

Pour atténuer peut-être le cynisme de telles déclarations, il explique qu'il n'est pas encore mort... parce qu'il n'a pu trouver un genre de mort qui lui convienne :

« Quand je sortis hier de chez vous, écrit-il à Caliste, j'en sortis avec une bonne résolution de m'aller tuer... Mais jusques icy je n'ay pas exécuté mon dessein, à cause de l'embarras où je me suis trouvé à choisir un genre de mort. J'eus envie d'abord d'imiter feu Céladon d'amoureuse mémoire et de m'en aller précipiter dans la rivière. Mais j'eus peur que l'eau me jettât sur les bords aussi bien que luy et que je fusse recueilly par quelques nymphes pitoyables, qui, malgré moy me sauvassent la

---

(1) Amitiez, Amours et Amourettes. Livre I, lettre 4.

vie. Il me prit aussi fantaisie de m'aller pendre à vôtre porte, à l'imitation du généreux pendar Iphis : mais je m'imaginay que ce seroit vous déshonorer que de faire un gibet de vôtre porte; outre que c'est un genre de mort pour lequel j'ay eu de l'aversion dès le temps que j'estois petit enfant. Je pensois aussi à m'empoisonner; mais je crûs que du poison ne seroit pas capable de m'oster la vie non plus qu'à Mitridate, à cause de la grande habitude que j'en ay faite : n'estant pas mort depuis si long-temps que je me nourris de crainte, de chagrin, d'inquiétude et de désespoir qui sont les poisons du monde les plus violens, apparemment je ne pourrois pas mourir à cette heure pour prendre de l'arsenic ou de l'antimoine. Je n'oubliay pas aussi qu'un poignard mis dans le sein estoit un bon expédient pour mourir; mais je crus que je ne devois pas choisir le genre de mort qu'avoit choisi une femme qui mouroit de regret d'avoir fait une chose, que je meurs de regret de ne pouvoir faire. Mon désespoir est trop différent de celuy de Lucrèce pour ne pas mourir d'une mort différente. Enfin, Caliste, j'ay passé la nuit à chercher, sans pouvoir trouver la mort dont je devois mourir... » (1).

Mais, après tout, l'intention doit passer pour le fait. Il est convenable, conforme au code galant qu'il meurt : il est aussi convenable que ses amies acceptent son affirmation sans autre preuve :

« Croyez-moy bien mort, je vous supplie, car je serois au désespoir si vous me croyiez vivant, après les chagrins que vous m'avez causez... » (2).

Mlle de Scudéry a donné des lettres galantes cette défini-

---

(1) Amitiez, Amours et Amourettes. Livre I, lettre 5.
(2) Nouvelles Œuvres. Tome I, livre I, lettre 3.

tion : « C'est en celles-là où *l'esprit* doit avoir toute son étendue, où *l'imagination* a la liberté de se jouer... » (1). Et Richelet, dans ses Réflexions sur les lettres galantes dit : « On s'explique d'un air *tendre* et *brillant... et l'on tâche de persuader* à la personne de qui l'on veut se faire aimer qu'on a une *véritable passion...* ».

Tout ce qu'il y a d'artificiel et de conventionnel dans les billets d'un précieux en général, d'un Le Pays en particulier, s'explique au prix de ces formules. Pourquoi cette recherche dans le style ? Pourquoi ces soupirs mensongers ? Pourquoi ces menaces irréalisées ? Pourquoi ces promesses qu'on est sûr de ne pas tenir ? Comment répéter sans trouble à Caliste ce qu'on a dit la veille à Philis et l'avant-veille à Climène ? Que signifie cette continuelle piperie amoureuse ? C'est qu'il s'agit d'un jeu d'esprit.

Fontenelle fait raconter au Chevalier d'Her... dans une de ses curieuses lettres (qui ne sont pas sans analogies avec celles de René Le Pays) qu'un chevalier de ses amis déclara un jour à une dame dont il avait inutilement fait le siège qu'il allait se laisser mourir de faim chez elle. L'insensible beauté hausse d'abord les épaules. Mais le galant s'étend dans une chambre du logis et refuse d'en bouger. Les jours se passent; chaque matin le soupirant renouvelle sa promesse d'une voix de plus en plus mourante. La dame commence à s'inquiéter du scandale possible. Le chevalier s'entête, la dame s'affole et, un beau matin, finit par rendre les armes. Mais on nous révèle la fourbe dont avait usé le malin personnage : il s'était muni de victuailles et de bons vins qu'il avait cachés sous un meuble et pouvait attendre ainsi sans difficulté le moment de sa victoire.

---

(1) Clélie. 2e partie, livre III.

L'historiette m'a toujours paru symbolique. Les précieux parlent beaucoup de vie et de mort et ils ont toujours, quand on les regarde, la main sur le cœur comme pour signifier que l'une et l'autre dépendent de l'état de celui-ci. Mais je crois que lorsqu'ils sont seuls c'est bien leur tête qu'ils appuient sur leur main, et que ce n'est plus du cœur, mais du cerveau, qu'ils attendent une tactique et une inspiration.

*
* *

Le Pays a su encore flatter la mode intellectuelle de son temps en donnant au public quelques *dialogues* et quelques *portraits*.

Entendre discuter avec esprit deux personnages, plus ordinairement même deux abstractions, était considéré comme un régal délicat qui satisfaisait le goût de la conversation et le goût de la dialectique psychologique ou morale. Quant aux portraits, ils offraient un autre passe-temps aussi agréable que le premier : si la personnalité visée se trouvait cachée sous un nom de guerre, on avait le plaisir d'exercer sa perspicacité ; si elle ne l'était pas, on avait celui d'admirer l'art et le tact avec lesquels l'auteur avait campé son personnage, tourné quelquefois certaines difficultés, fait une peinture idéale sans être fausse ; en outre l'étude du caractère était encore une occasion de s'exercer à l'analyse psychologique.

Aussi ces deux sortes d'œuvres produisent à cette époque une étonnante floraison.

François La Mothe Le Vayer donne, en 1662, *La Promenade*, dialogue entre Tubertus Ocella et Marcus Bibulus et le fera suivre en 1671 de cinq autres. Saint-Réal écrit en 1665 une *Réconciliation du Mérite et de la Fortune*, en prose et en vers, et ensuite un *Dialogue*, du Mérite et de la Fortune encore, qui sera inséré dans le Recueil de La Suze et Pélisson. Une traduction en vers français des *Dialogues des Morts*, de Lucien, paraît chez Barbin en 1669 et, la même année, Gabriel Guéret se sert du procédé pour un ouvrage de critique, ce qui est plutôt original, *La Promenade de St-Cloud*, dialogue entre Cléanthe, Oronte et Philante. Citons encore le *Dialogue de l'Amour et de l'Amitié*, de Perrault et un autre, du même titre, par M. de La Tronche, une élégie de Jean d'Hesnaud dont le sujet est le combat de la Raison contre l'Amour, le dialogue « de Damon malade et d'Amilcar qui se porte bien » dans *Clélie*. Plus tard encore Le Noble fera imprimer à Troyes *Les Promenade de la Guinguette*, histoires galantes en dialogues.

Les portraits jouissent d'une même faveur. *La Gallerie des Peintures* paraît en 1663. Quelques années plus tôt, Segrais avait déjà donné un recueil de cent portraits (dont quarante écrits par Mademoiselle). La fille de Gaston d'Orléans avait pris ce goût de la Princesse de Tarente qui lui en avait fait voir de sa façon. Bussy en écrivit un certain nombre parmi lesquels ceux de Charles II, de Condé, du duc de Candale. Scarron a laissé son propre portrait, fameux par le mot : « Je ne représente pas mal un Z... ». Mme Deshoulières fut peinte par le Chevalier de Grammont sous le nom d'Amarillis et par de Linière sous le nom d'Amarante. Elle-même fit le portrait de Linière et celui de Mlle de Vilenne, leur commune amie. Rappelons aussi le portrait de la Comtesse de Brégy par elle-même, celui de l'Abbé Michel de Marolles par Mme de Montbel, celui de Mme de Lavardin par Costar. Un peu plus tard Brillon donnera ses *Portraits sérieux, galants et critiques*. Ce passe-temps, critiqué par Sorel dans *La Description de l'Ile de Portraiture* et par

Guéret dans *La Promenade de St-Cloud* et dans le *Parnasse réformé* (« Toutes les jeunes plumes sont malades de cette furie, il n'y a point de petit abbé de deux jours qui ne débute par là pour faire sa cour... ») était en une telle faveur qu'il offrit à Molière la matière d'une scène bien connue quand il fit, du second acte du *Misanthrope*, le fidèle tableau d'une réunion mondaine.

Le Pays, toujours désireux de plaire à son entourage, lui fournit donc à l'occasion, portraits et dialogues. Il semble même que nous ne possédons pas tous ceux qu'il écrivit et que quelques-uns ont été perdus. Il est en effet question, dans sa correspondance (1) d'un *Démeslé de l'Amour et de la Vertu*, d'un *Dialogue de l'Amour et de l'Amitié* dont il ne reste pas d'autres traces. Mais on possède encore son *Dialogue de l'Amour et de la Raison* et son *Démeslé de l'Esprit et du Jugement*. Ce dernier, publié deux ans seulement avant la mort de Le Pays dépasse la longueur ordinaire de ces sortes d'ouvrages et ne manque pas d'intérêt, comme on le verra plus loin (2). Il fournit la matière d'un volume de cent quarante pages environ, dédié à Madame de Maintenon. Nous lui consacrerons l'étude qu'il mérite, à sa place, dans l'ordre chronologique. Pour l'instant nous nous arrêterons un peu sur le *Dialogue de l'Amour et de la Raison* qui est placé, lui, dans les *Amitiez, Amours et Amourettes* (Livre I. Lettre 33).

La Raison commence par reprocher à l'Amour son obstination à la fuir; les efforts qu'elle fait pour l'aborder ont été longtemps inutiles, mais enfin le Destin a permis aux deux en-

---

(1) Amitiez, Amours et Amourettes. Livre I, lettres 31 et 32 et Nouvelles Œuvres, tome I, livre I, lettre 13.
(2) Chapitre XIII.

nemis de se rencontrer chez Caliste. Profitant de cette occasion, la Raison va pouvoir dire cent choses qu'elle a « sur le cœur ». Et d'abord pourquoi l'Amour refuse-t-il de faire la paix ? Pourquoi l'Amour chasse-t-il la Raison de tous les lieux où il entre ? Pourquoi méprise-t-il ses conseils et ses plaintes ?

L'Amour se défend très habilement. Non seulement il ne méprise pas la Raison, mais il se sert d'elle en beaucoup d'occasions : « ... N'est-ce pas vous faire juge de mes querelles, quand j'oblige un amant qui aime sans estre aimé, de se raporter à vous de l'injustice qu'on luy fait ? N'est-ce pas vous alléguer pour justifier sa conduite, quand il dit dit qu'il y a de la raison à aimer ce qui est aimable ? Et n'est-ce pas se servir de vous dans ses entreprises, quand en dérobant un baiser, il soutient que la Raison conseille de se payer soi-mesme, sur le bien d'une personne qui ne veut pas payer. »

A cette subtile réponse, la Raison se hâte d'opposer une distinction essentielle. Oui, l'Amour se sert de son *nom*, mais rien de plus; c'est pour forcer les cœurs justement défiants qu'il invoque la Raison : une fois dans la place il ne cherche plus qu'à y devenir le seul maître.

Mais ces premières passes ont excité et rapproché les adversaires. Le duel va se poursuivre, d'un jeu serré, fait d'attaques brusques et de promptes ripostes.

Ce n'est pas vous que je combats, dit l'Amour : ce sont des opinions malsaines ou des abus ridicules qui ont pris votre nom. Les ennemis que je mets en fuite ne portent pas « vos livrées » tout en ayant l'insolence de dire qu'ils sont à vous...

Qu'en savez-vous ? Vous ne connaissez pas « mes livrées » ! Vous ne me connaissez pas moi-même ! Vous frappez « sans reconnaître », comme un jeune emporté !

Très bien ! Si je combats sans « vous connaître » qu'avez-vous à me reprocher. Je vous reconnaîtrais par contre, si au lieu d'avoir sans cesse le visage d'une « vieille querelleuse » vous aviez un visage plus gai.

Je vous devine : vous me voudriez moins prudente, moins clairvoyante, moins ennemie des désordres. Vous êtes « indigne de ma bonté, vous êtes un petit étourdy. »

Il me semble que vous êtes une raison bien déraisonnable et que vous vous emportez singulièrement ! Il serait peut-être plus sage de discuter point par point et je vous montrerai « que l'amour a des raisons qui valent mieux que celles de la Raison mesme... »

Et la discussion repart, plus calme, moins piquante dans ses expressions, mais non moins ingénieuse. La Raison rappelle toutes les circonstances au cours desquelles l'Amour est intervenu souvent pour détourner les gens de leur devoir. Cette jeune fille était soumise à la volonté d'un père qui lui avait choisi un époux... Mais l'Amour la pousse à la désobéissance. Une autre fois, l'Amour conduit plusieurs jeunes gens à aimer une même jeune fille. Il lui arrive d'aventure de chasser la Raison de l'esprit d'un vieillard et l'on voit ce dernier « se peindre le poil, porter un petit pourpoint et un grand rabat, de petits souliers et de grands canons, devenir esclave de la mode, lire avec des lunettes ce que vous appelez des billets doux et des vers galants, se radoucir près d'une jeune personne, luy chuchoter à l'oreille, aller au bal, à la comédie et aux fêtes publiques, et faire enfin toutes les badineries... » Parfois encore une personne mariée en aime un autre que son mari... Ou bien ce sont des Amants qui deviennent inconstants... Et que dire de ces reines qui aiment des esclaves, de ces princes qui aiment des servantes ?

Aucune de ces objections ne reste sans réponse. A défaut de solidité les raisons de l'Amour ont de l'esprit, et la Raison est forcée d'en convenir.

Quand une fille désobéit, prétend l'Amour, « c'est le père qui manque à la raison ». S'il consultait l'Amour, l'Amour n'exciterait pas de révolte contre son autorité. « Lorsque les conseils d'un père et les miens sont différens, la raison veut qu'on suive plutost les conseils d'un Dieu que ceux d'un homme... » D'autre part « vous vous plaignez de ce que j'oblige quelquefois des vieillards à aimer de jeunes personnes, et vous prétendez que rien n'est si éloigné de la raison, et moy je prétens que rien n'est si raisonnable, puis qu'il résulte de ce que vous m'avez dit qu'un homme doit estre plus raisonnable, plus il est âgé, il doit aussi aimer ce qui est le plus raisonnablement aymable ; et qui est-ce qui est plus raisonnablement aimable qu'une jeune personne ? Un vieillard se serviroit-il de sa raison s'il aimoit une personne de son âge, où il n'y plus ny beauté ny bonne grâce... et n'est-il pas plus raisonnable d'aimer une jeune personne qui le rajeunit, pour ainsi dire, et dont l'humeur et l'enjoüement l'excitent à la joye et aux plaisirs ? Du reste ne trouvez point étrange qu'il observe toutes les galanteries de la jeunesse, puisque tout vieux qu'il est, il devient jeune quand il devient amoureux... » Il est exact aussi que plusieurs hommes aiment quelquefois la même femme : c'est que tous la trouvent aimable et c'est en réalité la Raison qui est responsable car chacun d'eux soutient qu'il obéit aux conseils reçus d'elle. Et si l'on voit des époux ne plus s'aimer c'est que l'Amour est « plus raisonnable que les loix qui ne consultent seulement pas la Raison » car les mariages « sont le plus souvent de purs ouvrages du hazard ou de l'ambition, qui assemblent quelquefois le feu et l'eau, en

assemblant des personnes qui n'ont aucune disposition à s'aimer... » Quant aux amants inconstants ils ne sont pas non plus
sans excuses : lorsqu'un « objet leur semble aimable, ils ont
raison de l'aimer ; mais lors que ce mesme objet ne leur paroist
plus aimable, ils ont aussi raison de ne le plus aimer. Tyrcis a
eu raison d'aimer Philis, parce qu'il espéroit d'en estre aimé ;
il a eu raison d'avoir pour elle tous les soins et toute l'assiduité
que mérite une belle personne. Mais il a eu raison de la quitter,
quand il a veu que ses soins estoient inutiles, et que son espérance estoit sans fondement... Chaque amant est raisonnable
dans son inconstance, quand il n'auroit point d'autre raison
que de cesser d'aimer un objet qui cesse de luy paroistre aimable... » Que dire enfin de ces reines qui aiment des esclaves
et de ces rois qui aiment des servantes sinon qu'il ne s'agit que
d'une inégalité apparente ? De par la volonté de l'Amour l'esclave est élevé dans ce cas jusqu'à la princesse ; ils deviennent
égaux. La sympathie qui les unit n'a que faire de la conformité
des fortunes, des situations et des honneurs ; elle procède d'une
« conformité de naissance sous une mesme constellation » d'un
« mesme tempérament et de mesmes inclinations » qui les pré-
destinaient à un réciproque amour...

Mais l'Amour se refuse à de plus longues explications : « Je
pourrois bien... vous faire voir que cette sympathie suffit pour
mettre de l'égalité parmy tout le monde. Mais c'est une connoissance qui n'est réservée qu'à moy seul, et ma politique
m'apprend, que pour le bien de mon Empire, elle doit estre
inconnuë à la Raison. Cette sympathie, cette égalité cachée,
ces nœuds secrets, ces liens invisibles qui serrent les cœurs et
enchaînent les âmes, sont les fondemens sur lesquels est estably tout mon pouvoir et toute ma force... J'agis en souverain

et ne rends raison que quand il me plaist. Et mesme, pour vous dire le vray, c'est une maxime que j'ay établie dans tout mon empire, que *quand on raisonne bien, on aime mal, et qu'on raisonne mal, quand on aime bien...* »

A ces derniers mots, la Raison se rend compte que la conversation a sans doute assez duré. Elle ne posera donc plus de nouvelles questions et renonce à rendre l'Amour raisonnable. Et l'amour répond, non sans ironie : « Consolez-vous, Madame, il est arrivé quelque chose de mieux que ce que vous aviez entrepris. Si la Raison n'a pas rendu l'Amour raisonnable, je veux croire qu'en présence de Caliste, l'Amour aura rendu la Raison Amoureuse. »

Ingénieux et agréable, ce morceau fait deviner, une fois de plus, en Le Pays, une habileté, une souplesse peu communes. Secrètement intéressé au triomphe de l'Amour, il a su cependant ne rendre sa Raison ni ridicule, ni acerbe. Elle parle avec esprit, avec mesure. En lui donnant de la finesse et de la courtoisie, Le Pays a fait d'elle un adversaire qui n'était ni à négliger, ni à mépriser : mais le triomphe de l'Amour ne reçoit-il pas, de ce fait, un nouvel éclat ? Car c'est bien l'Amour qui triomphe dans cette joute oratoire. Sans doute la Raison ne s'avoue point vaincue : mais il n'en reste pas moins vrai, qu'à chacune de ses objections, l'Amour a répondu d'une telle façon qu'au lieu de reprendre la même objection la Raison en a formulé une autre. Cette manière de faire n'est point celle d'un combattant fort confiant dans la sûreté de ses positions et il est assez piquant que la Raison, après avoir provoqué l'Amour, en soit réduite à ces reculs successifs jusqu'à l'heure où elle abandonne le terrain, saluée par la prophétie de l'Amour, ironique comme un éclat de rire : qui sait si la Raison ne deviendra pas amoureuse ? Lui, l'Amour, a usé de tous les procédés d'une savante dialectique : feintes et attaques, restrictions et distinctions; il nie d'abord être un adversaire et pour un peu on le croirait, tant il y a de spirituelle perfidie dans son argumentation; obligé de ne plus se dérober, il semble accepter une discussion sérieuse : c'est un casuiste qui se révèle alors, d'une subtilité quelque peu diabolique, au point que la Raison s'effare et se sent désemparée. Mais elle n'a pas le temps de se reprendre : l'Amour passe à l'offensive, il exploite le trouble de son adversaire, il proclame ses droits, les droits de sa politique auxquels la Raison ne connaît et ne peut rien connaître, il exalte maintenant sans réserve et sans feinte ces élans du cœur où ne messiéent pas un peu de folie et un peu de chimère... Il s'est donc montré, sans défaillance, un tacticien émérite. Et qu'il est riche d'esprit ! C'est qu'il a tout l'esprit de son père, car, n'en doutons point, cet Amour là n'est pas le fils de Vénus mais est sorti, tout armé, du cerveau de Le Pays...

*
* *

De ses Portraits, le plus intéressant pour nous est évidemment celui qu'il fit de lui-même, à la requête de la duchesse de Nemours ainsi qu'on l'a vu précédemment (1). Mais il s'en trouve encore quelques autres dispersés dans ses œuvres. Il nous donne par exemple, d'un grand parleur, le portrait suivant :

« Jamais personne n'a eu un si étrange flux de paroles; quand on dit un mot en sa compagnie, il s'imagine qu'on entreprend sur ses droits et qu'il n'y a que luy seul au monde à qui

---

(1) Chapitre VII.

il soit permis de parler. Il a tout veu, il a tout fait, il sçait tout ; et si nous l'en croyons il luy est arrivé plus d'aventures qu'à tous les héros des romans qui ont esté faits depuis Théagène et Chariclée... Surtout en matière de livres, de quoi ne se vante-t-il point cet homme qui a lû l'histoire de Tacite en deux jours et celle de Tite-Live en quatre nuits ?... » (1). Le parleur de Le Pays n'est pas sans analogie avec *l'Arrias* (2) de La Bruyère et avec ce « décisionnaire universel » que Montesquieu nous fait voir connaissant mieux les rues d'Ispahan qu'un Persan véritable (3).

On trouve encore, dans les *Amitiez, Amours et Amourettes,* quatre portraits insérés à la suite de la 24ᵉ lettre du livre III et qui ne sont pas sans intérêt : *Portrait d'un rival. Portrait d'Iris. Portrait de Paquette. Portrait de Caliste.* Ce sont des portraits « galants », faits peut-être un peu trop dans un même moule et suivant une « recette » que Le Pays semble avoir empruntée à *Clélie.* Voici en effet un « portrait-type » pris dans l'ouvrage de Mlle de Scudéry, celui de la princesse Clarinte : « Elle est de cette agréable grandeur, qui estant beaucoup au-dessus de la médiocre n'est pourtant pas excessive. Elle est blonde mais c'est de ce blond qui n'a rien de fade et qui sied bien à la beauté. Pour le teint elle l'a si admirable qu'il n'est pas au pouvoir des plus rigoureux hyvers d'effacer le bel incarnat qui le rend si beau. Pour les lèvres, elle les a de la plus belle couleur du monde, les yeux beaux et pleins de feu etc... ». Or, que dit Le Pays de Caliste ? « Vous n'êtes point trop grasse, mais aussi vous n'êtes point trop maigre... Votre teint est blanc et

---

(1) Amitiez, Amours et Amourettes. Livre III, lettre 9.
(2) Caractères. V. 9.
(3) Lettres Persanes, 72.

conserve toujours une certaine fleur de jeunesse... Vos yeux tous
pleins de feu, etc... ». Que dit-il d'Iris ? « Vôtre teint est blanc
sans estre pâle... Pour vos cheveux vous verrez qu'ils sont
blonds... Vos lèvres bien retroussées et tout-à-fait incarnates...
Vos yeux sont pleins d'un feu doux et d'une langueur qu'on
trouve charmante... etc... ». Il y a évidemment là une certaine
manière de faire qui n'est pas propre à Le Pays, des détails
stéréotypés empruntés à la phraséologie galante du temps.
Néanmoins on trouve dans ces pages quelques mots heureux,
quelques détails piquants et souvent de la finesse. Je signalerai
surtout le Portrait de la servante Pâquette. Il est, à mon sens,
délicieux, bien qu'il n'ait pas la valeur documentaire
du *Portrait de M. Le Pays*.

« ...Vous avez la phisionomie agréable, et sans être bien fin
on juge d'abord que vous avez de l'adresse et de l'esprit et
l'inclination un peu pécheresse... De l'esprit, vous en avez plus
qu'il n'en faudroit à quatre filles de vôtre condition. Vous vous
appercevrez de cent choses où les autres ne prennent point garde
et j'ay remarqué dix fois que vous connoissez l'intention des
gens quand mesme ils tâchent à la cacher. Jamais personne n'a
eu tant d'esprit que vous en avez, ny tant de disposition à faire
réussir une intrigue... Vous avez l'inclination amoureuse mais
vôtre amour est noble et s'attache toujours aux gens qui sont
au-dessus de vous... Vous n'êtes point ennemie du divertissement des autres et vous ne prenez pas moins de plaisir à en
procurer qu'à en recevoir. Quand vous voyez deux personnes
qui s'aiment vous entrez avec adresse en leur confidence; vous
vous rendez nécessaire à leurs plaisirs et vous êtes ravie d'y
contribuer autant que vous le pouvez... Comme vous êtes plus
spirituelle et plus généreuse que tous les valets et toutes les

servantes du monde, on peut conclure aussi que vous n'avez aucuns de leurs sentiments, ny aucunes de leurs imperfections. Vous ne vous amusez point à parler des deffauts ny des badineries de vôtre maîtresse, vous ne vous entretenez jamais des profits des autres servantes; vous ne médites de personne... Enfin, Pâquette, vous estes une héroïne parmy les suivantes, et sans doute nous verrons quelque jour quelque avanture extraordinaire... ».

Pâquette a eu des filles et des petites-filles : ce sont celles-ci, à défaut de celle-là, qui ont connu « l'avanture » que Le Pays promettait à son idéale soubrette et c'est Marivaux qui nous l'a contée...

CHAPITRE XI

Les raisons du succès de Le Pays (fin)

Un roman précieux : Zélotyde

> Nos romanciers nouveaux, qui, de leurs testes creuses,
> Distillent tous les jours des fables amoureuses,
> M'ont si fort dégoûté... etc...

Ce sévère jugement est de Le Pays en personne; on le trouve dans l'*Epitre chagrine* qui est insérée dans les Pièces choisies, publiées à la Haye en 1680, et il n'est pas pour détruire la bonne impression qu'on peut avoir de « l'esprit critique » de l'auteur. Mais il n'est pas non plus pour nous assurer qu'il ait eu de son œuvre personnelle une très bonne opinion, car lui-même, quinze ans plus tôt, avait « distillé » une de ces « fables amoureuses » qui faisaient le régal du public : Il s'agit de *Zélotyde*.

Ce petit roman, daté de « Grenoble, 1665 » avec un « achevé d'imprimer » du 30 Octobre 1665 fut présenté au public au début de 1666 : de Sercy en était l'éditeur. J'insiste sur la date parce que beaucoup de manuels bibliographiques donnent à tort 1664 comme date de parution. La cause de cette erreur vient sans doute de ce que, dans les éditions postérieures des *Amitiez, Amours et Amourettes*, on a joint régulièrement *Zélotyde* à ce premier ouvrage; et comme les *Amitiez* avaient été publiées en 1664 on a pensé que la même date devait s'appliquer aussi à *Zélotyde*. On remarquera du reste que deux lettres de Le Pays ne permettent pas de garder le moindre doute à cet égard. Dans l'une il dit à son ami, le Conseiller Roux, de prendre patience et que *Zélotyde* va paraître incessamment. Or, cette lettre est datée du 14 Décembre 1665. Dans l'autre il annonce au Chevalier de Ponat l'envoi d'un exemplaire de son nouveau roman, à titre d'hommage : or cette lettre est datée de Janvier 1666.

Dédié « A son Altesse royale, Monseigneur le duc de Savoye, Prince de Piedmont, roy de Chypre » le volume est précédé, suivant l'usage, d'un certain nombre de poèmes composés par les amis de l'auteur : des sonnets de Boniel, du Tiger, de l'abbé de St-Firmin, et un madrigal de Boniel en italien : All' Illustrissimo e gentillissimo signor Renato Paysi...

Zélotyde porte en sous-titre : *Histoire Galante*. Mlle de Scudéry avait mis à la mode cet usage de faire suivre le titre de l'ouvrage, qui n'était ordinairement que le nom du héros principal, d'une sorte d'étiquette plus ou moins explicative. C'est ainsi qu'on a d'elle : *Ibrahim ou l'Illustre Bassa; Artamène ou le Grand Cyrus; Clélie, Histoire romaine; Almahide ou l'esclave-reine* : toutes ces œuvres sont antérieures à *Zélotyde;* plus tard elle donnera encore : *Célanire ou la Promenade à Versailles.* A son exemple, tout romancier crut devoir compléter de son mieux les titres de ses œuvres; bien plus, pour que le public, friand des études galantes, ne doutât point qu'on lui offrait ce qu'il aimait, on prit soin de rendre ce sous-titre de plus en plus prometteur. Ainsi aurons-nous *Cornelia Maxima ou les Vestales galantes*, de M. L. M. (chevalier de Mailly) ou encore *Le Chien de Boulogne ou l'Amant fidèle*, de l'Abbé de Torches. Et ainsi avons-nous, de René Le Pays : *Zélotyde, Histoire Galante.*

Si médiocre soit-il, ce roman offre cependant un triple intérêt.

D'abord, l'auteur y laisse paraître une certaine prétention à l'étude psychologique et même morale. Ensuite, si son œuvre ne réalise que très peu ce projet, elle est du moins un type des œuvres galantes de l'époque. Enfin elle est, dans une certaine mesure, un document sur la vie dans une petite ville de province au XVIIe siècle.

Il conviendra donc, après l'avoir résumée, de l'envisager de ces trois points de vue.

*
* *

Un régiment est mis en garnison dans une des plus agréables villes de France, et au nombre des officiers, se trouve Lycidas, jeune, bien fait, spirituel, et galant par surcroît. Pour connaître en peu de temps le beau monde de l'endroit, il se lie avec un Chevalier grand parleur et médisant qui l'instruit rapidement de toutes les intrigues de la cité. Le jeune capitaine ne tarde pas à être remarqué par les dames et, parmi celles-ci, l'une des plus empressées à faire sa connaissance n'est autre que Zélotyde. C'est une grande personne, blonde, jeune, attirante, mais d'une jalousie sans pareille. Un jour que le Chevalier se promène avec Lycidas aux alentours de la ville, ils rejoignent un groupe de gentilshommes et de dames, ne peuvent se dérober, sont invités à se mêler aux jeux et au repas qui suit. Or Zélotyde fait partie de la bande joyeuse. Lycidas la ramène chez elle et voici l'intrigue engagée.

Mais Zélotyde entend bien que le capitaine lui sera obstinément fidèle et Lycidas le lui promet en effet sur tous les tons, cependant qu'en réalité il pousse également sa cour du côté de Mélite, cousine de Zélotyde. Mise en éveil par quelques imprudences de Lycidas, Zélotyde ne tarde pas à connaître la vérité et, un soir, dans un jardin, elle accable de reproches son inconstant ami qui parvient avec beaucoup de peine à obtenir son pardon.

Or cette discussion est entendue par le Chevalier : il fréquente maintenant une troupe de femmes dont la plus considérable, Céphise, est l'ennemie de Zélotyde. Le Chevalier, malfaisant par nature, combine adroitement sa petite affaire : il mènera Lycidas chez Céphise, Céphise fera la conquête de Lycidas et l'on peut espérer que Zélotyde ne manquera pas de devenir folle de rage. En effet Céphise montre assez d'habileté pour retenir le capitaine et désormais Lycidas partage ses soins entre Céphise et Zélotyde. Celle-ci ne tarde pas à connaître cette nouvelle infidélité ; elle tente de surprendre Lycidas en flagrant délit, n'y manque du reste que de peu, commence à se rassurer grâce aux habiles explications de son galant, quand le Chevalier qui a décidément l'âme très noire lui fait remettre une fausse lettre qui la jettera de nouveau dans le désespoir. Cette fois Lycidas se fâche, provoque le Chevalier et le blesse d'un coup d'épée. Voici momentanément Lycidas sans emploi : brouillé avec Céphise, brouillé avec Zélotyde, jusqu'au jour où les deux rivales, également victimes de l'ennui, se démarchent en vue de reconquérir l'inconstant. Lycidas, sans se faire prier, reprend avec l'une et l'autre son commerce interrompu et pendant quelque temps les trompe toutes deux en sécurité.

Or une noce réunit un beau jour Zélotyde, Céphise et Lycidas. Tout se passe d'abord sans incident; le soir venu, les mariés couchés, les hommes commencent à boire et les femmes à jouer. Lycidas, fatigué, quitte la compagnie, arrive dans une chambre sans lumière et se jette, tout habillé, sur un lit de repos. Il s'endort, mais tout à coup se sent tiré par le bras, se réveille, reconnaît Zélotyde. Presque aussitôt la porte s'ouvre; Zélotyde se tait, Lycidas fait semblant de dormir; une main le tire par les cheveux : c'était Céphise. On voit facilement l'inévitable catastrophe qui se prépare et qui ne tarde pas à se produire : les femmes en viennent aux mains, Lycidas reçoit des coups des deux côtés, le bruit attire la compagnie qui, pénétrant dans la chambre, trouve deux femmes échevelées, sanglantes, et Lycidas aussi mal en point au milieu d'un champ de bataille que jonchaient des bracelets, des boucles d'oreille, des bouts de dentelle, des nœuds de rubans et des perles défilées.

Heureusement pour les belles, Lycidas garde sa présence d'esprit. Il raconte que les deux femmes, montant l'escalier sans lumière et se heurtant par mégarde en étaient venues peu à peu des injures aux coups, puis que lui, Lycidas, se trouvant dans une chambre et entendant du bruit, était sorti pour tenter de les séparer... Ainsi leur présence à tous trois, et leur colère à toutes deux sont expliquées.

Pendant cette explication, les femmes, revenues à elles, comprennent leur intérêt; elles confirment le récit; leurs maris se mettent à rire et, comme Lycidas a reçu des coups, obligent leurs femmes à lui faire excuse. Chacun s'en retourne de son côté et dès lors Céphise et Zélotyde réconciliées se partageront les faveurs du capitaine au lieu de se les disputer, jusqu'au jour où le régiment changera de garnison.

*
* *

Telle est cette histoire galante et romanesque à laquelle personne ne semble avoir jamais prêté grande attention et que J. de la Pilorgerie a cru devoir exécuter d'un mot en l'appelant *scènes de garnison*. Ce jugement est un peu trop sommaire et *Zélotyde* qui se lit, à mon sens, sans aucun ennui, offre en réalité matière à quelques réflexions.

Tout d'abord elle révèle de la part de Le Pays une prétention inattendue, celle de se mettre à l'étude d'un caractère.

« Jusqu'icy, dit-il dans les premières pages de son ouvrage, les comiques ont cruellement traitté les Jaloux (réflexion très juste ; se rappeler *Les Jaloux* de Larivey, *Le Jaloux sans sujet* de de Beys, *Le Jaloux invisible* de Brécourt, *La Jalousie du barbouillé*, *Don Garcie de Navarre* et *L'Ecole des Maris* de Molière) et l'on a presque toujours épargné les Jalouses. Cependant il est des femmes sujettes à cette passion aussi bien que des hommes, et il est bon de leur apprendre, par cette histoire, combien cette frénésie est contraire au repos, combien elle rend extravagantes celles qui se laissent (1) surmonter et combien elles se font haïr quand elles aiment d'une si honteuse manière... ».

De telles lignes ne laissent pas de doute sur les intentions de l'auteur. Sans doute il n'a qu'à moitié réalisé son dessein ; une fois en route il a perdu de vue le but, ne s'est plus occupé que d'écrire une histoire amusante, n'a pas étudié en profondeur le caractère de sa Jalouse et comme, en fin de compte, Zélotyde en est exactement au même point que sa rivale, on ne peut prétendre que la leçon soit d'une grande portée. Il n'en reste pas

---

(1) Variante : *s'en* laissent...

moins curieux que Le Pays ait au moins songé à donner cette leçon et voulu se réclamer en passant du *Castigat ridendo mores*. Une fois de plus nous voyons comment ses bonnes intentions font faillite : après avoir reconnu la nécessité d'une certaine sobriété dans le style et exposé des théories que l'on peut appeler classiques, il a donné des lettres et des poésies dans lesquelles on dirait qu'il veut se renier lui-même ; après avoir presque annoncé au début de *Zélotyde* une étude psychologique, il ne compose qu'un invraisemblable roman d'intrigue. La mode joue de ces tours à ses fidèles...

Du moins, à défaut de cette étude psychologique qui nous était promise et qui ne nous est pas donnée, pouvons-nous trouver dans *Zélotyde* un reflet de cette mode à laquelle a sacrifié l'auteur.

Rien de plus typique d'abord que la façon dont se noue l'intrigue entre Lycidas et Zélotyde.

C'est à la messe que le capitaine aperçoit Zélotyde et se fait remarquer d'elle. L'usage le voulait ainsi : n'était-ce pas dans l'Eglise de Ste-Claire, à Avignon, que le Vendredi-Saint 6 Avril 1327, l'amant idéal, Pétrarque, était tombé amoureux de Laure ? Le Pays a montré plusieurs fois dans ses autres œuvres qu'il connaissait et respectait la tradition. « Il va à l'Eglise toutes les fois que vous y êtes... » écrit-il à une dame à propos d'un certain Gascon (1). « J'ay esté ce matin à onze heures aux Jésuites, dans l'espérance de vous y trouver à la messe...» (2) déclare-t-il à une autre. « Je vous vois tous les jours à l'Eglise, affirme-t-il à une troisième. Vous pourrez m'y remarquer par un

---

(1) *Amitiez, Amours et Amourettes. Livre III,* lettre 24.
(2) *Nouvelles Œuvres. Tome I, livre I,* lettre 4.

air amoureux et languissant et par des yeux éternellement colez sur vous... » (1).

Donc le capitaine a été remarqué par Zélotyde. Mais ils ne sont pas encore entrés en relations : le hasard d'une rencontre dans un jardin leur en fournit l'occasion. Lycidas se mêle à la troupe que préside Zélotyde, fait admirer son esprit et « dit cent choses plaisantes ». Ses déclarations deviennent de plus en plus pressantes et Zélotyde devient de plus en plus tendre...

Et voilà ce qu'on appelle une aventure de bon ton ! Quand la Magdelon des *Précieuses ridicules* fait la leçon à Gorgibus, que lui dit-elle en effet ?

« ... Il doit voir *au temple*, ou à la *promenade*... la personne dont il devient amoureux... lui rend plusieurs visites où l'on ne manque jamais de mettre sur le tapis une *question galante*... Le jour de la *déclaration* arrive, qui se doit faire dans une allée de quelque *jardin*... et cette déclaration est suivie d'un prompt courroux... Ensuite il trouve moyen de... tirer de nous cet *aveu*... »

Magdelon admet aussi, à la rigueur, un autre commencement de l'intrigue : « ...ou bien être conduit fatalement chez elle par un parent ou un ami et sortir de là tout rêveur... ». C'est ce qui se produira quand Lycidas deviendra amoureux de Céphise : « Il alla voir Céphise, conduit par le Chevalier... ».

Enfin voici nos gens d'accord. Sera-ce tout ? Non, ce serait trop simple. Ecoutez encore Magdelon :

« Après cela viennent les aventures, les rivaux... les jalousies conçues sur de fausses apparences, les plaintes, les désespoirs... et ce qui s'ensuit. Voilà comme les choses se traitent

---

(1) Nouvelles Œuvres. Tome I, livre II.

dans les belles manières et ce sont des règles dont, en bonne galanterie, on ne saurait se dispenser... ».

Le Pays ne les connait que trop, ces règles. Zélotyde aura pour *rivale* d'abord Mélite, ensuite Céphise. Des *aventures* il n'en manquera pas non plus et la plus belle sera le duel de Lycidas et du Chevalier : ce chevalier du reste est lui-même le promoteur des autres *aventures;* c'est lui qui réunit les couples et prend ensuite plaisir à les brouiller; il joue dans toute l'affaire le rôle d'un *Deus ex machina* si fourbe et à l'âme si noire qu'il méritait bien le coup d'épée dont il fut gratifié. Quant aux scènes de *jalousie* de Zélotyde, si elles sont le plus souvent justifiées, il n'en est pas moins vrai que certaines sont conçues, comme il convient, sur de *fausses apparences*. Une de celles-ci est provoquée par une *fausse* lettre du chevalier, procédé dont Molière lui-même avait usé dans Don Garcie de Navarre (1). Les surprises, on le sait, ont toujours été en honneur dans la littérature précieuse : elles sont nombreuses, sous des formes diverses, dans *l'Astrée;* Voiture s'ingéniait même, non à raconter, mais à « agir » de petits coups de théâtre; Corneille, dans ses comédies qui sont absolument précieuses (du reste, Corneille se libéra-t-il jamais complètement de l'influence précieuse ?) a tiré aussi bon parti de tous les procédés romanesques; et que de surprises encore dans les comédies de Marivaux ! On ne s'étonnera donc pas d'en trouver quelques-unes dans *Zélotyde :* Lycidas, dans l'obscurité d'un escalier, croira parler à Céphise, alors qu'en réalité il aura devant lui Zélotyde; et toute la scène finale ne sera qu'une double surprise.

Quant au héros masculin, Lycidas, son inconstance, sa faci-

---

(1) Acte II, scène 3.

lité à partager son cœur montrent qu'il a été fait quelque peu à l'image de l'auteur. Le Pays a toujours avoué qu'il ne péchait point par excès de fidélité, ou plutôt qu'il possédait un fonds de fidélité assez considérable pour pouvoir être fidèle à beaucoup de personnes à la fois. C'est la théorie du *Portrait*, confirmée par une lettre singulière adressée « à quatre amies que l'autheur avoit aimées en mesme ville » (1). Qu'elles ne lui répondent pas, dit-il, qu'un cœur partagé doit être suspect ; cela peut se reprocher aux galants de petite force ; mais son cœur est d'une si grande étendue qu'elles peuvent y loger toutes les quatre : « Sans faire infidélité à aucune, je vous aimeray toutes quatre en général et en particulier… ». Lycidas c'est donc un peu Le Pays. Mais Lycidas et Le Pays auraient-ils exposé si froidement leur théorie s'ils n'y avaient été encouragés par un exemple fameux : celui du joyeux Hylas de l'*Astrée* ?

Le Pays ne nomme pas la ville dans laquelle se déroulent toutes ces péripéties. Mais c'est une ville de province, une petite ville. Il n'est pas sans intérêt d'examiner ce que cette histoire galante peut nous apprendre sur les mœurs provinciales du temps, mœurs que les circonstances avaient mis l'auteur à même de bien connaître.

L'impression générale qui se dégage de la lecture de *Zélotyde*, c'est que la vie dans la petite ville d'alors, comme dans la petite ville de tous les temps du reste, est réglée par un certain nombre de traditions minutieuses. L'usage veut, par exemple, qu'on aille, quand on est de tel rang, à la messe de telle heure et dans telle église. Tel boulevard est le lieu de rendez vous obligé en certaines circonstances. Certains lieux sont le but

___

(1) Amitiez, Amours et Amourettes. Livre II, lettre 24.

ordinaire des parties de campagne que l'on offre à ses amis. C'est dans tel jardin qu'il est de bon ton de prolonger la conversation quand la lourde atmosphère d'une soirée d'été rend inhabitables les appartements. Ainsi voit-on Lycidas assister à la messe qui se dit chez les Carmes à onze heures et y reconnaître invariablement les mêmes personnes; rencontrer au printemps les gens les plus distingués de l'endroit dans un Jardin qui se trouve aux portes de la ville; aller à une Promenade, l'été, qui est celle « où le plus beau monde passe une partie des nuits à la belle saison... ». On se sent dans un milieu où l'on a le goût de l'ordre. Les filles, en même temps qu'elles héritent de leurs mères de confortables armoires dont le contenu est un chef-d'œuvre d'ordonnance, en reçoivent aussi un certain nombre de traditions qu'elles respecteront religieusement, qu'elles ne bousculeront pas — pas plus qu'elles n'oseraient bousculer l'harmonie des piles de draps et de serviettes dans l'armoire ancestrale.

Dans la petite ville où tout est si bien réglé, il n'est pas difficile de remarquer les faits et gestes de chacun : la conduite du prochain y sera toujours une grosse affaire, et une imprudence coûte cher. Lycidas, d'abord, ne se doutait pas sans doute de ce constant espionnage : il ne lui fallut pas longtemps pour s'en apercevoir et le petit discours qu'il entendit un jour put l'éclairer sur ce point :

« Dimanche, vous la saluâtes à l'Eglise d'une manière respectueuse et elle vous rendit vostre révérence d'un certain air et avec un certain regard qui témoignoit quelque intelligence.

Lundy je vis vostre valet de chambre avec sa suivante et je les vis dans une conférence où j'ay peur que le maistre et la maistresse n'estoient pas oubliez.

Mardy j'appris sans que vous me l'eussiez dit que vous estiez allé loger dans le voisinage de Céphise; que mesme vostre hostesse l'a servie autrefois et que présentement elle est encore chez elle fort familière...

Mercredy, vous donnâtes, aux prières du Mary,... un soldat déserteur que vous aviez refusé à celles de toute la ville..

Jeudy, son carosse estant versé, vous allâtes faire l'empressé pour la secourir...

Hier l'on me dit que vous vous serviez de mesme cordonnier et de mesme tailleur qu'elle...

Aujourd'huy j'ai appris que ce matin vous vous estiez trouvé dans une conversation où vous avez dit mille biens de Céphise... etc... »

Un rapport de police ne serait pas mieux documenté... On retrouvera le même talent d'observation dans cet autre couplet :

«... Cette froideur affectée que vous témoignez l'un et l'autre... le soin de porter toujours des garnitures de mesme couleur... caresser le mary avec attachement... laisser après le jeu des louis pour payer les cartes afin de gagner le cœur des domestiques; avoir toujours des confitures en poche pour amuser le petit Pierrot... etc... »

Comme on le voit, c'est surtout à propos des affaires de galanterie que s'exerce toute cette attention. A l'époque où le beau Lycidas arrivait à X... n'était-ce pas la grosse affaire, l'unique affaire ? Ce fut en effet le premier soin du chevalier : instruire Lycidas « des intrigues secrètes de toutes les ruelles de la ville... » et il parait qu'à X... elles étaient nombreuses. C'est que X... ne voulait pas être une ville arriérée : il s'y trouvait beaucoup de Cathos et de Magdelons qui savaient comment les choses se passent dans le beau monde et comment une intrigue se déroule suivant des règles strictes et à la façon d'une figure de ballet. Le respect des principes est une des forces de la Province ; mais la qualité a son défaut ; elle conduit les esprits à tout pousser à l'extrême, à ne pas admettre que certains enchaînements des faits eux-mêmes puissent être rompus. Ce goût de l'absolu n'est pas sans danger, car la vie brise volontiers nos constructions chimériques et l'on sait ce qu'il adviendra d'Emma Bovary. Il est fort heureux pour Cathos et Magdelon de connaître une mésaventure qui leur servira de leçon peut-être et d'avoir près d'elles un Gorgibus qui se chargera de la leur rappeler...

Donc, autour de Lycidas s'agite la société précieuse de la petite ville. On y connait l'art des billets doux, des soupirs et des petits soins. On s'y tient au courant des nouveautés, car Lycidas, à la requête de ces dames, fait venir de Paris des romans et des comédies. A temps perdu on relit l'*Astrée*. Les messieurs offrent parfois des « cadeaux » à leurs belles amies et l'on part ensemble à la campagne. Si l'occasion s'en présente on ne manque pas d'assister aux représentations théâtrales et Zélotyde a vu jouer *Le Cid* et *Cinna*.

Comme bien on le pense, une petite ville où tout le monde serait d'accord ne saurait exister. X... par une tradition immémoriale était, à l'arrivée de Lycidas, divisée en deux camps rivaux et chaque camp fit son possible pour attirer à lui le jeune capitaine. La Bruyère marquera plus tard en quelques lignes l'aspect de ces villes au sein desquelles s'agitent de sottes rivalités. Et Fontenelle lui aussi a esquissé un tableau que l'on peut rapprocher de celui que nous présente Le Pays : « ... Elle est divisée en deux parties qui ressemblent pour l'animosité aux

Guelphes et aux Gibelins. On sifle dans l'une de ces cabales ce qui est adoré dans l'autre... Dès que vous arriverez, les deux factions n'épargneront rien pour vous attirer chacune à elle (1)... »

Grâce à Lycidas, les deux camps se réconcilieront, en la personne de leurs maîtresses; mais comme Lycidas quitte la ville avec son régiment, il n'est pas prouvé que la réconciliation sera de longue durée. Et la vie de la petite ville poursuivra son cours, avec ce visage toujours pareil dont Le Pays a noté quelques traits : son sourire seul changera, au gré des modes, et elle ne gardera pas toujours ce sourire galant qui l'illuminait au temps de Zélotyde et dont Le Pays a également tenté de saisir et de fixer l'éclat (2).

*
* *

Avec cette étude de Zélotyde se trouve close la série de ces chapitres consacrés à l'œuvre de Le Pays et au cours desquels on a vu les rapports qui existent entre sa manière et la manière précieuse et comment il a répondu aux goûts de son public. Avant de reprendre et d'achever sa biographie, il me semble qu'on doit encore demander quelque chose à cette œuvre : une image plus précise, plus particulière de son milieu immédiat, de cette société Grenobloise qu'il a fréquentée pendant vingt-cinq ans, qu'il n'a quittée qu'à regret, loin de laquelle il n'a plus su vivre longtemps. On essayera donc, dans le chapitre

---

(1) *Lettres galantes du Chevalier d'Herr....* 1re partie, lettre 43.

(2) Bien que ce roman de Le Pays n'ait pas eu un succès aussi marqué que les lettres et les poésies, il a connu plusieurs réimpressions (Voir Appendice I). Une traduction anglaise en a été donnée en 1673 sous le titre : *The Drudge or The Jealous Extravagant* par J. B.

suivant, de glaner d'abord à travers les lettres et les poésies de Le Pays quelques documents sur la vie mondaine à Grenoble au XVII⁰ siècle. Au centre de ce tableau, la figure de ce fonctionnaire bel-esprit apparaîtra peut être assez vivante pour qu'on puisse tenter de retracer, dans ses détails, une de ses journées — et assez typique pour qu'il y ait lieu de la rapprocher d'un personnage de Molière.

CHAPITRE XII

La vie mondaine à Grenoble au XVIIᵉ siècle d'après Le Pays

La journée d'un fonctionnaire bel-esprit

Le Pays et le Tibaudier de la Comtesse d'Escarbagnas

M. Paul Morillot, dans le discours qu'il prononça en 1889,
à Grenoble, lors de sa réception à l'Académie delphinale,
remarque justement que si Le Pays l'avait voulu, nous aurions
pu trouver dans son œuvre un tableau achevé de la société grenobloise au XVIIᵉ siècle. Pourquoi ne l'a-t-il pas fait ? A-t-il eu
peur d'éveiller de petites passions et de petites colères ? Est-ce
un calcul de l'écrivain qui veut acheter son succès immédiat
par une œuvre taillée à la mesure de son public ? Au regard de
la postérité, le calcul est mauvais, ajoute M. Morillot : sans
doute l'œuvre de Le Pays ne serait pas tombée dans un oubli
si profond si elle avait été plus « documentaire. »

Tout de même, elle l'est quelque peu : et c'est cette valeur
documentaire, si limitée soit-elle, que je voudrais au moins
essayer de mettre en saillie maintenant.

*
* *

« Les Dauphinois sont courtois, affables, de bon et gentil
esprit, libres en paroles et sociables... Je dirai ce mot à la

louange des damoiselles de Dauphiné que l'on en voit fort peu
en France qui les égalent en esprit et gentillesse... » C'est
dans un ouvrage de 1625 que se trouve cet éloge (1). Des gens
sociables et courtois, des hommes d'esprit, des femmes spirituelles et agréables ? Il y a évidemment là un milieu très favorable au développement de la Préciosité. On ne s'étonnera donc
pas que Le Pays, arrivant à Grenoble une quarantaine d'années
plus tard, puisse trouver que la société dans laquelle il pénètre
ne manque pas de distinction.

La reine de cette société était la marquise de Claveyson. Elle
jouait là-bas le rôle qu'avait tenu à Paris la marquise de Rambouillet, rôle heureux et nécessaire, incontestablement, à la
politesse des manières, à la culture de l'esprit et à l'éducation
masculine. Huet l'a très bien vu et s'en est finement expliqué
quand il a écrit, dans sa *Lettre à Segrais sur l'origine des
romans* (2) :

«... La politesse de notre galanterie... vient à mon avis, de
la grande liberté dans laquelle les hommes vivent en France
avec les femmes. Elles sont presque recluses en Italie et en Espagne et sont séparées des hommes par tant d'obstacles qu'on
les voit peu... de sorte qu'on a négligé l'art de les cajoler agréablement... Mais en France, les dames vivant sur leur bonne foi,
et n'ayant point d'autres défenses que leur propre cœur, elles
s'en sont fait un rempart plus fort et plus sûr que toutes les
clefs, que toutes les grilles et que toute la vigilance des duègnes.
Les hommes ont donc été obligés d'assiéger ce rempart par les
formes et ont employé tant de soin et d'adresse pour le réduire,

---

(1) Mœurs des Françoys de ce temps, par d'Avity (1625).
(2) En tête de Zaïde (1670).

qu'ils s'en sont fait un art presque inconnu aux autres peuples... »

Et Fontenelle, un peu plus tard, dira que « pour une élégance naïve, pour une simplicité fine et piquante, pour le sentiment des convenances, pour une certaine fleur d'esprit, il faut des hommes polis par le commerce des femmes... »

Le Pays fut l'homme nécessaire de ce salon de la marquise de Claveyson, le factotum spirituel de la société, l'historiographe plaisant de cette petite cour qu'est le salon d'une jolie femme. La marquise ayant eu, par exemple, la douleur de perdre un perroquet, son oiseau préféré, Le Pays compose l'épitaphe de l'animal — en vers bien entendu. Quand le duc de Lesdiguière eut acheté pour la marquise un autre perroquet plus beau que le disparu et qu'il fit venir directement de Paris, Le Pays souhaita la bienvenue à l'oiseau — en vers, derechef, et en vers aussi faciles que les premiers (1)...

Il fréquentait aussi le salon de la jeune comtesse de Bouchage. Le comte avait été l'ami de l'écrivain dès l'arrivée de celui-ci à Grenoble. Il s'était marié en avril 1665 et Le Pays n'avait pas manqué de composer à cette occasion un épithalame (2), assez ennuyeux du reste et bien long : Amour, Hymen, Jupiter et Apollon prennent à tour de rôle la parole, Le Pays y ajoute quelques considérations de galanterie et quelques phrases qui, au fond, seraient assez impertinentes si l'on voulait réfléchir à tout ce qu'elles peuvent signifier. Mais les jeunes mariés avaient sans doute l'esprit très bien fait car l'auteur eut chez eux ses grandes et ses petites entrées. Il les voit à Grenoble et à Brangues, dans leur maison de campagne. Quand Le Pays

---

(1) Nouvelles Œuvres. Tome I, livre II, lettre 27.
(2) Nouvelles Œuvres. Tome I, livre II, lettre 24.

ne peut se rendre à la campagne et que le comte s'y attarde trop, l'écrivain envoie à son ami des lettres pressantes; il bouffonne en passant sur le jeune fils des de Bouchage qui est chéri des belles de la ville parce qu'elles voient en lui un portrait de leur Papa (1); et quand en mai 1668 un procès retient le comte à Aix, Le Pays, qui sait tout de même être sérieux dans certains cas, écrit à son ami et lui donne de très sages conseils .

« Ne vous reposez pas tout à fait sur vostre bon droit. Vous sçavez bien que le Misanthrope s'en trouva mal. Les bonnes causes ont besoin de bon appuy et, dans ce siècle corrompu, la Justice veut estre sollicitée (2)... »

Dans ces salons, Le Pays rencontre d'aimables compagnons qui forment avec lui ce qu'il appelle quelque part « une belle troupe (3)... »

C'est Jacques Alluys, un avocat bel-esprit, qui sacrifia aux lettres et au goût du jour en composant un Dialogue intitulé : *De l'accommodement de l'Esprit et du cœur.*

Ce sont M. de la Berchère, un oncle de Scarron, ami des œuvres éloquentes et distinguées; Thomas Delorme, avocat au Parlement, dont les œuvres poétiques étaient tenues en haute estime dans tout le Dauphiné : c'est lui qui appelle Le Pays

Illustre concurrent de l'illustre Voiture

La plus originale figure de ce groupe semble être celle de Claude de Chaulnes, le vieux Président du Bureau des Finances, au cœur toujours jeune. C'est lui qui a composé les quelques madrigaux qu'on trouve en tête des *Amitiez, Amours et Amou-*

---

(1) Pièces choisies. Tome I, 1re partie, livre I, lettre 12.
(2) Nouvelles Œuvres. Tome II, livre I, lettre 8.
(3) Nouvelles Œuvres. Tome I, livre I, lettre 24.

rettes (signés L. P. D. C.). Pas de fête complète sans lui. Le Pays invite à dîner le Prieur François Boniel, mais il n'oublie pas d'ajouter :

> ...ne manque pas d'amener
> Celuy qui quelquefois a caressé ma Muse ;
> Ce sçavant qui n'est point pédant
> Est fort propre à t'y tenir teste ;
> Et pour présider à la feste
> Nous aurons, tu le sçais, un fameux Président (1).

Tout ce monde se tient au courant des choses de l'esprit et des productions littéraires. La bibliothèque de Le Pays, sans doute bien garnie, était souvent mise à contribution. Une dame lui demande une traduction du *Pastor fido*, et dès le lendemain Le Pays la satisfait : « ...Vous me témoignâtes hier que vous aviez envie de voir la traduction du Pastor fido et vous me chargeâtes même du soin de vous l'envoyer... » (2). A une autre il envoie les *Lettres de la Révérende Portugaise* qui faisaient tant de bruit (3). A une troisième il communique un sonnet dont on parlait beaucoup dans le monde, *L'Avorton*, de Jean d'Hesnaud (4). Quant à *L'Astrée* et à *Clélie* ce sont lectures courantes dans la ville. On y connait assez la carte du Tendre pour que Le Pays puisse dire, sans paraître ridicule, à une dame de l'endroit : « ...Vous perdriez un homme que vous devez aimer du moins par *reconnaissance*... » (5). Quand on a suffisamment parlé de littérature, on passe à la philosophie : Le Pays, quasi universel continue à briller et argumente, à l'occasion, en latin. Quand on est homme de salon il faut avoir l'esprit très

---

(1) Amitiez, Amours et Amourettes. Livre III, lettre **33**.
(2) Pièces choisies. Tome I, 2e partie, livre I, lettre 4.
3) Pièces choisies. Tome I, 1re partie, livre I, lettre 14.
(4) Amitiez, Amours et Amourettes. Livre III, lettre 4.
(5) Nouvelles Œuvres. Tome I, livre I, lettre 5.

souple. Un jour, l'écrivain arrive chez une dame : on lui montre *l'Epistre chagrine* dont lui-même était l'auteur et dans laquelle il développe cette idée qu'il vaut mieux être sot que bel-esprit, tout en lui demandant ce qu'il en pensait : Le Pays ne répond rien, mais écrit, à l'impromptu, quatre vers au bas de la page :

> S'il est vray que des sots le destin soit heureux
> L'auteur de cet escrit peut prendre patience.
> Qu'il se plaigne un peu moins de son sort rigoureux,
> Il est plus heureux qu'il ne pense !

Une autre fois il lui faudra faire appel à toute son ingéniosité pour se réconcilier avec une belle dame qu'il avait fâchée en se moquant d'une chienne dont elle aimait la compagnie... (1).

De temps à autre un évènement plus ou moins important venait rompre le cours ordinaire des occupations de cette petite société. Des forains se sont installés, qui offrent à la curiosité publique un lion et un tigre : ces dames demandent à Le Pays de les conduire à la ménagerie. On organise des mascarades : l'écrivain s'y déguise en lutin, déguisement assez symbolique... Et s'il arrive que dans un moment de piété provoquée par le sermon d'un prédicateur de Carême, une grande dame décide d'entreprendre une visite de dévotion à la chapelle d'un couvent voisin, Le Pays doit encore l'accompagner : mais dans ce cas, comme on se défie de lui, on le prévient que s'il lui arrive de rire ou de faire rire, on saura le moyen de le « faire pleurer plus de quatre jours... ».

En 1665, les conversations des Grenoblois eurent un beau sujet d'aller leur grand train. Mlle Desjardins s'était installée à Cavaillon, près d'Avignon : femme de lettres, auteur de pièces

---

(1) Nouvelles Œuvres. Tome I, livre I, lettre 34.

jouées à Versailles, célèbre par d'éclatantes aventures et de grandes passions, elle avait tous les titres nécessaires pour provoquer une attention générale. Le Pays sut entrer en relation avec elle ; il lui envoya des livres pour l'aider à attendre le retour de M. de Villedieu qui était alors en campagne, l'incita de son mieux à travailler, la félicita pour un poème : *Sylve* dont un certain M. de La Tournelle possédait une copie autographe que Le Pays avait vue. Et il ajoute qu'il est nécessaire qu'elle compose de nouvelles œuvres pour couper court aux insinuations de ceux qui prétendent que les plus beaux vers de sa tragédie, *Manlius Torquatus*, ne sont pas d'elle-même : écho probable de quelque critique entendue par Le Pays à Grenoble (1).

Au début de 1668 l'intendant de justice, du Gué, vint opérer à Grenoble : c'était le moment où l'on entreprenait la recherche de ceux qui avaient usurpé de faux titres de noblesse. Le Pays produisit ses titres et, en outre, profita de l'occasion pour donner ceux de sa muse Amourette, on se le rappelle. Les Grenoblois eurent pendant quelque temps de quoi occuper leurs loisirs. Un cortège de solliciteurs traversait chaque jour la ville, se rendant chez l'intendant, et qui ne devait pas manquer de pittoresque (2).

Un matin, des montagnards descendaient de quelque village perdu et venaient réclamer contre les impositions. Le lendemain des nobles dont les titres étaient contestés essayaient de prouver l'authenticité de leur noblesse ; l'un traînait un sac rempli de parchemins, mais l'autre

> Prétendoit prouver sans titre et par raison
> Que sa famille et sa maison

---

(1) Nouvelles Œuvres. Tome II, livre I, lettres 17 et 18.
(2) Nouvelles Œuvres, Tome II, livre I, lettre 35.

Estoient plus vieilles que Grenoble.
Il confessoit qu'entre ses mains,
Pour justifier sa naissance,
Il n'avoit point de parchemins,
Mais il disoit pour sa défence,
Que par la haine de Noé,
Avec qui sa famille eut certain démêlé,
Ses titres manquant de refuge
Périrent tous dans le déluge...

Une autre fois, il s'agissait d'un officier accusé d'avoir autorisé maint brigandage

Et qui faisoit passer ses soldats pour des saints
Vous jurant qu'en chaque village
Ils avoient tous vescu comme des capucins !

Et M. du Gué, qui ne manquait pas d'esprit, de répondre, au grand plaisir de la galerie,

Que la comparaison leur convenoit fort bien
Puisque passant dans les villages,
Comme des capucins, ses gens ne payoient rien...

L'Intendant était accompagné de sa fille, la belle Madame de Coulanges ; les Grenobloises virent avec admiration et envie à la fois de quelles grâces était parée la fine Parisienne et Le Pays pourra écrire à M. du Gué : « Quand on voit présentement une belle dauphinoise on ne manque pas de dire : elle a de la beauté, elle a de l'esprit, mais enfin elle n'a point l'air de Mme de Coulanges ! et sur cela on méprise la pauvre provinciale qui n'avoit guères affaire que vostre trop aimable fille sortit de Paris pour venir décrier les beautez de la Province... ».

La même année, au cours de l'été, des comédiens viennent donner des représentations à Grenoble (1). Tous nos gens sont

---

(1) Nouvelles Œuvres. Tome II, livre I, lettre 9.

encore sur les dents. Un tel régal ne leur est pas souvent offert. L'étoile de la troupe s'appelle Babet; c'est une toute jeune fille et elle devient le point de mire des jeunes galants. Le Pays qui affirme qu'elle est « plus belle que tout ce que j'ay veu de beau au monde » tente aussi de lui faire la cour. Mais la jeune comédienne, aussi sage que belle, refuse également pistoles et madrigaux :

Elle méprise tout, elle croit, la cruelle
Que chaque amant est un acteur
Qui récite les vers d'une pièce nouvelle.
Elle croit que jamais un cœur
N'a souffert de douleur mortelle.
Elle croit que l'on ne sent rien
Et que parler d'amour, c'est jouer auprès d'elle
Le rolle d'un comédien...

Quand ces messieurs étaient en joyeuses parties c'était chez Milleran qu'ils allaient dîner. Le Président de Chaulnes a mis en vers l'enthousiasme que lui causaient les fins menus du traiteur à la mode :

...Des montagnes de glace,
Figue, melons, muscats, quelques perdreaux
Dont le parfum resjoui mes nazeaux,
Que ce plaisir sensiblement me touche :
En l'escrivant l'eau m'en vient à la bouche... (1)

Milleran n'avait pas seulement pour mérite de faire de bonne cuisine. Tel Ragueneau, il était poète. Quand la marquise de Claveyson perdit le fameux perroquet pleuré par Le Pays, Milleran, tout en soignant ses perdreaux, composa quelques vers de circonstance.

Il est donc mort le Perroquet ;
Ah ! Madame c'est grand dommage,
Et la mort ne fut guères sage
De vous priver de son caquet.

---

(1) Cf. Emile Roux : op. cit.

A bon droit, en ces vers, chacun le lui reproche,
C'est un méchant morceau qu'on ne peut avaler.
Si c'estoit un faizan, pour vous en consoler
Je vous le mettrois à la broche...

Il n'est pas très certain que la marquise ait énormément goûté le ton de ce petit morceau. Sans doute le cuisinier-poète ne craignait pas de perdre la clientèle de Mme de Claveyson qui ne fréquentait certainement pas ce cabaret dont la réputation était assez douteuse. Dans une pièce de l'époque, destinée à célébrer les vertus de Marie-Lucrèce de la Tour Mautauban, l'auteur donne en effet comme preuve de sa sagesse qu'on « ne la vit jamais souper chez Milleran ! »

Le Pays n'avait pas de ces scrupules, car il déclare que ses amis et lui-même mangent « chez Milleran... presque tous les jours... » (1).

*
* *

Pourvu d'une charge administrative assez importante, la tête toujours occupée de quelque lettre ou de quelque poésie à terminer, invité de tous les côtés à la fois à venir montrer ses qualités d'homme *conversable*, accablé de petits services que ses amies lui demandent de leur rendre, Le Pays vivait des jours bien remplis.

Essayons donc de revivre avec lui une de ces journées — la journée d'un fonctionnaire bel-esprit — dans la plus belle période de sa vie, en 1673 par exemple (2).

Il fait déjà grand jour quand René Le Pays ouvre les yeux ;

---

(1) Nouvelles Œuvres. Tome II, livre I, lettre 9.
(2) Les éléments nécessaires à la reconstitution de cette journée-type ont été pris principalement dans les Amitiez, Amours et Amourettes, Livre II, lettres 4 et 17, livre III, lettre 33. Les Nouvelles Œuvres, tome II, livre I, lettres 9, 22 et 32. Les Pièces choisies, tome I, 1re partie livre I, lettres 7 et 11.

s'étant attardé, la veille, à une partie de lansquenet, il n'a pas bien dormi parce que l'idée d'avoir perdu beaucoup d'argent le tourmentait d'abord. Puis le calme s'est fait dans son esprit, et, ce matin, sa perte de la veille lui semble déjà chose très lointaine et de peu d'importance.

Un coup d'œil vers la fenêtre lui permet de s'assurer que le soleil est sans doute levé depuis deux ou trois heures. Le Pays a l'habitude de lui céder le pas et ne se croit pas « si Espagnol que de prétendre marcher devant luy... ».

Tout de même il est grand temps de s'arracher à la douceur de son lit... Le voici donc debout. Il donne ses « premières pensées à Dieu » car la foi du Breton sommeille toujours au fond de ce cœur bien qu'il ait brûlé d'un certain nombre d'amours terrestres. Puis il s'attarde à sa toilette et son miroir lui renvoie l'image d'une bonne grosse figure avec ses cheveux d'un blond foncé, ses yeux bien fendus, ses lèvres épaisses et rouges.

Dispos et l'esprit libre, car « les occupations du jour ne l'ont point encore empesché d'être tranquille », il s'occupe des affaires de son emploi. S'il ne pèche point par excès de zèle, il tient du moins à ne mériter aucun reproche : il règle donc les affaires les plus pressées, rédige un rapport sur la dernière inspection qu'il a faite et s'assure que ses comptes, s'ils ne sont pas absolument à jour, ne sont cependant pas non plus trop en retard.

Son ami François Boniel lui a promis de venir le voir dans l'après-midi... Après le déjeuner Le Pays, au lieu de sortir va écrire quelques lettres. Ce matin, une dame, une admiratrice, lui a fait envoyer des noix confites : Ne convient-il pas de la remercier ? Et Le Pays commence son billet :

« J'ay receu vos noix confites; j'en ay déjà mangé beaucoup et je les ay trouvées excellentes... » Ma foi ! « beaucoup » est un peu exagéré... Mais quand on a une réputation d'aimable gourmand ne faut-il pas la soutenir ? Et puis, cet empressement, ne sera-ce pas une preuve du prix qu'il a attaché au cadeau ? Il faudrait, pour bien faire, ajouter à cela quelques lignes spirituelles et galantes... Voyons : des noix confites ? c'est un régal de petit garçon... C'est donc qu'on le traite en petit garçon ! il attend mieux qu'une friandise... Son cœur réclame aussi quelque chose... Parfait ! Le thème est trouvé : Le Pays le développe de son mieux.

La lettre est terminée, mais l'épistolier se sent en forme; il ne va donc pas en rester là. Depuis quelque temps il poursuit de ses assiduités une certaine Madame du Buisson; l'intrigue a été conduite suivant toutes les règles; il ne s'agit plus de s'arrêter maintenant et une aimable lettre ne gâtera rien à l'affaire. Et Le Pays entreprend de disserter à tout hasard sur le mystère, sur la nécessité de garder certains secrets... Mais il n'y a aucun mystère entre elle et lui ? Ils n'ont pas de secret qui les lie ? N'importe : « ...Vivons comme si nous en avions besoin, cela flatera mon cœur dans l'espérance qu'un jour le mystère ne nous sera pas inutile... » Très bien : cette lettre marquera une étape de plus sur la Route de Tendre; hier « Jolis-Vers », aujourd'hui « Billet galant », demain on atteindra « Billet doux ».

Et voici Boniel enfin; il est bien pressé aujourd'hui : il se rend chez Uranie qui, ayant recours à ses lumières de latiniste, lui a demandé de venir traduire chez elle *L'Art d'aimer*, d'Ovide. Il acceptera tout juste que Le Pays lui lise son dernier sonnet puis se hâte de partir.

L'écrivain se dispose alors à sortir lui aussi. Justement il a promis la veille à Margoton de lui porter un Tome de *Clélie*, et une amie l'a chargé d'aller voir si le portrait commandé à un peintre était terminé. Le Pays s'acquitte de la promesse et de la commission : le portrait, par bonheur, est terminé; suivant les instructions qui lui avaient été données, il le prend immédiatement et le porte chez l'encadreur.

Mais l'après-midi s'avance et Le Pays sait qu'on l'attend chez la marquise de Clayeyson. La compagnie est déjà au grand complet quand le poète pénètre dans le salon. A peine est-il entré qu'il devient l'objet de l'attention générale. On l'assaille de questions : qu'a-t-il fait depuis deux jours ? Est-il allé à Lyon cette semaine ? La comtesse de Bouchage est-elle toujours à Brangues ? Le Pays satisfait toutes les curiosités, non qu'il se pique d'être nouvelliste, mais parce qu'il peut ainsi montrer ses talents de causeur, raconter une anecdote piquante, donner à ses auditeurs la primeur d'une lettre qu'il vient d'écrire, réciter un madrigal.

Le soir venu il s'en va chez Milleran; il y retrouve Claude de Chaulnes et Thomas Delorme. La « grande Climène et la grosse Dorise » sont de la partie. De vénérables bouteilles sont alignées sur la table. Pour rien au monde Le Pays ne voudrait précipiter l'achèvement de ces heureux instants et il ne perd ni un coup de dents, ni un coup de langue, ni une œillade :

L'on est à soy-mesme inhumain
Quand on peut estre heureux et que l'on le difère ;
Chaque plaisir est passager
Il le faut prendre à son passage,
C'est en tout un grand avantage
Quand on se trouve prest à l'heure du berger.

Assez tard dans la nuit Le Pays a regagné son domicile. Un coup d'œil sur des notes de service qui lui ont été envoyées dans la journée, quelques réflexions sur ses occupations du lendemain et, en attendant que le sommeil se fasse sentir, quelques minutes de lecture. Il ouvre sa bibliothèque, parcourt d'un amoureux regard tous ces livres qui lui sont chers et se décide à ouvrir une comédie de Molière. Tiens ! quelle est cette feuille ? il reconnaît la formule d'un remède contre les opilations ; justement il la cherchait en vain depuis quelques jours, l'ayant promise à une dame qui la lui avait demandée. Il pourra la lui envoyer dès demain.

Sa lecture achevée Le Pays s'est couché. Allons, il a encore goûté aujourd'hui quelques plaisirs ! Puis, dans le calme des heures nocturnes, sa pensée devient plus précise : il essaye de raisonner. Ses *Amitiez, Amours et Amourettes* ? Un gros succès. Sa *Zélotyde* ? Un succès raisonnable, mais moins accentué. Pourquoi donc ? Elle était pourtant bien galante son histoire... oui, trop galante pour plaire à un public sérieux et, d'autre part, d'un intérêt pas assez immédiat pour plaire à son public habituel... Décidément, il a bien fait de revenir, avec ses *Nouvelles Œuvres* au genre pour lequel il est doué... Tout de même, est-ce bien la gloire littéraire qu'il a jadis rêvée ? Est-ce bien une gloire durable ? N'a-t-il pas émietté quelque peu son talent ? Il a été le premier à trouver ridicules les procédés dont usèrent certains poètes qui lui ont soumis leurs œuvres... S'il regardait aussi sévèrement son œuvre personnelle quel jugement devrait-il prononcer ? Enfin, qu'importe : il a connu de doux éloges ; il a là, tout près, dans un tiroir, la lettre qui lui annonça son succès à l'Académie d'Arles, le brevet du duc de Savoie qui l'a fait chevalier de St-Maurice, les titres que la Cour romaine lui a envoyés.

Le sommeil le gagne et ses idées se brouillent. Les mêmes pensées l'assaillent encore, mais elles empruntent aux rêves leurs fantasmagories... Il se voit architecte, fait le plan d'un temple; il passe à l'exécution et s'aperçoit qu'il n'a bâti qu'un Kiosque... Amourette se moque de lui : il se fâche; elle devient sérieuse, revêt le manteau des chevaliers de St-Maurice et pose sur sa folle chevelure un bonnet dont on dirait le bonnet d'un grave docteur; brusquement elle fait une pirouette et lance en l'air son bonnet. Il lui semble entendre une voix : Laisse Amourette, il est trop tard pour refaire son éducation... Contente-toi de ta part : ta vie et ton œuvre ont été un sourire... Mais n'attends pas de ce sourire la place que tu aurais rêvé d'avoir dans la mémoire des hommes... Ton œuvre ne saurait être la statue ou le tableau qu'ils mettent à la place d'honneur dans leur demeure; peut-être la garderont-ils comme un bibelot qu'on laisse au coin d'une étagère et sur lequel s'accumule doucement la poussière mais que, par hasard, la main d'un curieux viendra manier un instant parce qu'il est le symbole d'une mode disparue...

Et René Le Pays dort cette fois très profondément.

*
* *

Les travers et les ridicules de la province n'ont pas échappé à la sagace observation de Molière. Dès 1659, il trace, avec Cathos et Magdelon, le portrait de deux « pecques provinciales » et, en 1671, il place à Angoulême l'action de la *Comtesse d'Escarbagnas*. Cette pièce, avec une intrigue insignifiante, et malgré sa brièveté, vaut par les quelques traits de la vie provinciale qui s'y trouvent notés avec cette sûreté de touche propre à Molière; la Comtesse, prétentieuse et affectée, désireuse de révéler à la société de sa petite ville les manières et les modes de la capitale, reste, au même titre que les grandes figures de son théâtre, un type d'une vérité permanente. Enfin et surtout, l'auteur a fait cette fois paraître sur la scène un personnage qui était ordinairement à l'abri de ses attaques : le gros fonctionnaire.

Stendhal insinue quelque part (1) que Molière, encouragé par Louis XIV à poursuivre tous les ridicules dans chaque classe de la société, devait, à la requête de Colbert, épargner les gens de finance. Il les a, de fait, épargnés. Mais n'empêche qu'un des amants de la Comtesse d'Escarbagnas est M. Harpin, receveur des tailles, et, qu'à ses côtés, s'agite son rival, M. Tibaudier, qui est, lui, un conseiller de justice.

Or, ces deux fonctionnaires, avec leur suffisance, leur galanterie, leur célébrité locale, leur prétention au bel-esprit, ne sont point sans ressemblances avec René Le Pays.

Il serait sans doute aventureux de prétendre que Molière ait connu personnellement Le Pays, ou simplement qu'il ait connu ses œuvres (bien que les *Amitiez, Amours et Amourettes* aient été assez lues, même à Paris, puisque Boileau a pris ombrage de ce succès). Mais, en tout cas, il est certain qu'un personnage comme Le Pays serait à lui seul, et à défaut d'autres, une justification des personnages esquissés par Molière dans cette *Comtesse d'Escarbagnas*, et que l'on trouve dans l'œuvre de Le Pays de quoi vérifier le réalisme des travers provinciaux indiqués par Molière.

Dès le début de la pièce, le Vicomte explique ainsi son retard :

« Je serais ici il y a une heure, s'il n'y avait point de fâcheux au monde, et j'ai été arrêté en chemin par un vieux

---

(1) *Promenades dans Rome.* Tome II.

importun de qualité... C'est là, comme vous savez, le fléau des petites villes que ces grands nouvellistes qui cherchent partout où répandre les contes qu'ils ramassent... Il s'est jeté à corps perdu dans le raisonnement du ministère dont il remarque tous les défauts et d'où j'ai cru qu'il ne sortirait point. A l'entendre parler, il sait les secrets du cabinet mieux que ceux qui les font... Il nous apprend les ressorts cachés de tout ce qui se fait, nous découvre les vues de la prudence de nos voisins et remue à sa fantaisie toutes les affaires de l'Europe... etc... »

Or ce nouvelliste d'Angoulême, dont on trouvera des cadets chez La Bruyère et Montesquieu, avait eu un aîné à Grenoble. Une des lettres de Le Pays nous le présente en ces termes (1) :

« ...Il est un peu trop grand politique pour un homme qui n'est pas employé au gouvernement de l'Etat. Il ne parle jamais que du ministère et des grandes nouvelles, il rompt la teste à tout le monde... L'autre jour... au milieu d'une ruë... il me fit faire avec lui deux ou trois grands voyages, sans que pourtant nous bougeassions de la ruë où il y avoit de la bouë... Si le Turc fait quelque progrès en Candie, si les conféderez remuent en Allemagne... il en débite les nouvelles sur la place... etc... »

La Comtesse d'Escarbagnas se faisant attendre, Le Vicomte, s'étant ainsi excusé de son retard, s'entretient avec Julie et lui récite des vers de sa façon; comme Julie lui en demande une copie, le Vicomte se récuse en disant : « Il est permis parfois d'être assez fou pour faire des vers, mais non pour vouloir qu'ils soient vus ». Cette réplique est assez bien l'écho de la

____

(1) Amitiez, Amours et Amourettes. Livre III, lettre 29.

théorie de Le Pays sur les « vers de ménage » et la « muse domestique... »

Voici la Comtesse et Julie en tête-à-tête. Mais Jeannot survient ; il apporte à la comtesse des poires, avec un « petit mot d'écrit ». On se rappelle les lettres que Le Pays écrivait à propos de ces cadeaux en nature : mais ce sont plutôt les pommes qui apparaissent dans son œuvre car la pomme permet de jolies variations sur un thème connu : Adam, Eve, Pâris, Hercule viennent au secours de l'écrivain, et la pomme offre toutes sortes de symboles. M. Tibaudier, lui, envoie des poires : cet envoi comporte un symbole que M. Tibaudier ne voit certainement pas, mais M. Tibaudier en dégage quelques-uns que nous ne verrions pas sans lui et s'il ne nous était pas permis de lire par-dessus l'épaule de la comtesse le billet qui accompagne l'envoi :

« Madame, je n'aurais pas pu vous faire le présent que je vous envoie, si je ne recueillais pas plus de fruit de mon jardin que j'en recueille de mon amour. Les poires ne sont pas encore bien mûres ; mais elles cadrent mieux avec la dureté de votre âme, qui, par ses continuels dédains, ne me promet pas poires molles. Trouvez bon, Madame, que, sans m'engager dans une énumération de vos perfections et de vos charmes qui me jetterait dans un progrès à l'infini, je conclue ce mot, en vous faisant considérer que je suis d'un aussi franc chrétien que les poires que je vous envoie, puisque je rends le bien pour le mal ; c'est-à-dire, Madame, pour m'expliquer plus intelligiblement, puisque je vous présente des poires de bon-chrétien pour des poires d'angoisse que vos cruautés me font avaler tous les jours... »

C'est la lettre d'un sot prétentieux sans doute : mais d'un sot qui s'est mis l'esprit à la torture pour dire des choses inattendues et qui, somme toute, arrive à un résultat ; on peut se moquer de lui mais on ne peut lui refuser le mérite d'une certaine difficulté vaincue. Eh bien, cette même impression, cette impression de la virtuosité dans l'absurde, on la ressent à un égal degré dans certaines lettres de Le Pays. Il s'avise par exemple d'envoyer un jour à Mesdames de M. « un plat de sel fort blanc qu'on appelle des roses ». Une lettre, datée de Vienne, le 3 Septembre 1668, accompagne l'envoi (1). Elle débute par quelques vers :

> J'ay cueilly les plus belles roses,
> J'en ay fait un bouquet, j'ose vous l'envoyer,
> Ce ne sont pas de belles choses
> Mais c'est un plat de mon mestier.

Sur ce, l'auteur commence à badiner, et voici son thème : il ne donne qu'une poignée de sel, mais ce sel appartenant au roi, lui, Le Pays, doit s'en montrer avare, comme elles, ses correspondantes, sont avares des trésors qu'elles ont en elles ; ce peu de sel, c'est déjà un vol ; de même ce qu'il a pu obtenir d'elles, il l'a obtenu par surprise. Enfin, dit-il pour terminer : « Je me croyrois bien payé si en échange de mon sel vous vouliez un peu me donner du vostre, j'entends de ce sel qui se trouve dans vos agréables lettres et dans vos sçavans entretiens, de ce sel qui plaisoit tant au goût de la Grèce... »

M. Tibaudier est poète par surcroît : il fait des vers dont la Comtesse décrète que « pour des vers faits dans la province » ils sont « fort beaux ». Et M. Tibaudier se pique d'érudition,

---

(1) Nouvelles Œuvres. Tome II, livre I, lettre 13.

tout comme Le Pays ; il connaît Martial, il « a lu les auteurs »
selon le mot du Vicomte.

La physionomie de son rival, Harpin, est moins poussée.
Le receveur des tailles n'apparaît qu'à la fin de la pièce et
prononce quelques paroles malsonnantes : il comprend qu'on
l'a dupé, qu'il a été trahi dans sa passion et sa bourse à la
fois : cette seconde trahison semble lui être du reste plus sensible que la première. Son dernier mot est pour dire que « Monsieur le Receveur ne sera plus pour vous Monsieur le donneur... »
Cette plaisanterie un peu grosse et qui a rapport à la profession
de l'homme peut être rapprochée d'un madrigal de Le Pays,
intitulé « Le Financier ». C'est un des rares endroits où le poète
se souvienne qu'il est directeur des Gabelles du Dauphiné et
en fasse état. Il rappelle à Philis qu'après six mois de soins
inutiles, il s'est, la veille, permis quelque licence et il termine

> Serois-je, ma Philis, un homme de Finance,
> Si je ne sçavois pas me payer par mes mains ? (1)

. . . .

Il est toujours difficile de dire avec certitude ce qu'un auteur
peut devoir à quelqu'un de son temps et il est souvent imprudent
d'affirmer qu'un personnage de l'époque a été directement visé
par un auteur. Du reste, même pour des pièces qui ont plus
attiré l'attention des contemporains que la *Comtesse d'Escarbagnas*, le *Misanthrope* par exemple, l'indécision est aussi
grande. Alceste est-il Molière lui-même, ou Boileau, ou Montausier ? Philinte est-il Chapelle ou Dangeau, ou Valincourt ? La
vérité c'est sans doute qu'un personnage n'est pas une copie
directe, mais le résultat d'une sorte d'assemblage fait de plu-

---

(1) Amitiez, Amours et Amourettes. Livre III, lettre 22.

sieurs traits empruntés çà et là, un amalgame d'éléments fournis par de multiples observations, pétris par le génie du poète et qui reçoivent de lui une nouvelle vie. N'est-ce pas un peu « tout le monde » qui est le modèle d'un poète comique : il vise des ridicules, des travers, des manières d'être qui ne sont pas l'apanage d'un individu ; son bon sens réagit contre des choses qui sont « dans l'air » du temps. Il serait donc téméraire de dire : Le Pays a été l' « original » d'un personnage de Molière. Mais il ne l'est pas de dire : si l'on passe des œuvres de Le Pays à la *Comtesse d'Escarbagnas* on n'éprouve pas l'impression de changer de milieu, on se retrouve en pays de connaissance, on sent que c'est la même atmosphère...

On sait que la *Comtesse d'Escarbagnas* est une œuvre qui a fait souche ; à l'heure où Molière l'écrivait, un enfant jouait déjà dans un village de la Basse-Bretagne, qui s'appelait Alain-René Le Sage et qui devait donner la comédie la plus vigoureuse du siècle suivant : *Turcaret.* Hâtons-nous de dire que la foncière honnêteté de Le Pays le met à l'abri de toute comparaison, cette fois. Bien plus, Turcaret aurait dit sans doute de Le Pays ce qu'il dit de cet homme dont on a « surpris la bonne foi » et qui est « trop bon » : « Trop bon ? Hé pourquoi diable s'est-il donc mis dans les affaires ? » La suite de la biographie de René Le Pays nous montrera en effet bientôt comment on peut être un fonctionnaire consciencieux, un honnête homme et aboutir à une catastrophe.

CHAPITRE XIII

____

Reprise de la biographie de René Le Pays
Quelques poésies détachées. -- La dernière œuvre :
Le Démeslé de l'Esprit et du Jugement

____

Aux environs de 1680, René Le Pays pouvait en somme se regarder d'un œil assez satisfait. A défaut de productions nouvelles, ses œuvres anciennes continuaient à connaître les faveurs du public et leur renommée dépassait même les frontières. Les honneurs étaient venus à lui. La société distinguée de sa province l'entourait comme une cour fière de son prince. Son existence coulait, calme, sans heurt, facile et douce. Les devoirs de sa charge, scrupuleusement remplis, lui valaient l'estime officielle. Il y a là une période de quelques années dont on peut dire, comme de la vie d'un peuple heureux, qu'elle n'a pas d'histoire.

Une charge qu'il ne désirait pas faillit cependant lui être imposée. Il s'agissait de la Ferme des Tabacs, fonction qui aurait obligé Le Pays à s'embarquer pour les colonies. Dans sa jeunesse, un tel voyage ne l'aurait pas effrayé : on se souvient que son humeur n'était pas casanière. Il n'en était plus maintenant tout à fait de même : l'âge et l'habitude l'avaient un peu alourdi et ses goûts étaient devenus plus sédentaires. En outre, une telle charge n'était pas sans l'engager dans des embarras d'argent. Le Pays répondit donc au Contrôleur Général par une Ode (1) qui traduit ses hésitations et son désir d'achever sa vie en paix.

> Pour les isles de l'Amérique
> Vous me commandez de partir
> Et j'ay fait vœu de consentir
> A tous vos ordres sans réplique.
> Seigneur qui m'éloignez d'icy
> Souffrez pourtant que je réponde :
> Pour m'envoyer au Nouveau-monde
> Qu'ay-je fait en celuy-cy ?

Et le poète rappelle que les vers qu'il a composés sont bien innocents et qu'il a été par ailleurs un bon serviteur de son roi. Qu'on lui épargne donc de nouveaux soucis ! Et du reste pour être fermier il faut être plus riche :

> ...Je suis indigent ;
> Pour le gros fonds qu'il me faut faire
> Qui me fournira de l'argent ?

L'Amérique est bien éloignée aussi : est-il sage d'aller chercher de la gloire là-bas alors que sa réputation est faite ici ? Et Le Pays d'exprimer à sa façon l'*aurea mediocritas* chère à son cœur.

> Un petit curé de village
> Tout bien compté vaut davantage
> Qu'un archevêque in-partibus !

Donc il faudrait mieux le laisser où il est, ne pas exiler sa muse, la pauvre Amourette qui serait bien dépaysée dans le Nouveau-Monde... En outre, affirme-t-il plaisamment, il ne connaît rien à la marine :

---

(1) En 15 strophes de 8 vers chacune.

> Je ne connois ni sud ni nord,
> Au moindre orage je suis mort...
> Un gros vent pourrait me troubler
> Quand mesme je l'aurois en poupe.
> Le seul nom de la Garde-loupe (1)
> Sur la carte me fait trembler...

Enfin, il est vieux : ses yeux ne sont plus faits pour se plaire à la nouveauté des choses et se reposeraient sans plaisir sur ces lointains paysages. Et vraiment,

> Quand on est vieux, on n'est pas sage
> De chercher si loin son tombeau.

De même, La Fontaine fera dire au vieillard par le jeune homme de la fable :

> Quittez le long espoir et les vastes pensées...

Mais Le Pays n'a pas besoin qu'on le lui dise. Le Sancho qu'il portait en lui avait assez vite pris le dessus pour l'empêcher de tenter les aventures.

L'Ode eut l'heur de plaire au Contrôleur général qui, s'il faut en croire Le Pays, la montra même au roi.

Désireux de pousser sa cour, le poète s'empressa du coup de composer deux éloges du tabac qu'il adressa au Contrôleur en les faisant précéder d'une lettre assez intéressante pour les quelques précisions qu'elle nous apporte (2).

C'est en effet par elle qu'on apprend que l'*Ode de l'Amérique* (c'est ainsi que Le Pays la désigne) était allée jusqu'au roi, qu'elle n'avait pas été une simple fantaisie de poète et qu'il

---

(1) « Les Français nomment l'isle de la Guadeloupe, la Garde-loupe, par une corruption de nom ». Dictionnaire géographique de Bruzen de la Martinière, géographe de Philippe V, roi d'Espagne, 1740.

(2) Cette lettre, ainsi que l'Ode de l'Amérique et que les deux éloges du tabac, se trouve à la fin des diverses éditions du Demeslé de l'Esprit et du Jugement.

avait été réellement question de donner à Le Pays la ferme des tabacs.

« Vous m'aviez nommé pour être fermier général du tabac, vous sçavez pourquoi je ne l'ai pas été… »

Mais que représente ce « pourquoi ? » Il y a évidemment là autre chose que le peu de goût témoigné par Le Pays pour cette charge et que le désir exprimé dans son Ode… On peut croire que l'orage qui va fondre dans quelque temps sur cette calme existence grondait sans doute déjà au lointain. Le désastreux procès dans lequel on verra Le Pays engagé à fond en 1688 avait, du propre aveu de l'intéressé, des origines qui remontaient à plusieurs années. Il y aurait donc lieu de penser que la confiance qu'on lui avait longtemps témoignée avait un peu commencé à diminuer et qu'on jugea bon de ne plus insister pour lui faire prendre une charge nouvelle quand on s'aperçut qu'il faudrait probablement lui demander compte de son ancienne. Disons tout de suite que dans cette affaire, Le Pays, comme on le verra plus loin, avait péché non par malhonnêteté, mais par imprudence (1).

Après avoir ainsi rappelé ce projet irréalisé, le poète déclare qu'il va cependant travailler au bien de la Ferme par ses deux éloges, le premier consacré au tabac à fumer, le deuxième, au tabac à priser. Le contrôleur n'aura qu'à faire distribuer les deux poèmes dans les bureaux : ils serviront de réclame.

« Je hay le tabac, déclare Le Pays, surtout en fumée; j'en fais l'apologie malgré mon inclination, j'en publie les vertus; je luy dresse des trophées dans la seule veüe de contribuer au bien de l'Etat… »

En faveur du *tabac en fumée*, le poète trouve deux argu-

---

(1) Cf. chapitre XIV.

ments : le tabac est l'accompagnement du bon vin et il aide à
rêver :

> Tabac, ennemy du chagrin,
> Plante que Bacchus a semée,
> Amy sociable du vin
> Qui rends la débauche animée,
> Qui fournis le contre-poison
> Des maux que nous fait la raison
> ....
> Ah ! qu'il est doux, le ventre plain
> Prenant de fantasques postures,
> De repasser, la pipe en main,
> Dans son esprit mille avantures
> ....

Mais on sent que le poète est plus à son aise quand il se fait,
dans la pièce suivante, l'avocat du tabac à priser, du tabac *en
poudre*. Le poème est dédié à Mademoiselle du H. et l'auteur
est tout heureux de faire remarquer que ce tabac peut être par-
fumé à l'œillet ou au jasmin. Autre avantage : si la pipe est
grossière, la tabatière ne l'est pas :

> On porte en main la tabatière,
> Vous en voyez d'agate et d'or.
> On prend la plus riche matière
> Pour loger un si grand trésor.
> ....

Pour Le Pays, une preuve de l'excellence du tabac est encore
tirée du consentement universel : ne l'aime-t-on point partout ?
En mer, à la ville, aux armées ? Enfin, n'oublions pas que c'est
servir le roi que de le propager...

Tels sont les deux badinages que le tabac inspire à Le Pays
et qu'un contemporain apprécie de cette façon : « Il a fait deux
poèmes sur cette matière disgraciée et il a trouvé l'industrie
d'y mesler tant d'agrémens et d'en relever si bien les vertus

que l'on verra désormais cette plante parmy les fleurs du Parnasse... » (1).

Cependant Le Pays travaillait à un ouvrage de plus longue
haleine. Il s'agissait d'un de ces dialogues qui étaient, on l'a
vu, si à la mode, et auxquels lui-même s'était déjà essayé (2).
Mais cette fois le dialogue allait être d'une certaine étendue et
capable de former presque seul un volume qui parut enfin, en
1688, chez Robert Pépie, à Paris, sous le titre de : *Demeslé de
l'Esprit et du Jugement*, et dédié à Madame de Maintenon.

*
* *

Il ne s'agit pas seulement, en l'occasion, d'une aimable
conversation, d'un pacifique dialogue au cours duquel un habile
auteur fait discourir deux personnes ou deux entités qui ne
demandent qu'à s'entendre. Il s'agit bien d'une discussion,
d'un débat : c'est le *Démeslé* véritable de l'Esprit et du Jugement. Personnifions les interlocuteurs, exagérons un peu leur
caractère et sur ces deux abstractions nous mettrons facilement
deux noms : c'est Chrysale et c'est Philaminte. Et il s'agit aussi
un peu d'un problème de psychologie, d'une belle question à
résoudre, d'un de ces « cas » sur lesquels discutaient à perte
de vue les cours d'amour du moyen-âge, les réunions de société
de la Renaissance, les salons de la Préciosité, forme plus relevée,
plus distinguée des éternels jeux de société. Ici, le problème se
pose en somme de cette façon : si l'on ne peut avoir à la fois de
l'esprit et du jugement, de la finesse et du bon sens, quelle qualité est-il préférable de posséder ?

____

(1) Basnage de Beauval. Histoire des ouvrages des sçavans. Septembre 1688.
(2) Voir au chapitre X.

La question est d'importance, car elle intéresse la conduite d'un chacun, la réussite dans la vie de n'importe quel homme. Sommes-nous mieux armés contre les gens avec de l'esprit ou avec du jugement ? Sommes-nous plus sûrs de n'être pas des sots quand nous possédons l'un ou quand nous possédons l'autre ? La Rochefoucauld a solutionné la question à sa façon : « On est quelquefois un sot avec de l'esprit, on ne l'est jamais avec du jugement ». Le Pays est trop... Le Pays pour être si tranchant ; vingt années de vie mondaine lui ont enseigné l'art de ne dire finalement ni oui ni non. Corneille, illustre normand, se tira d'affaire par une réponse de paysan madré quand il lui fallut prendre parti dans la fameuse querelle des sonnets qui divisait la cour et la ville. Mais le père de Le Pays n'était-il pas normand ? René en gardait quelque chose. On ne s'étonnera donc pas de voir par quelle habile pirouette il terminera la discussion — et fera sa cour à Louis XIV par surcroît... Mais reconnaissons qu'avant d'en venir là, il est le héraut ardent, animé, du tournoi auquel il nous convie.

L'Esprit et le Jugement commencent par se reprocher leur mépris réciproque. Pourquoi l'Esprit méprise-t-il les conseils du Jugement ? Mais pourquoi le Jugement censure-t-il continuellement l'Esprit ? Et tous deux entreprennent leur propre apologie jusqu'au moment où le Jugement reproche à son adversaire de faire souvent le plaisant à contre-temps et de se mettre ainsi dans de mauvais cas : « Le sot offensé impose quelquefois un cruel silence au Bel-esprit imprudent ». Cet aphorisme attire une cinglante réplique au Jugement :

« J'avoue que je ne suis pas aimé des sots et que vous estes fort bien avec eux. Il n'y en a pas un qui ne vous mette de son party. Si on leur reproche qu'ils n'ont point d'esprit ils se retranchent aussi tost du costé du jugement et un sot qui fait le judicieux croît par là s'ériger en grand personnage... »

Et la querelle s'envenime et menace de s'éterniser quand l'idée leur vient de passer aux exemples. Le Jugement cite un certain nombre de traits d'esprit et en souligne les défauts. L'Esprit en raconte d'autres qui lui semblent inattaquables, mais dans lesquels son rival découvre cependant une paille. Il y a là une vingtaine d'anecdotes dont certaines ne manquent pas de sel. Voici par exemple la réponse que l'esprit inspire à un colonel auquel son roi montrait le couvent qu'un de ses ancêtres avait bâti en accomplissement d'un vœu fait au cours du combat : « Il est fort beau... Son vœu et son bâtiment me font croire qu'il eut une belle peur dans la bataille !... » Une autre fois un seigneur à cordon-bleu, en voyant la bague qu'une dame porte au doigt, murmure qu'il aimerait mieux la bague que la main ; l'Esprit inspire à la dame cette réponse : « Et moy, j'aimerois mieux le licou que la beste... » Mais toujours le Jugement proteste : telle réplique était imprudente, telle autre était trop cinglante, trop blessante.

L'Esprit entreprend une nouvelle « série » d'anecdotes dont une au moins mérite d'être relevée :

« A un prélat qui ne résidoit que rarement dans son diocèse : C'est bien fait, Monseigneur, cela marque la confiance que vous avez en Dieu ; vôtre diocèse peut-il estre mieux que sous la conduite de la Providence ? »

Mais le Jugement apporte un argument nouveau : l'Esprit, trop souvent, s'attaque à ceux qui ne peuvent se défendre, et après avoir développé cette idée, il conclut par ce très sage conseil :

« Quand vous aurez un rival ou un ennemi, raillez-le moins

que les autres. En pareille conjoncture la raillerie est la vengeance des petites âmes. Pour railler prudemment, songez bien aux choses que vous dites... Et que, par quelque endroit, celuy que vous raillez y trouve son compte. Ne l'insultez jamais sur un défaut sans le louer sur quelque qualité. Il faut qu'il sente une douleur meslée de plaisir comme un enfant qu'on chatouille. L'enfant rit, il se tourmente, il vous demande quartier et ensuite il revient à vous... Voilà l'effet que doit produire la spirituelle et judicieuse raillerie... »

Et comme l'Esprit demande des précisions, le Jugement entreprend de citer des réparties spirituelles, mais tempérées par le bon sens. J'en glane une au hasard :

Pisistrate, veuf, va se remarier. Ses fils lui demandent s'il a quelque sujet de se plaindre d'eux. Et lui de répondre : « Aucun, mes chers; je vous trouve à tous deux tant de mérite que je meurs d'envie de faire d'autres enfants qui vous ressemblent ! »

La discussion repart là-dessús. Elle nous donne l'occasion de saluer au passage un vieux lieu commun quand l'Esprit dit au Jugement :

« Toutes les nations conviennent que je ne quitte guères les François et publient que vous les abandonnez souvent... »

Une tentative de rapprochement s'esquisse : les deux rivaux veulent bien admettre que les belles œuvres exigent à la fois du bon sens et de la finesse et il faut remarquer que dans les exemples cités, Le Pays ne manque pas de rendre encore une fois hommage à Boileau. Puis ce sont des comparaisons : L'Esprit est un jeune capitaine impétueux, un vaisseau léger, un beau seigneur. Mais le Jugement devient un vieux chef prudent, le lest nécessaire à l'équilibre du navire, l'intendant qui veille à ce que son maître ne gaspille point son bien...

Et finalement, tous deux s'avisent qu'il y a quelqu'un qui possède autant d'esprit que de jugement et dont les décisions sont sages et sans appel. Il s'agit du roi : c'est lui qui jugera leur querelle...

*
* *

Peut-être un peu long, le *Démeslé de l'Esprit et du Jugement* se lit cependant volontiers. On oublie assez vite ce qu'a d'artificiel le procédé employé, et ceci pour deux raisons. C'est que d'abord, le dialogue présente suffisamment l'imprévu d'une conversation vivante : la pensée va, vient, s'arrête, repart, au hasard d'un mot, d'une anecdote, d'une réplique. C'est bien la ligne, je ne dirai pas brisée, mais sinueuse, d'une discussion conduite par deux habiles personnages jamais à court d'arguments, toujours aptes à tourner l'obstacle et à en opposer un autre à leur adversaire. C'est une charmante arabesque, avec tous ses détours, ses replis — et son harmonie d'ensemble cependant. C'est un fleuve dont nous suivons la gracieuse vallée : tantôt il s'arrête et s'attarde et s'étend à son aise, tantôt il se précipite, se brise sur les rochers et repart dans une direction nouvelle; et parfois, à droite ou à gauche, entre deux massifs, s'ouvre une longue gorge qui appelle nos yeux vers un horizon lointain et qui élargit le champ de notre rêverie.

Car, et voici la deuxième raison de l'intérêt qu'offre le *Démeslé*, il y a, sous cette fantaisie, une substance réelle; dans cet ouvrage amenuisé artistement et laqué comme ces meubles de salons auxquels on l'apparente de prime abord, circule la sève vivante de quelques idées nourricières. Elaguons l'accessoire : l'exposition qui est assez banale, la conclusion qui est l'hommage d'un courtisan avisé, les anecdotes qui, trop nombreuses, n'ont pas toutes le même intérêt. On restera en face d'une petite étude d'une valeur pratique et de quelques considérations qui ne manquent pas de justesse. Quand Le Pays conseille d'éviter les railleries qui piquent d'une façon irrémédiable, quand il demande qu'on se fasse pardonner une plaisanterie en y mêlant quelque éloge, il montre un certain sens psychologique. Condamner la moquerie qui vise un absent ou un être sans défense, est le fait d'un honnête homme qui a gardé intacts son sens moral et sa délicatesse. Et quand il veut que le Jugement reproche à l'Esprit ses attaques fréquentes contre « les femmes, les gens d'affaires, les gens de robe ou d'Eglise » n'instruit-il pas un peu le procès d'une véritable tendance de notre esprit national au Moyen-Age et au XVIe siècle ?

Tout cela donne à cette petite œuvre un certain sérieux auquel l'auteur ne nous a pas habitués. On lit généralement une page de Le Pays avec un sourire amusé, sans grand effort et sans éprouver le besoin de s'arrêter. Mais il est quelques endroits du *Demeslé* qui poussent à tourner moins vite la page, qui font réprimer le sourire, qui invitent quelque peu à la réflexion.

Sur l'accueil fait au *Démeslé* on a au moins un témoignage, celui de Basnage de Beauval qui, dans l'*Histoire des ouvrages des sçavans*, donne un aperçu de l'œuvre et le fait précéder de ces lignes flatteuses :

« Les Amitiez, Amours et Amourettes de M. Le Pays furent si bien reçues dans le joly monde que l'on concevra une agréable idée de ce Démeslé de l'Esprit et du Jugement dès que l'on sçaura qu'il en est l'auteur. On publia que l'Amour lui avoit donné une plume de ses ailes (1) pour écrire ses amours, et il a fait autrefois quereller si ingénieusement l'Amour et la Raison (2) qu'il n'aura sur tout oublié icy aucune des raisons de l'Esprit... »

A la suite du *Démeslé* se trouve un *Avis* du libraire assez curieux. C'est une allusion aux critiques dont le manuscrit avait pu être l'objet en même temps qu'une réponse ingénieuse à ces critiques :

« Quelques gens d'un goût fort délicat ont trouvé que, dans ce dialogue, l'Esprit parle avec trop de jugement et le Jugement avec trop d'esprit, ou, pour mieux dire, qu'ils parlent trop l'un comme l'autre. On eut souhaité que leur style fut aussi différent que leur caractère. Si l'auteur était gascon, il serait charmé de cette critique : elle lui donnerait lieu de dire que l'esprit et le jugement parlent chez lui si souvent ensemble qu'ils se sont accoutumés aux mêmes expressions. Mais M. Le Pays n'a garde de se servir d'une excuse si orgueilleuse. Il convient de bonne foi que son dialogue serait plus agréable si le style dont on se plaint était plus varié, quoi qu'il put répondre que ce n'a pas été sans dessein qu'il l'a rendu uniforme. Il a cru que le Jugement devait employer les manières et les tours de l'Esprit afin de lui insinuer plus aisément la force de ses raisons... »

Après quoi le libraire annonce qu'il va donner au public

---

(1) Allusion à un sonnet de M. du Tiger adressé à Le Pays et dont le dernier tercet est le suivant :

> Voyant en tes escrits tant de grâces nouvelles
> Je conclus que l'Amour a tiré de ses aisles
> La plume qui te sert à peindre tes Amours.

(2) Voir au chapitre X.

quelques poésies détachées qui, pendant l'impression du *Démeslé*, couraient en manuscrits.

« J'ay pris soin de les recueillir pour les donner ici... et grossir d'autant mon volume... » Car, ajoute-t-il — et cette fois la voix du commerçant étouffe celle du critique... « nous remarquons, pour notre malheur, qu'aujourd'hui les livres ne se vendent chez nous qu'à un prix proportionné à leur taille... »

Les pièces dont il s'agit sont, d'une part, celles dont on a parlé au début de ce chapitre, d'autre part, un groupe de poèmes qui ont rapport au procès dans lequel se trouvait engagé Le Pays. C'est de cette grave affaire, qui a pesé si lourdement sur ses dernières années, que nous avons à nous occuper maintenant.

CHAPITRE XIV

____

Les dernières années de René Le Pays
Son procès et sa mort

____

Les dernières années de Le Pays donnent une impression de grande tristesse. Cette vie calme et heureuse appelait une vieillesse paisible, une de ces fins tranquilles qui couronnent les tranquilles existences. Au lieu de cela, Le Pays connaît la honte d'être suspecté dans son honnêteté, condamné même, tout d'abord, en dépit de sa bonne foi. Il se mine de chagrin, use de tous les moyens pour obtenir une réhabilitation difficile. Il y parvient enfin (1) ; mais trop d'amertume restait au fond de son cœur pour qu'il pût reprendre goût à la vie et, un an après, il meurt à l'âge de 55 ans... Les plus radieuses journées de l'été s'achèvent ainsi parfois dans le deuil d'un orage imprévu...

Les origines du procès remontent aux environs de 1680 : Le Pays avait eu le tort, à cette date, de se faire aider par un associé dont l'honorabilité n'était sans doute pas très certaine.

____

(1) Les documents sur l'affaire ne sont pas abondants. Une allusion y est faite dans le Mercure galant ; quelques poésies s'y rapportant sont aussi données à la suite du Démeslé comme on l'a indiqué au chapitre précédent. Basnage de Beauval en dit aussi quelques mots dans l'Histoire des ouvrages des sçavans. Je signale particulièrement, à la fin d'un exemplaire du Démeslé de la Bibliothèque Sainte-Geneviève (Fonds de réserve. Inventaire n° 369) six feuillets encartés lors d'une reliure postérieure à la parution du volume (car ils contiennent quelques pièces datées de 1689), d'une pagination fantaisiste, et qui donnent, avec d'autres morceaux, un exposé de l'affaire par Le Pays, assez court, mais précieux néanmoins.

L'imprudence lui coûta cher. Voici comment, dans le factum .composé en 1688, c'est-à-dire après sa condamnation, il retrace la marche de l'affaire :

«... Le sieur*, aujourd'huy prisonnier à la Bastille, a dissipé les deniers d'un recouvrement où j'estois jadis intéressé avec luy. Je reconnus son désordre dès qu'il commençoit. J'en donnay avis, on le négligea. Pour réparer une si grande faute, je le fis moy-mesme arrester et saisir tous ses effets, alors suffisant pour payer son debet. Il fut incontinent rétably malgré moy : et l'on m'ôta la seureté infaillible que j'avois prise. Je m'en plaignis : on me déchargea dē la société. Sa Majesté luy donna ensuite deux arrests de surséance. Au bout de ce terme ce malheureux fit banqueroute. Huit ans après on m'attaque et l'on me poursuit pour son debet qui monte à deux cents quatorze mil livres. Tout cela est prouvé. Peut-on me contester la décharge que je demande et sur laquelle j'implore la justice de sa Majesté ? J'ay eu l'honneur de la servir pendant 30 ans avec une probité assez connue... »

Le Pays, après avoir donc pu croire que sa bonne foi était reconnue, s'était brusquement trouvé poursuivi. Il faut remarquer en passant — et tout à son honneur — qu'il parle sans colère de ce « malheureux » et ne le nomme pas. Quant à sa « probité » il semble en effet qu'elle fut indiscutable. Les témoignages n'en manquent pas et je citerai au moins cette phrase de Goujet qui les résume tous :

« Aimant l'honneur et son devoir, il était incapable de faire la moindre bassesse pour s'enrichir... » (1).

C'est à la fin de 1686 ou au début de 1687 que Le Pays apprit

---

(1) Bibliothèque françoise. Tome XVIII, page 265.

l'accusation dont il allait être l'objet. Sans perdre de temps il s'en vint à Paris pour se défendre. Ce voyage nous a valu **la** plus alerte poésie que Le Pays ait composée (1). Il y narre les aventures de sa randonnée avec une étonnante liberté d'esprit :

> Un sellier me vend un soufflet
> Guindé sur deux criantes roues.
> Je parts, je cours ; il rompt tout net ;
> Me voilà planté dans les boues.
> Je démonte le postillon,
> A ma suite mon équipage
> Rampe jusqu'au premier village
> Où je trouve un vieux forgeron
> Demi maréchal et charron...

Harassé de fatigues, il échoue dans une auberge de Moulins :

> Je demande viste deux draps.
> Une guenon cherchant à me plaire
> Me veut servir un froid repas.
> — Ma pauvre fille il faut me faire
> Un bon lit sans tant de mystère.
> — Monsieur, ce canard est bien gras,
> Manger vous est fort nécessaire
> Car sans manger on ne dort pas
> — Un lit, hélas, un lit, ma chère...

Enfin le voici, avec bien du mal, en possession de sa chambre. Mais, quand il compte dormir, la pièce est envahie par

> ... la troupe alerte
> De vingt marchandes de cizeaux
> Dont les pieds n'exhaloient pas l'ambre...

Ajoutez à tant de mécomptes, qu'à l'heure du départ, il est victime de la rapacité de l'hôtelier, et l'on comprend que tout

---

(1) Lettre écrite à M. l'abbé de Lesseins, de Fontainebleau où l'auteur passait pour aller solliciter son procès à Paris. (L'abbé de Lesseins était de cette famille des de Lionne avec laquelle Le Pays entretenait les meilleures relations. Cf. : chapitre VI).

cela lui ait donné un air si pitoyable qu'il fut pris en route pour un voleur de grands chemins et n'arriva que difficilement à se justifier. Enfin il atteint Fontainebleau, commence à se remettre de ses émotions et fait, pour terminer, un mélancolique retour sur son passé :

> Je compte encore dans mes tourments
> Les plaisirs qu'on goûte à Romans (1)
> Où vous avez de si beau monde.
> J'ai quitté ce charmant séjour
> Où je pouvois faire ma cour
> A notre agréable intendante,
> A notre belle Présidente
> . . . .
> Adieu mon joly voisinage,
> Adieu trop charmant Dauphiné
> Que j'aime cent fois davantage
> Que le climat où je suis né...
> Adieu vos douceurs si touchantes,
> Adieu vos perdrix succulentes.
> Maudit traité, maudit procès
> Digne de mes rimes plaintives,
> Je plains les maux que tu me fais
> Moins que les biens dont tu me prives !

Il y a sans doute, dans cette pièce hâtivement écrite, des inégalités et des longueurs. Du moins tel couplet, par sa vivacité, son enjouement, fait un peu songer à « l'élégant badinage » de Marot, de *l'Epitre après avoir été volé par un valet*, par exemple. Bayle pensait probablement à ce morceau quand, ayant noté que Le Pays dans sa vieillesse se plaignait du destin et s'en voulait d'avoir partagé sa vie entre les finances et les lettres, il affirmait que ce procès avait eu pour heureuse conséquence de lui inspirer de jolies choses. Jadis Le Pays avait écrit

------

(1) Le Gouverneur de Romans était le marquis de Claveyson, frère de l'abbé de Lesseins.

au comte de Bouchage également peiné de la mauvaise tournure prise par un procès : « Vos peines m'ont diverty, parce que vous les expliquez si bien qu'assurément elles ne vous font guères de mal... » (1). On serait tenté de faire maintenant l'application de ce mot à Le Pays lui-même.

Arrivé à Paris, l'accusé se hâte de s'adresser à Louis XIV. On était alors en Février 1687. Le roi sortait de maladie et l'on chantait dans toutes les églises des Te Deum pour sa convalescence. Le solliciteur en profite pour témoigner de ses loyaux sentiments : il affirme qu'il ne sera plus triste du moment que l'auguste malade va mieux.

> ...A tous les Te Deum j'assiste.
> J'y vois tout le monde content.
> Mon procès m'y veut rendre triste
> Mais j'y chante et chacun m'entend... (2)

En dépit de ses démarches et de ses suppliques, Le Pays fut d'abord condamné, condamnation qui le surprit en l'affligeant et qui semble avoir également surpris ses contemporains. Voici en effet ce qu'en dit l'un d'eux :

« Outre les raisons prises du fond du procès, il y en a deux qui sembloient devoir mettre M. Le Pays à couvert d'une si terrible condamnation. L'une, qu'il ne s'est point enrichy depuis trente ans qu'il est dans les fermes du roy. L'autre qu'il est trop bel esprit pour s'engager dans des comptes et dans des calculs de finances... » (3).

L'incorrigible rimeur s'empressa d'adresser au roi un nouveau poème pour se plaindre de cet arrêt.

---

(1) Nouvelles Œuvres. Tome II, livre I, lettre 9, du 12 juin 1668.
(2) Au roy, avant le jugement de mon procès. La pièce est reproduite dans toutes les éditions du Démeslé de l'Esprit et du Jugement.
(3) Basnage de Beauval. Histoire des ouvrages des sçavans. Septembre 1688.

> Sire, je l'ai perdu ce procès si terrible
> Qui peut m'enlever tout mon bien...
> Je le perds, et pourquoi ? pour m'être associé
> D'un homme qui montrait de sages apparences.
> Il a, ce faut prudent, dissipé vos finances.
> Pour lui dois-je être chastié ? (1)

Et dès lors, Le Pays n'aura plus qu'un but : faire casser l'arrêt, obtenir décharge de la somme dont on l'a rendu responsable. A cette fin il s'adresse un peu à toutes les portes.

C'est d'abord une supplique à Madame de Maintenon, en prose et en vers (2). Il sait, dit-il, que Madame doit recevoir bien des « lettres à brûler » mais il espère que la sienne aura un meilleur sort ; sa cause est juste ; le magistrat qui l'a condamné a dû suivre « avec répugnance » la « rigueur des décrets. » Mais le roi peut intervenir et tempérer cette rigueur ; il le fera certainement si Madame l'en prie. Or, elle voudra épargner à un bon serviteur une charge si considérable qu'il s'agit « d'une somme dix fois plus lourde » que son bien ; elle n'oubliera pas qu'il est resté « pauvre et fidèle. »

C'est ensuite un placet au Controleur général, d'un ton assez fin et habilement flatteur.

> Seigneur vous voulez que je compte,
> Vous m'y condamnez par arrêt.
> Si le roi se payait d'un conte
> Demain j'en aurois un tout prêt
> ....
> Et de grâce, permettez-moi,
> Pour compter, d'attendre l'année
> Qu'on vous verra tromper le roi !

---

(1) La pièce qu'on trouve dans toutes les éditions du Démeslé de l'Esprit et du Jugement a été reproduite dans le Recueil de vers choisis du Père Bouhours (page 247). Paris, 1693.

(2) On se souvient qu'il a déjà dédié à Madame de Maintenon le Démeslé de l'Esprit et du Jugement.

C'est encore une pièce à Thomas Corneille (1) « contre le mot solidairement qui m'a fait perdre mon procès... »

> ...Corneille, dont le beau génie
> Est accompagné d'un bon cœur,
> Prêssez un peù l'Académie
> De m'accorder une faveur.
> Elle peut bannir du langage
> Un mot qui m'a fort offensé...

Le 20 Novembre 1688, il s'adresse de nouveau directement au roi à l'occasion de ses récentes conquêtes. Le Pays applaudit aux succès de Manheim et de Philisbourg. Malgré son procès il brûlera « des fagots et des chandelles » et veut espérer que le roi, ayant pris tant de villes, épargnera son humble fortune; les contributions des vaincus suffiront à emplir la caisse de l'Etat :

> Prenez sur l'Empereur, prenez sur la Hollande,
> Mais, Sire, au nom de Dieu, ne prenez rien sur moi... (2)

C'est à la même date que Le Pays donne une apostrophe de neuf vers « à la probité glorieuse » dont les derniers sont à remarquer pour leur facture :

> ...Vertu qu'on doit nommer la reyne des vertus,
> Tu me dois empêcher de mourir misérable.;
> Sous un roy qui t'est favorable
> On ne sçauroit avoir les regrets de Brutus !

Tant de démarches et de supplications semblèrent d'abord dépensées en pure perte. En vain Le Pays continuait à solliciter de tous les côtés, n'oubliant pas d'adresser ses billets à son avocat (il y compare Louis XIV à Trajan) et même à la femme de

---

(1) Le placet au Contrôleur général et la pièce à Thomas Corneille figurent tous deux dans les diverses éditions du Démeslé de l'Esprit et du Jugement.

(2) Ce poème a été inséré dans le Recueil du Père Bouhours (pages 245-246).

son juge. Il pouvait craindre que sa condamnation ne restât définitive. Lui-même l'avouera plus tard : il s'attendait d'un jour à l'autre à être emprisonné. Il avait démeublé sa maison, caché sa vaisselle dans un couvent voisin et ses tapisseries au grenier. Ses nuits se passaient dans l'insomnie. Parfois l'envie de s'enfuir et de se réfugier à Turin, où il savait qu'on lui ménagerait un asile, le travaillait. La conscience qu'il avait de la justice de sa cause l'en empêchait.

Enfin il entrevit une issue possible à cette situation quand il fut décidé que le conseil du roi allait examiner l'affaire. C'était au début de 1689, ainsi que le montre un poème du 4 janvier (1) :

> ...Vôtre auguste conseil va juger mon procez,
> J'en ay déjà bonne espérance
>
> . . . .

Le Pays fut admis à venir s'expliquer en personne et en présence du roi. Il crut sentir qu'on reconnaissait enfin sa bonne foi.

> ... Le seul aspect de son visage
> En sollicitant mon procez
> M'en promettoit un bon succez.
>
> . . . .

Il puisa dans cet espoir un courage nouveau et il eut bien-

---

(1) Les quatre pièces que nous venons de signaler (A la Probité, Billets à l'Avocat et à la femme du juge, poème au roi du 4 janvier 1689) paraissent être restées totalement inconnues jusqu'ici. Aucune des études consacrées à Le Pays n'y fait allusion. Elles ne figurent ni dans les éditions ordinaires des œuvres de l'auteur, ni, à notre connaissance, dans les recueils collectifs du temps. Il semble donc que si elles sortent aujourd'hui de l'oubli, c'est grâce aux six feuillets supplémentaires de cet exemplaire du Démeslé de la Bibliothèque Sainte-Geneviève dans lesquels nous avons pu découvrir aussi un abrégé du procès par Le Pays lui-même (Voir la première note de ce chapitre). On trouvera les quatre pièces dont il s'agit à l'Appendice VI (B).

tot la joie d'entendre rendre à son avantage l'arrêt du conseil en date du 1ᵉʳ mars 1689.

Sa reconnaissance s'en exprima par une longue épître en vers adressée au Contrôleur général et dans laquelle il retrace ses soucis passés. La pièce fut présentée au public dans le Mercure galant de Mars 1689 avec l'annonce de la décharge dont son auteur venait de bénéficier :

« Il me reste à parler d'un ouvrage... (qui)... a reçu icy beaucoup de louanges et je suis fort seur que vous le trouveriez d'un fort bon goût quand je ne vous dirois pas que c'est Monsieur Le Pays qui en est l'auteur. Vous connoissez son stile enjoué. Après beaucoup de poursuites pour l'obliger à payer une somme très considérable dont un traitant prétendoit le rendre garant, il en a esté enfin déchargé par un arrest du conseil et c'est là-dessus qu'il fait les vers que vous allez lire (1)... »

*
* *

Il ne restait plus à Le Pays qu'une année à vivre. Jadis il avait espéré s'en retourner mourir en Bretagne. Il possédait à Beaucé (2), dans le voisinage de son ami le marquis du Bois-Février, une « petite maison » qui lui semblait offrir un refuge aimable, un port tranquille pour sa vieillesse, lorsqu'il serait las de promener le frêle esquif de sa vie parmi de dangereux écueils :

---

(1) Cette épître (12 strophes de 10 vers) est intitulée : A Monseigneur le Controlleur général sur l'arrest du Conseil qui m'a déchargé d'une somme très considérable dont un traitant prétendoit me rendre garant. Elle existe aussi dans les feuillets ajoutés au Démeslé dans l'exemplaire de Sainte-Geneviève. M. Lachèvre l'a reproduite (dans sa Bibliographie des recueils collectifs de poésies de 1597 à 1700) d'après un exemplaire inséré dans une liasse de manuscrits de la Bibliothèque nationale (F. Français. nº 12498).

(2) Beaucé est à 6 km. environ de Fougères. Le Pays écrit Baussé.

« Je me la proposois pour ma demeure la plus ordinaire...
Je vous eusse porté tous les matins les songes que ma Muse eût
fait toutes les nuits et j'aurois pris la liberté de consulter la
votre sur toutes mes resveries ; mais comme ma Muse n'est pas
une si grande resveuse qu'elle n'aime quelquefois la joye, je me
promettois qu'à vostre table nous trouverions ensemble au fond
des bouteilles ce véritable entousiasme que les anciens poètes
cherchoient dans leur fontaine... Mais la conjoncture de mes
affaires m'attache encore en Dauphiné pour quelques années...
Il faut pourtant espérer que la fortune, tost ou tard... m'accor-
dera une retraite que je souhaite (1)... »

La page est charmante et elle trahit la plus humaine des as-
pirations : rapprocher son tombeau de son berceau, jouir, avant
que nos yeux se ferment à la lumière de ce monde, de toute la
beauté des choses que notre enfance à regardées d'un œil indif-
férent. Ainsi, parmi le tracas de ses affaires, sous l'apparence
d'une existence sans mélancolie, parmi les soins de sa vie mondaine, Le Pays cultivait ce rêve inavoué et délicieux : s'échapper un jour de ce milieu un peu artificiel, abandonner sa royauté
de salon, les petits vers et les billets galants, mettre au bout du
long madrigal de sa vie un vers d'idylle. Une petite maison, un
ami, l'enthousiasme des bonnes conversations, la bouteille qu'on
sort du meilleur coin de la cave, c'est un rêve de sage : « Hoc
erat in votis... » disait Horace — et c'est un rêve modeste.

Or ce rêve modeste et secret, Le Pays ne le réalisa même
pas. Les soucis de son procès l'avaient retenu longtemps à
Paris et ses affaires embarrassées l'obligeaient à ne pas cesser
de travailler. En considération de ses fonctions passées on

---

(1) Nouvelles Œuvres. Tome I, livre II, lettre 23 à M. le Marquis du Bois-
Férrier (sans date).

voulut bien lui laisser un petit emploi. Dans la lettre au Contrôleur général qui accompagne l'envoi des deux éloges du tabac,
Le Pays parle en effet de la modeste charge qui lui est destinée
à Paris et, d'autre part, dans l'Ode de l'Amérique, il prend
soin de noter que

> Pour les gens à cheveux gris,
> L'Hôtel des Fermes à Paris
> Est un séjour plus convenable...

Cet Hôtel des Fermes du Roi était situé dans le rectangle
formé par les rues Coquillière, de Grenelle, du Pélican et du
Bouloy, en face de la Ferme des Tabacs, située, elle, dans le
triangle formé par la rue des Petits-Champs, la rue Coquillière
et la rue du Bouloy. Or c'est précisément rue du Bouloy que
mourut Le Pays. Sans doute s'était-il logé le plus près possible
du lieu où il travaillait... On devine sa vie modeste et humiliée,
gâtée par l'amertume de la période troublée qu'il venait de
traverser.

Il avait écrit jadis (1) quelques lignes assez désenchantées
sur ses ambitions irréalisées. Combien plus justement il aurait
pu répéter, en cette année 1689, ce couplet si mélancolique :

« ...L'ambition est une fièvre dont je ne ressens plus guère
les accès... Dans ma jeunesse, j'ai fait comme les autres, j'ai
cherché la fortune avec un esprit inquiet, j'ai examiné les lieux
par où elle passait le plus souvent et j'ai tâché de me trouver
sur son passage. Allant au devant d'elle, j'ai cru que, comme
elle est aveugle, elle me pousserait même sans y prendre garde ;
mais je m'imagine qu'elle a des yeux pour moi, puisqu'elle a

---

(1) Pièces choisies. Tome I, 2e partie, livre I, lettre 1 à Madame la Comtesse
de ..... (sans date).

su si bien éviter toutes mes approches. J'ai fait ce que j'ai pu pour lui faire ma cour. Remarquant dans le monde qu'elle maltraitait les gens de lettres et qu'elle caressait les hommes d'affaires, pour lui plaire, j'ai forcé mon inclination. J'ai donné toute mon occupation aux finances et n'ai donné que mon divertissement aux Muses. Cependant mes soins et mes peines ont été inutiles; jusqu'ici je n'ai pu la trouver favorable... »

Les Finances ? Sans doute, elles avaient fourni à la plus grande partie de sa vie une carrière honorable; elles lui avaient donné, sinon la fortune, du moins la sécurité. Cependant elles l'avaient aussi leurré de quelques espoirs sans lendemain; après une élévation assez rapide elles avaient négligé leur favori et semblaient avoir pris plaisir à lui faire entrevoir la possession d'une Ferme générale à la veille même du coup imprévu dont elles l'avaient frappé.

Les Muses ? Sans doute aussi elles lui avaient donné pendant quelques années une flatteuse renommée, presque l'illusion de la gloire. Mais s'il appliquait à lui-même le sens critique dont il avait parfois fait preuve envers d'autres, pouvait-il la croire bien durable ? La faillite du financier était-elle la seule qu'il connaîtrait; n'annonçait-elle pas la faillite de l'homme de lettres ?

Et Le Pays ne produisait pour ainsi dire plus. Il n'était pas de ceux qui trouvent en eux-mêmes leur inspiration. La vie quotidienne ne lui apportant plus ces prétextes futiles et charmants qui le mettaient en verve, le poète restait muet. De temps à autre il donnait bien encore quelques vers au Mercure Galant (1),

---

(1) Voir par exemple dans le recueil d'avril 1690, la pièce « sur ce qu'un particulier avoit mis son argent à la Tontine sous le nom du roy ». On la trouvera à l'Appendice VI (C).

mais d'un intérêt absolument médiocre... Amourette, dépaysée, avait perdu sa grâce et son entrain... Elle ne souriait plus que d'un sourire forcé, sa voix était cassée... Petite reine de carnaval déchue de sa royauté d'un jour, elle sentait que jamais plus la vie ne lui serait douce.

. . . .

René Le Pays, sieur du Plessis-Villeneuve, chevalier des ordres de St-Maurice et St-Lazare, comte Palatin, membre de l'Académie d'Arles, ancien directeur des Gabelles de Provence et Dauphiné, mourut à Paris, rue du Bouloy, le Dimanche 30 Avril 1690, emporté par une fièvre qui l'avait saisi quelques jours auparavant (1). Son corps fut conduit dès le lendemain à l'Eglise St-Eustache, paroisse du défunt — église qui, par une singulière rencontre avait reçu, quarante deux ans plus tôt, le cercueil de son modèle littéraire : Voiture; cinq ans plus tôt celui de son plus illustre supérieur administratif : Colbert — qui devait recevoir l'année suivante celui de Benserade — et qui s'enorgueillit en outre d'avoir reçu ceux de Vaugelas, de Furetière et de La Fontaine.

Le Mercure Galant fit part à ses lecteurs de la mort de Le Pays en termes élogieux pour le défunt :

« La mort n'a point respecté son heureux talent. Son livre, intitulé Amitiez, Amours et Amourettes, luy avoit donné de la réputation et il l'avoit soustenue avec beaucoup d'avantage... » (2).

Ces derniers mots forment une épigraphe assez enviable, et le jugement, dans son ensemble, marque une réputation litté-

---

(1) Livet s'est trompé en disant que Le Pays est mort le 13 avril. Voir Appendice III (E) Documents relatifs à la biographie de René Le Pays.
(2) Mercure Galant. May 1690.

raire qui, dans certains milieux, était encore intacte. Que fut-il advenu si Le Pays avait encore vécu quinze ou vingt ans ? Se serait-il renouvelé ? Se serait-il tu ? Se serait-il répété ? On ne peut rien affirmer. Mais si, comme il est très probable, il n'était pas destiné à se renouveler, on peut penser qu'il ne faut pas le plaindre d'être mort assez jeune, à un moment où sa mort était encore — comme l'avaient été ses lettres, ses poésies, toute son œuvre — du domaine de l'actualité. Vingt ans plus tard, un recueil du temps aurait-il consacré au disparu une notice aussi flatteuse ?

En tout cas, sa mort un peu prématurée lui évita de vieillir dans un oubli grandissant, dans le regret de ce qu'il avait été, dans la conscience de sa sénile stérilité, semblable à une princesse déchue qui peut passer dans les rues sans être reconnue et ne retrouve même plus dans son miroir le souvenir d'une grâce qui fut jadis si conquérante...

Oui, en survenant assez vite, la mort fut sans doute pour ce galant homme sa dernière bonne fortune...

CONCLUSION

CONCLUSION

Capricieux destin j'admire ta puissance,
Mes vers et mes billets rampans et mal écrits
De plusieurs Nations ont charmé les esprits
Et par leur grand succez passé mon espérance.

Mon recueil imprimé trente fois en dix ans
A brillé sous les dais et couru les ruelles,
Il a fait le plaisir et du peuple et des grands,
Il a fait l'entretien des galans et des belles.

Le Pays ne se vantait pas quand il écrivait ces vers, en 1680...
Mais ce triomphe a été sans lendemain. Pourquoi ? Sans doute
est-ce le cas de reprendre le mot que Sainte-Beuve disait de
Voiture : l'écrivain a placé sa fortune littéraire « en viager ».
Ce sont des succès édifiés sur la mode et les auteurs ont été
payés comptant : la postérité ne leur doit rien, car ils n'ont
rien fait pour elle.

Pourtant elle a traité différemment — et j'oserai dire non
sans injustice — Voiture et Le Pays entre lesquels je n'arrive
pas à trouver cette « immense différence » dont parle Viollet-
le-Duc : car si Le Pays a poussé parfois le mauvais goût et
l'affectation jusqu'à une exécrable outrance, il me semble
avoir eu, à ses heures, des qualités qui sont restées plus étrangères à Voiture : une verve bien pleine qui sent la bonne époque,
une richesse étonnante de vocabulaire et surtout cette aptitude
à trousser l'anecdote qui, dans une certaine mesure annonce

déjà les conteurs du XVIIIᵉ siècle (1). Aussi n'est-ce pas sans satisfaction que j'ai vu quelques critiques faire leurs réserves sur le jugement de Boileau qui tend à présenter Le Pays comme le « repoussoir » de Voiture : Livet, Audiffret, de La Pilorgerie, qui ne peuvent passer pour des révolutionnaires des lettres, se demandent si Boileau, en voulant faire dire à son campagnard une contre-vérité, ne lui a pas bel et bien fait dire une vérité; et des universitaires, tels que Mʳ Morillot et Faguet, respectueux, comme il sied, du plus grand des professeurs de rhétorique, n'ont pas craint cependant de trouver un peu trop tranchant son jugement sur l'auteur des Amitiez, Amours et Amourettes.

Au reste, on pourrait presque se demander si Boileau, en bataillant contre les précieux ne s'est pas mis quelque peu en contradiction avec lui-même. On sait, dit en effet Brunetière, « le prix qu'il attache à l'épithète rare, à la surprise de la rime... Il aime dans la métaphore ou dans la périphrase l'air d'inattendu qu'elles donnent à la vérité. Et l'on sait encore ce qu'il disait des transitions... Tout cela, c'est chez lui préoccupation, sentiment subtil et profond des difficultés de l'art, conscience du pouvoir secret et de la mystérieuse vertu de la forme... » Et Flaubert le comprenait bien, qui écrivait que ce « gredin » de Boileau vivra autant que Molière parce qu'il a « suivi sa ligne jusqu'au bout et donné à son sentiment si restreint du beau toute la perfection plastique qu'il comportait ». Or, cette préoccupation de la forme, elle apparente Boileau à la préciosité : quel désir travaille un précieux, un Le Pays, sinon celui de donner un tour attrayant à une pensée commune,

---

(1) Cf. P. Morillot, op. cit.

banale, insignifiante et de la sauver par la joliveté de l'expression ?

Cette recherche d'une expression qui soit la parure de la
pensée est un lien étroit qui unit au fond Précieux et classiques.
Mais la force des classiques vient de ce que leur souci de perfection s'exerce dans le sens de la nature et de l'universel, et la
faiblesse des précieux de ce que leur souci de perfection s'exerce
dans le sens de la mode et du particulier. C'est pourquoi l'œuvre
des premiers ne vieillit pas et l'œuvre des seconds passe si vite.
Du moins ne mérite-t-elle pas une systématique moquerie : Le
Panache complète heureusement la bravoure; pourtant, s'il a
ses héros, il a aussi ses matamores; le ridicule des uns n'enlève
rien au mérite des autres. Or, la Préciosité n'est-elle pas à la
distinction ce que le Panache est à la bravoure ?

APPENDICES

APPENDICES

APPENDICE I

—

TABLE DES PRINCIPALES ÉDITIONS DES ŒUVRES DE RENÉ LE PAYS

—

Le violon marquis ou le marquis violon.
Saint-Jean d'Angély (Paul d'Angycourt), 1 vol. in-12. 1658.

Amitiez, Amours et Amourettes.
Grenoble (Charvys), 1 vol. in-12. 1664.
Paris (de Sercy), 1 vol. in-12. 1664.

Portrait de Monsieur Le Pays.
Amsterdam (Jacob Zetter), 1 vol. in-12 de 36 pages. 1665.

Amitiez, Amours et Amourettes, augmentées du **Portrait.**
Grenoble (Charvys), 1 vol. in-12, 1665.
Paris (de Sercy), 1 vol. in-12, 1665.
Paris (de Sercy), 1 vol. in-12, 1667.
Amsterdam (Wolfrang), 1 vol. in-12. 1668.

Zélotyde.
Paris (de Sercy), 1 vol. in-12, 1666.
Cologne (Pierre Michel), 1 vol. in-12, 1666.
Cologne (Pierre Michel), 1 vol. in-12, 1670.
Cologne (Pierre Michel), 1 vol. in-12, 1674.

Amitiez, Amours et Amourettes augmentées du **Portrait** et de **Zélotyde,**
Lyon, 1 vol. in-12, 1671.
Paris (de Sercy), 1 vol. in-12, 1672.
Paris (de Sercy), 1 vol. in-12, 1685.
Amsterdam (André de Hoogenhuysen), 1 vol. in-12, 1689.
Paris (Claude Prudhomme), 1 vol. in-12, 1705.
Amsterdam (Pierre de Coup), 1 vol. in-12, 1715.
Amsterdam, 1 vol. in-12, 1724.

Nouvelles Œuvres.

Paris (Barbin), 2 vol. in-12, 1672.
Amsterdam (Wolfang), 2 parties en 1 vol. in-12, 1674.
Amsterdam (Wolfang), 2 parties en 1 vol. in-12. 1677.
Paris (de Sercy), 2 vol. in-12, 1680.
Paris (Barbin), 2 vol. in-12, 1685.
Leipzig, 2 vol. in-12, 1738.
Amsterdam (Samuel Kruge), 1738.
Paris (Charles Leray), sans date.

Pièces choisies des Œuvres de M. Le Pays.

La Haye (Abraham Harondeus), 2 vol. in-12, 1680.
Leipzig, 2 vol. in-12, 1788.

(Les deux volumes réunissent presque complètement les Amitiez, Amours et Amourettes et les Nouvelles Œuvres : mais l'ordre est interverti).

Démeslé de l'Esprit et du Jugement.

Paris (Robert Pépie), 1 vol. in-12, 1688 (147 pages).
Paris (Robert Pépie), 1 vol. in-12, 1688 (165 pages).

[La deuxième édition renferme la lettre à l'Abbé de Lesseins (signalée au chap. XIV) pages 148 à 165].

La Haye (Abraham de Hont), 1 vol. in-12, 1692.

—

N. B. — Une anthologie des œuvres de Le Pays, préfacée par M. de Bersaucourt, doit paraître en 1925, dans la collection des chefs-d'œuvre méconnus (Bossard, éditeur) dirigée par M. Gonzague Truc.

— —

APPENDICE II

—

OUVRAGES A CONSULTER

—

ALLARD. — Nobiliaire de Daupihné, ou discours historique des familles nobles qui sont en cette province avec le blason de leurs armoiries, par Guy Allard, advocat au Parlement. 1 vol. in-12 chez Robert Philippes, Grenoble, 1671.

ALLARD. — La Bibliothèque de Dauphiné, dressée par Guy Allard, conseiller du roi, Président en l'élection de Grenoble. 1 vol. in-12 chez Laurent Gilibert, Grenoble, 1680.

AVENEL (Comte d') René Le Pays. — Annales de Bretagne. Janvier 1889.

BASNAGE DE BEAUVAL (Henri). — Histoire des ouvrages des sçavans, 1687-1709, par Monsieur B..., Docteur en droit, chez Reinier, Rotterdam (septembre 1688, article XV).

BAYLE. — Dictionnaire historique et critique. Editions de 1720 (4 vol.) 1734 (5 vol.) et 1740 (4 vol.) Compagnie des libraires, Amsterdam.

BORDERIE (A. de La). — Note bibliographique sur les œuvres de René Le Pays. Bulletin de la société des bibliophiles bretons, 1884.

BROSSETTE. — Œuvres de Boileau, avec des éclaircissements historiques donnés par lui-même, Amsterdam, 1718.

CHORIER. — Le nobiliaire de la province de Dauphiné, par Nicolas Chorier, avocat au Parlement de Grenoble. 4 vol. in-12 chez François Champ, Grenoble, 1697 (Tome III).

DIDOT. — Nouvelle biographie générale, Paris, 1862.

GOUJET (Abbé). — Bibliothèque Françoise, ou Histoire de la littérature françoise, Paris, 1756 (Tome XVIII).

GOURCUFF (Olivier de). — Addition à la bibliographie de René Le Pays. Revue de Bretagne, de Vendée et d'Anjou, 1889.

GUÉRET. — La Promenade de St-Cloud. Dialogue sur les auteurs par Gabriel Guéret (1669) publiée par Georges Monval dans la Nouvelle collection moliéresque (Tome XVI) chez Jouaust, Paris, 1888.

HALGAN. — Anthologie des poètes bretons du XVII° siècle, par Stéphane Halgan, le comte de St-Jean, Olivier de Gourcuff et René Kerviller. 1 vol. in 8° tiré à 500 exemplaires. Société des bibliophiles bretons, Nantes, 1884.

    (L'étude sur Le Pays est due à Halgan. Elle a complétée et adoucie par une longue note d'Olivier de Gourcuff).

ICEL (Johann) — René Le Pays. Sein Leben und seine Werke, Nuremberg, 1919.

LACHÈVRE. — Bibliographie des recueils collectifs de poésies publiés de 1597 à 1700. 4 vol. chez Henri Leclerc, Paris 1901-1905 (Tome III).

LIVET. — Précieux et Précieuses. 1 vol. chez Didier, Paris, 1859.

MERCURE GALANT. — Mars 1689.
Avril et May 1690.

MICHAUD. — Biographie Universelle. Paris et Leipzig (sans date).

MORERI. — Le grand dictionnaire historique, ou le mélange curieux de
l'histoire sacrée et profane par Mre Louis Moreri, prêtre, docteur en théologie. Libraires associés, Paris 1725 et 1759.

MORILLOT (Paul). — Un bel esprit de province au XVIIe siècle. René
Le Pays, directeur des Gabelles en Dauphiné. Discours de réception à l'Académie Delphinale (1889).

PIGANIOL DE LA FORCE. — Description de Paris. 8 vol. in-18 chez
Poirion, Paris 1742 (Tome III).

PILORGERIE (J. de La). — René Le Pays. Revue de Bretagne et de
Vendée, mai et juin 1872).

   Les deux articles ont été réunis en une brochure in 8° (éditions Vincent Forest et Emile Grimaud, Nantes, 1872) tirée
   à 40 exemplaires et devenue introuvable en librairie
   (Bibliothèque Nationale : L 27 n 26574).

RICHELET. — Les plus belles letres françoises sur toutes sortes de
sujets, tirées des meilleurs auteurs avec des notes. 2 vol. in-12
chez Brunet, Paris 1698.

TITON DU TILLET. — Le Parnasse François, chez Jean-Baptiste Coi-
gnard, Paris 1732.

VIOLLET LE DUC. — Catalogue des livres composant la bibliothèque
poétique de M. Viollet le Duc. 2 vol., Hachette, Paris 1843-1847
(Tome 1).

N. B. — Dans les ouvrages à classement alphabétique on trouvera
ordinairement l'article sur Le Pays à la lettre L. Mais il faut le chercher
à la lettre P dans les œuvres de Moreri, Allard, Chorier, Titon du Tillet
et Viollet le Duc.

———

APPENDICE III

—

DOCUMENTS RELATIFS A LA BIOGRAPHIE DE RENÉ LE PAYS

—

A

Baptême de René Le Pays

Les registres de la paroisse St-Léonard de Fougères existent encore, et généralement en bon état de conservation. Malheureusement, pour la période qui va d'Août 1631 à Janvier 1635 il n'y a plus que quelques feuillets très mutilés.

Mais on peut faire deux constatations intéressantes.

1° On retrouve la trace du baptême de frères et sœurs de René Le Pays. C'est donc bien Fougères et non pas Nantes, comme on le prétend quelquefois, qu'habitaient les parents de René.

2° Dans l'année 1636 qui fournit un registre complet et bien conservé, on ne trouve aucune indication du baptême de René. La date du 28 décembre 1636, proposée par certains, doit donc être écartée.

D'autre part, Livet et J. de la Pilorgerie affirment avoir eu communication d'un extrait certifié des registres de St-Léonard, établissant que René avait été baptisé dans cette église le 28 décembre 1634. Cet acte, établi évidemment avant la mutilation partielle des registres, était en la possession de M. Le Pays du Teilleul, de Fougères, maintenant décédé. Le fils de celui-ci a bien voulu faire, à ma demande, des recherches à ce sujet. Il n'a pu retrouver l'acte officiel dans ses papiers de famille, mais il a découvert, dans des notes anciennes, la mention du baptême de René, à Fougères, le 28 décembre 1634.

—

B

Le Pays à l'Académie d'Arles

Texte de la lettre annonçant à René Le Pays son élection :

« Monsieur,

« La lettre que M. Bouvet nous a apportée de vostre part a été receue « avec tous les témoignages d'estime et d'amitié que vous deviez vous « promettre. La demande que vous nous faîtes nous a donné beaucoup

« de joye ; on l'a regardée comme un augure de la future grandeur de
« l'Académie : il n'est aucun parmi nous qui n'ayt opiné à vostre ré-
« ception. Tous ceux qui composent l'Académie sont, avec beaucoup de
« passion, Monsieur, vos très humbles et très obéissants serviteurs.

« ROBIAC, secrétaire ».

D'Arles, le 28 May 1668.

Le texte de cette lettre a été donné dans la Revue de Bretagne et de
Vendée de Juin 1872 d'après l'original dont on signalait l'état d'extrême
usure et qui n'est plus en la possession des descendants actuels de
René Le Pays.

—

C

Lettres du duc de Savoie à René Le Pays

De Turin, le 19 Février 1666.

« Monsieur Le Pays,

« Votre Zélotyde a faict une partie de mon divertissement en mon
« voyage de Nice. L'histoire en est tout à fait galante et vous l'avez
« rendue si agréable qu'il y a du plaisir à la lire. Mais ce qui me
« plaist le plus, c'est la pensée que vous avez eue de me la dédier
« puisque c'est une marque de l'affection que vous avez pour moi. Je
« suis vostre bon amy.

De Raconis, le 29 Aoust 1670.

« Je vous accorde volontiers la demande que vous me faites de la
« croix de St-Maurice et veux bien que vous portiez cette marque de
« l'estime que j'ay pour vous. Vous pourrez donc vous adresser au
« secrétaire de cette religion pour avoir les expéditions nécessaires et
« les instructions de ce que vous devez faire devant qu'on vous donne
« l'habit et la croix et vous assurant que cecy ne sera pas le dernier
« témoignage que vous recevrez de ma bonne... (texte détruit).

« Je suis, Monsieur Le Pays, vostre bon amy.

D

Le titre de comte palatin fut accordé à René Le Pays, ainsi qu'à ses frères et à leurs descendants, par une lettre du 20 décembre 1672. Signée : « Marcellus, Calcedoniæ archiepiscopus, Vice-legatus. » Elle est adressée :

Dilectis nobis in Christo nobilibus Renato Le Pays domino du Plessis Villeneuve, Ægidio Le Pays domino de la Brimanière, Juliano Le Pays domino du Plessis.

En voici la phrase essentielle :

Vos et posteros masculos, a vobis legitime descendentes, sacri palatii et aulæ lateranensis milites ac comites Palatinos facimus, creamus et constituimus.

(Le parchemin original est en la possession de M. Le Pays du Teilleul, de Romagné. I et V.)

—

E

Acte de décès de René Le Pays

Lundy 1er Mai 1690.

Ledit jour deffunct Renée (sic) Le Pays, sieur du Plessis-Villeneuve, demeurant rue du Bouloy, décédé du trente et dernier avril, a esté inhumé dans nostre église.

D'après les anciens registres de la paroisse St-Eustache de Paris. (Voir Bibliothèque Nationale, F. Fr. n° 3619, carte 5493).

APPENDICE IV

—

DOCUMENTS RELATIFS A LA FAMILLE DE RENÉ LE PAYS

—

(D'après le Nobiliaire de Chorier, les notes de J. de La Pilorgerie et les registres de la paroisse St-Léonard de Fougères).

—

Famille originaire de Normandie. Aux environs de l'an 1500 on trouve trace de l'existence de Jean Le Pays, seigneur de Boiszelé, époux de Caterine de Grand-Ville. Leur fils, François Le Pays, eut pour petit-fils Denys Le Pays, né à Buez le 17 novembre 1604.

Denys Le Pays, seigneur de La Brimanière, épouse, le 3 mai 1630, Marguerite Le Feubvre, née le 4 avril 1610. Six enfants, parmi lesquels René Le Pays, sont nés de ce mariage, 3 filles et 3 garçons.

Les sœurs de René sont :
   Marie, épouse de Pierre d'Ardant,
   Jeanne, épouse de Claude d'Olivet,
   Guyonne, épouse de Vincent des Bassablons.

Les frères sont :
   Gilles Le Pays, sieur de la Brimanière,
   Julien Le Pays, sieur du Plessis.

Julien et René ne laissent pas de descendants. Gilles donne naissance à deux branches. La branche aînée s'éteint au début du XIXe siècle, après le mariage de Gilles Le Pays de la Riboisière avec Modeste Lucette de La Pilorgerie. La branche cadette est représentée actuellement par M. Le Pays du Teilleul, de Romagné. Cette même branche a donné un rameau, transplanté aux colonies et qui doit être signalé pour les deux personnages suivants :

Le Général Le Pays de Bourjolly, né à St-Domingue en 1791, mort à Paris en 1865, après avoir été aide de camp du Maréchal Soult, Sénateur du second Empire, grand officier de la Légion d'Honneur, et qui a laissé quelques ouvrages militaires et des études sur nos colonies d'Afrique.

Renée Le Pays, bisaïeule de Napoléon III. Fille de René Le Pays le Bourjolly, elle épousa en effet en secondes noces un Beauharnais, et donna naissance à Alexandre, vicomte de Beauharnais, le premier mari de Marie-Rose-Joséphine Tascher de la Pagerie et le père de la future reine Hortense.

APPENDICE V

—

DOCUMENTS ICONOGRAPHIQUES

—

A

Portrait de René Le Pays

On ne connait qu'un portrait authentique de René Le Pays. L'écrivain est représenté avec son manteau de chevalier de St-Maurice. Les traits du visage accusent environ la quarantaine. Ce tableau est actuellement la propriété de M. Le Pays du Teilleul, au château de la Chasse-Beauvais, à Romagné (I. et V.).

Une reproduction en a été donnée en tête de l'Anthologie des poètes bretons du XVIIe siècle publiée par Halgan, à Nantes, en 1884.

B

Portrait de la duchesse de Nemours

Le portrait de la duchesse de Nemours, offert par celle-ci à René Le Pays pour le remercier de la dédicace du « Portrait » est devenu aussi la propriété de M. Le Pays du Teilleul. Ce tableau, un peu plus petit que le précédent, est également dans un état de parfaite conservation.

— —

APPENDICE VI

—

POÉSIES DE RENÉ LE PAYS

—

A

Sonnet à Nicolas Chorier

Le Sonnet suivant ne figure pas dans les Œuvres de Le Pays : c'est pourquoi on le reproduit ici, à titre documentaire. L'auteur l'a composé pour être placé en tête du Tome II de l'Histoire générale de

Dauphiné, par Nicolas Chorier, paru en 1672 chez Thioly, à Lyon. (Le Tome I avait paru en 1661 à Grenoble chez Charvys).

A Monsieur Chorier
Historiographe de Dauphiné.

SONNET

Chorier, tu m'as comblé de gloire,
Je suis un de tes favoris,
Puisque tu m'as leû cette histoire
Qu'estiment tant de beaux esprits.

Le temps n'aura pas la victoire
Sur des choses de si grand prix,
Rien n'effacera la mémoire
Des noms qui sont en tes escrits.

J'ay toujours eu la noble envie
De vivre encore après ma vie,
Tu peux m'accorder ce grand bien ;

Souffre en quelque lieu de ton livre
Que mon nom soit auprès du tien,
Je seray seûr de toujours vivre...

LE PAYS,
Chevalier des Ordres
de Saint-Maurice et de Saint-Lazare.

—

B

Quatre pièces écrites au moment du procès.

Nous avons dit plus haut (chap. XIV) le précieux intérêt offert par l'exemplaire du Démeslé de la Bibliothèque Ste-Geneviève qui renferme quelques feuilles d'une pagination inattendue et où nous avons pu trouver une indication donnée par Le Pays lui-même sur son procès. Nous publions ici les quatre morceaux que nous y avons recueillis et dont nous n'avons jamais vu ailleurs aucune trace.

A la Probité.

Probité glorieuse et pourtant importune
A qui prétend gagner ou conserver du bien,
On t'estime, il est vray, dans le monde chrétien :

Mais depuis long-temps la Fortune
T'a fait éprouver sa rancune.
Vertu qu'on doit nommer la Reyne des Vertus
Tu me dois empêcher de mourir misérable,
Sous un roy qui t'est favorable
On ne sçauroit avoir les regrets de Brutus !

BILLET.

A mon Avocat

Vous m'assurez, Monsieur, que ma cause est juste et que la rigueur du Fisc est la seule chose que je dois craindre. Bien loin de me faire trembler, vous calmez mon inquiètude.

On veut enfin me faire peur
Des raisons que le Fisc expose ;
Le Fisc, sous un bon empereur
Est sujet à perdre sa cause.
En loüant son héros, c'est Pline qui l'a dit ;
L'éloge de Trajan rassure mon esprit.
Qu'ay-je à craindre du Prince auguste
Dont mon sort dépend aujourd'hui ?
Trajan fut bon, Trajan fut juste,
Mais mon Prince l'est plus que luy.

BILLET

Madame, sans façon prenez mon chocolat ;
Un scrupule trop délicat
Veut sans raison vous le défendre :
Vous sçavez que chez vous un sage magistrat
Vous a condamnée à le prendre.
J'ay pour juge, il est vray, Monseigneur vôtre époux ;
Mais quand il faut juger au conseil une affaire,
On peut dire sans vous déplaire
Qu'il ne prend pas conseil de vous.
A soutenir mon droit la Justice l'engage,
Je n'ay pas besoin d'autre appuy,
Quoy que vôtre tendresse ait du pouvoir sur luy
La Justice en a davantage.

Au Roy.

Le 4 janvier 1689.

Voicy le temps des récompenses,
Vous avez fait, grand roy ,d'illustres chevaliers,
Vous répandez des biens sur divers officiers,
J'en tire en ma faveur d'heureuses conséquences.
Quand je vois accorder aux Grands les grands honneurs,
Puis-je point aspirer aux petites faveurs,
Moy qui depuis trente ans vous sers dans vos finances ?
Votre auguste conseil va juger mon procez,
    J'en ay déjà bonne espérance :
    Mais je serois seur du succez
    Si vous en preniez connoissance ;
Vous feriez mon arrest, je serois déchargé
Du cruel embarras où il me voy plongé.
Quelle gloire pour moy, si j'avois pour mon juge
Un roy qui sous le ciel n'a point de concurrent,
Roy des roys opprimez l'heureux et doux refuge,
    Monarque aussi juste que grand,
Prononcez quatre mots, vous finirez mes peines ;
Je vous demande, hélas, quatre mots pour estrenes ;
    Grand roy, c'est vous demander peu,
    Ces quatre mots que j'ose attendre,
    Ces quatre mots peuvent me rendre
    Aussi content qu'un cordon bleu.

—

C

La dernière poésie de Le Pays.

La pièce qu'on va lire se trouve dans le Mercure Galant d'avril 1690. Nous la reproduisons pour deux raisons : 1º C'est le dernier travail de l'auteur, Le Pays étant mort à la fin de ce même mois. 2º Les quelques lignes qui précèdent le poème et que nous reproduisons également sont intéressantes parce qu'elles permettent d'assurer que Le Pays fut bien aussi l'auteur d'une pièce intitulée « Sur la Tontine » — pièce qui figure dans les recueils du Père Bouhours, non signée dans l'édition de 1693, signée Pavillon dans celle de 1701, et qui a été en outre insérée dans les œuvres de Benserade en 1697. Mr Lachèvre signale qu'elle est bien attribuée à Le Pays dans le Manuscrit 24443 de la Bibliothèque Nationale et dans les Diversitez curieuses de l'abbé Bordelon : cette page du Mercure Galant vient confirmer cette attribution.

Vous avez déjà veu des vers de M. Le Pays sur la Tontine, et vous les avez lûs avec tout le plaisir que donne tout ce qui part de sa plume. En voicy d'autres du mesme M. Le Pays que vous trouverez très agréables. Il les a faits sur ce qu'il a sceu qu'un particulier avoit mis son argent à la Tontine sous le nom du Roy et c'est à ce particulier inconnu qu'il les adresse.

> Ingénieux François, digne sujet du Roy,
> Je ne te connois point et je te porte envie ;
> Pour assurer ton bien, tu préfères sa vie
> A celle que Cloton ne file que pour toy.
>   Que mon âme seroit ravie
> Si ce noble transport estoit venu de moy !
>   Ouy, j'ay la vanité de croire
>   Que mes vers te l'ont inspiré ;
>   Tu m'en as dérobé la gloire,
>   En secret j'en ai murmuré.
> De mon Roy jour et nuit mon âme possédée,
> Devoit bien avant toy concevoir cette idée.
> Quand on fait, quand on dit quelque chose de grand,
>   Qui plaist, qui brille, qui surprend,
> Pour louër, pour bénir le héros que j'adore,
>   Je voudrois enchérir encore ;
> Ce seroit pour mon cœur le plaisir le plus doux.
> Il me semble en voyant tous les jours sous la Presse
> Tant d'éloges pour luy, qu'on me les vole tous ;
> Je sçay qu'injustement j'en ay de la tristesse,
> Mais on doit pardonner à ma délicatesse.
> Hélas, on souffre bien qu'un amant soit jaloux
> Des soins qu'un autre prend pour plaire à sa maitresse.

———

<table>
<tr><td>Vu et lu :</td><td>Vu :</td></tr>
<tr><td>à Lille, le 26 Juillet 1924.</td><td>Permis d'imprimer.</td></tr>
<tr><td>Le Doyen de la Faculté des Lettres,</td><td>Le Recteur,</td></tr>
<tr><td>G. LEFÈVRE.</td><td>A. CHATELET.</td></tr>
</table>

TABLE DES MATIÈRES

Langres. — Imp. Moderne, 11, rue du Grand-Cloître

ERRATA

Page 17, 10e ligne, au lieu de : **avec J. de La Pilorgerie pour,** lire :
**avec J. de La Pilorgerie, ainsi qu'avec M. Morillot, le Comte d'Avenel
et J. Igel pour...**

Page 17, note 3, au lieu de : **maitenant,** lire : **maintenant,**

Page 26, 11e ligne, au lieu de : **de christianisme,** lire : **du christianisme.**

Page 43, dernière ligne, au lieu de : **Fançais,** lire : **Français.**

Page 103, note 4, 2e ligne, compléter : **deuxième partie** par : **Livre I,
lettre 11.**

Page 113, 3e alinéa, 3e ligne, au lieu de : **hommages,** lire : **leurs hommages,** Id. 4e ligne, au lieu de **lumière,** lire : **lumières.**

Page 121, 1re ligne, fermer la parenthèse après **Carel.**

Page 123, note 2, au lieu de : **liminaine,** lire : **liminaire.**

Page 126, 1re ligne, ajouter une virgule après **rempli.**

Page 127, 1er alinéa, 10e ligne, au lieu de : **sastisfaire,** lire : **satisfaire.**

Page 129, 4e ligne, au lieu de : **néoessaire,** lire : **nécessaires.**

Page 146, 4e ligne, au lieu de : **Misantrophe,** lire : **Misanthrope.**

Page 149, 8e ligne, au lieu de : **du Bouchage,** lire : **de Bouchage.**

Page 184, 1er aliéna, 2e ligne, au lieu de **meurt,** lire : **meure.**

Page 189, 11e ligne, supprimer le deuxième **dit.**

Page 263, avant-dernière ligne, au lieu de : **épigraphe,** lire : **épitaphe.**

Page 273, 12e ligne, au lieu de : **Wolfrang,** lire : **Wolfang.**